Cómo triunfar en las redes sociales

Gestión 2000

Manuel Moreno

Cómo triunfar en las redes sociales

Consejos prácticos y técnicas para conseguir todo lo que te propongas en internet y sacarle más partido a tus redes sociales: Facebook, Twitter, Instagram, LinkedIn...

Gestión 2000

© Centro Libros PAPF, S.L.U., 2015
Gestión 2000 es un sello editorial de Centro Libros PAPF, S. L. U.
Grupo Planeta
Av. Diagonal, 662-664
08034 Barcelona

www.planetadelibros.com

Diseño de cubierta: Departamento de Arte y Diseño, Área Editorial Grupo Planeta

ISBN: 978-84-9875-386-8
Depósito legal: B. 9.290-2015
Primera edición: mayo de 2015
Preimpresión: gama, sl
Impreso por Artes Gráficas Huertas, S.A.

Impreso en España - *Printed in Spain*

A mi hermana pequeña,
por ser la mayor.

Índice

Introducción

> **como.** (Del lat. *quomŏdo*). *mod*
> **1.** adv. m. Del modo o la manera que. *Hazlo como te digo. Sal de apuros como puedas.*[1]

El 90 por ciento de los internautas[2] está dado de alta en al menos una red social y siete de cada diez individuos son usuarios activos de, como mínimo, tres plataformas sociales,[3] pero... ¿con qué objetivo?, ¿de qué modo aprovechan ese tiempo que dedican a las redes sociales?

En la mayoría de los casos, el usuario no sabe sacarle el máximo provecho a sus perfiles, principalmente porque no le han contado *cómo*. Nadie se ha parado a explicarle *cómo* podría hacer más amigos, *cómo* conseguir que los contenidos que comparte interesen más a sus contactos, *cómo* encontrar un nuevo trabajo utilizando estas plataformas 2.0 o, incluso, qué tiene que hacer para ligar más en ellas. Por regla general, el usuario únicamente se dedica a aceptar con rapidez las condiciones de uso de cada aplicación para poder usarla cuanto antes. Sin leer nada más.

Ya sea para distraerse, estar en contacto con sus seres queridos, recuperar la relación con otras personas o sortear el aburrimiento, cada usuario tiene una motivación distinta para abrir un perfil social y dedicarle tiempo. Su experiencia en la plataforma sería más enriquecedora si alguien le dijera qué tiene que hacer para proteger su privacidad, de qué manera puede dar a conocer su perfil o *cómo* puede borrarlo con facilidad si decide dejar de usarlo.

1. Definición del adverbio «como» según el Diccionario de la Lengua Española, de la RAE, 23.ª edición. http://lema.rae.es/drae/?val=como
2. Según la VI Oleada del Observatorio de Redes Sociales de The Cocktail Analysis (octubre de 2014). http://tcanalysis.com/blog/posts/the-cocktail-analysis-y-arena-publican-la-viola-del-observatorio-de-redes-sociales
3. GlobalIndex.net, febrero de 2015. http://www.trecebits.com/2015/02/19/cada-usuario-tiene-554-redes-sociales-de-media/

Si conociera bien *cómo* utilizar estas redes sociales de uso cotidiano, ahorraría mucho tiempo y, mientras las usara, estaría más tranquilo sabiendo que las maneja de la manera más adecuada, que comparte los contenidos que quiere con quien quiere y que no está poniendo su seguridad online en peligro. En definitiva, realizaría un uso controlado de las redes sociales y no estaría navegando por ellas a la deriva.

Se ha escrito y comentado mucho sobre cómo utilizar las redes sociales desde un punto de vista corporativo, cómo gestionar adecuadamente las plataformas 2.0 de una empresa, solucionar las situaciones de crisis, elaborar un plan de social media, aprender a analizar los resultados... Ese era el objetivo de mi primer libro, *El gran libro del community manager*,[4] que trataba de proporcionar a los profesionales de social media las herramientas y técnicas necesarias para explotar de la mejor manera posible la presencia de las empresas en internet.

Sin embargo, la inmensa mayoría de los usuarios de redes sociales no son *community managers*, y para ellos no se ha escrito casi nada. Los que nos dedicamos a hablar de social media y redes sociales hemos estado mirándonos un poco el ombligo hasta ahora, dedicando nuestros escritos, charlas y enseñanzas a aleccionar a los profesionales del sector, a otros compañeros que también buscan rentabilizar la presencia online de las compañías, pero hemos dejado de lado al usuario mayoritario de estas plataformas.

No se le ha explicado de una manera sencilla y directa a millones de usuarios anónimos qué contrato están firmando con la red social en la que están dando de alta un perfil, *cómo* pueden aprovechar mejor su participación en ella o qué tienen que hacer para no poner en riesgo su seguridad online. Posiblemente tendríamos que haberlo hecho antes, pero todavía no es tarde para dar un paso atrás y crear una guía básica no para *community managers*, sino para que cualquiera de nosotros, cualquier persona que navegue por la Red en su día a día, obtenga la respuesta a todos esos *cómos* y pueda convertirse en su pro-

4. *El gran libro del community manager* fue publicado por Gestión 2000 (Grupo Planeta) en enero de 2014.

pio *community manager*, gestionando su actividad en las redes sociales y sacándole el máximo partido a estas plataformas.

Durante la promoción de *El gran libro del community manager* tuve la oportunidad de firmar ejemplares en la Feria del Libro de Madrid. Además de poder vivir el acontecimiento en el interior de una caseta en el Paseo de Coches del Parque del Retiro de Madrid y disfrutar con la visita de los muchos lectores y amigos que se acercaron hasta ella, aquella tarde del 31 de mayo de 2014 sirvió para que surgiera en mí la necesidad de volver a enfrentarme a decenas de folios en blanco y escribir este libro que hoy tienes en tus manos.

Hasta aquel puesto de libros en el que me encontraba se acercó una señora con su hija, María. Debía de tener unos doce o trece años, no más. Quería estudiar periodismo y me miraba como si deseara preguntarme muchas cosas, pero no se atreviese. Le sonreí y traté de hacerle un par de comentarios, pero le dio más vergüenza todavía. De entre todos los ejemplares que había en la caseta, señaló el mío y le dijo algo al oído a su madre.

—¿Ese es el que quieres? ¿Estás segura? —le dijo la mujer a María, que asintió con la cabeza sin pronunciar palabra y sin dejar de mirarme.

—¿Es un libro adecuado para la niña? —me preguntó, volviéndose hacia a mí.

La escena, de tan sencilla que era, me resultó realmente emotiva. Posiblemente me lo pareció porque me recordó a las muchas veces que yo había ido de pequeño con mis padres a que me compraran un libro y habíamos reproducido el mismo guion, o uno muy parecido, preguntándole su opinión al dueño de la librería.

Ahora me tocaba responder a mí. No podía convertirme en un charlatán de mercadillo que lo único que quiere es que le compren el producto, exagerando sus virtudes y metiéndoselas al cliente por los ojos. Creo no haberlo hecho en ningún momento, al menos es lo que he intentado siempre, pero aquella tarde no podía cometer el más mínimo error con María. Le expliqué a su madre que en realidad *El gran libro del community manager* estaba dirigido a profesionales de social media o a quienes quisieran reorientar hacia ese sector su carrera profesional. Seguro que si María leía el libro podría aprender algunas cosas que le resultaran interesantes, pero le confesé que no, que posiblemente no era un texto pensado para gente de su edad.

María seguía empeñada en llevárselo, su madre acabó comprándole el ejemplar y yo procuré escribirle una sincera dedicatoria y desearle mucha suerte en el futuro, cuando se dedicara al periodismo. Mientras le devolvía el libro firmado, en cierto modo halagado por sus ganas de aprender y de formarse, me di cuenta de que tenía que escribir este segundo libro. Tenía que ser el texto que quizá María necesitaba leer, pero debía estar dirigido tanto a otros jóvenes de su edad como a su madre, a sus tíos y, por qué no, también a sus abuelos. Tenía que ser el libro que ayudara a todas esas personas que no son profesionales de social media, a ese 90 por ciento de internautas que ya utiliza las redes sociales sin preguntarse ni para qué, ni *cómo* funcionan ni *cómo* pueden obtener de ellas todo el beneficio. Simplemente, las utilizan.

Así surgió la idea de escribir *Cómo triunfar en las redes sociales*, el libro que hoy tienes en tus manos. Nació una tarde de finales de mayo de 2014 en el Parque del Retiro madrileño después de un par de preguntas, por lo que debía ser un texto en el que se ofrecieran, sobre todo, respuestas.

En estas páginas trataré de resolver muchas de las preguntas que se hace un usuario de redes sociales y que suelen empezar precisamente con un «Cómo puedo...», «Cómo hago para...», resolviendo con ejemplos prácticos, consejos y técnicas básicas las dudas que pueden surgirle en el manejo diario de sus perfiles.

Ya estás en redes sociales. Ahora sácales provecho, triunfa en ellas. Lo que pretendo es dotar a cualquier internauta con los consejos y herramientas que necesita para sacarle más partido a sus perfiles, ya se esté iniciando en el uso de Facebook, Twitter, Instagram, LinkedIn, Pinterest, Google+, los sistemas de mensajería instantánea, las *apps* para ligar..., o sea una persona que ya posee algunos conocimientos básicos. En definitiva, la idea es desentrañar los entresijos de las redes sociales y destripar los secretos de muchas de esas *apps* que tenemos instaladas en nuestros teléfonos móviles y de las que no estamos obteniendo todo el beneficio que podríamos.

Espero que disfrutéis de la lectura de *Cómo triunfar en las redes sociales* y, sobre todo, que os resulte de utilidad en vuestro día a día. No dudéis en aportar vuestras ideas y hacerme llegar vuestros comentarios. La conversación continúa en http://www.trecebits.com y en Twitter mediante el hashtag #ComoTriunfarRRSS. Si os puedo ayudar en algo, podéis encontrarme en @TreceBits. Gracias por vuestra confianza y por vuestra lectura.

El sentido común es la herramienta principal para triunfar en las redes sociales. Nunca lo olvides.

@TreceBits

1. ¿Qué son las redes sociales?

Es probable que no quede nadie que no haya, al menos, oído hablar de las redes sociales. Nueve de cada diez personas que utilizan internet de manera habitual[5] tienen abierto al menos un perfil en una red social, y el 99 por ciento de los internautas[6] sabe que existen aunque no las utilice. Las usamos, estamos presentes en ellas, pero si tuviéramos que dar una definición de lo que son en realidad, posiblemente nos costaría trabajo explicarlo.

Imagina que un niño de cuatro años te pregunta: «¿Qué es una red social?». Quizá lo más fácil sería responderle algo como: «Facebook, eso es una red social», y es más que posible que la curiosidad del pequeño quedase bien satisfecha. Casi todo el mundo, incluso a edades muy tempranas, sabe ya hoy día qué es Facebook. Otra cosa es que los usuarios estén sacando todo el rendimiento posible al tiempo que dedican a esta plataforma, algo a lo que aprenderemos a lo largo de este libro.

Sin embargo, explicar con exactitud qué es una red social puede ser una tarea complicada. Si atendemos a la descripción que proporciona Wikipedia, que distingue entre el término «red social» como estructura social en el ámbito de la sociología y «servicio de red social» para hacer referencia a las herramientas 2.0 que usamos los internautas, es posible que nos acerquemos al concepto, aunque quizá no quede del todo claro:

5. Según la VI Oleada del Observatorio de Redes Sociales de The Cocktail Analysis (octubre de 2014). http://tcanalysis.com/blog/posts/the-cocktail-analysis-y-arena-publican-la-viola del-observatorio-de-redes-sociales
6. Según el VI Estudio Anual sobre Redes Sociales de la Internet Advertising Bureau (IAB). Enero 2015. http://www.iabspain.net/wp-content/uploads/downloads/2015/01/Estudio_Anual_Redes_Sociales_2015.pdf

> Un *servicio de red social* es un medio de comunicación social que se centra en encontrar gente para relacionarse en línea. Está formado por personas que comparten alguna relación, principalmente de amistad, mantienen intereses y actividades en común, o están interesadas en explorar los intereses y las actividades de otros.[7]

Nosotros no vamos a referirnos a lo largo de este libro a los «servicios de redes sociales» a los que alude Wikipedia, sino a las redes sociales tal como las entendemos todos aquellos que navegamos habitualmente por internet.

En la 23.ª edición del Diccionario de la Lengua Española de la RAE, lanzada en octubre de 2014, aparece por primera vez el término «red social» como una de las 5.000 nuevas palabras que la Academia de la Lengua ha reconocido desde su última actualización en 2006, y se define como «Plataforma digital de comunicación global que pone en contacto a un gran número de usuarios». Junto a esta palabra, en el diccionario también aparecen como nuevos términos aceptados «tuit» y «tuitear».

La definición de la RAE es breve pero lo suficientemente amplia como para englobar las plataformas de internet que tradicionalmente conocemos como redes sociales, e incluso podría extenderse a aquellas aplicaciones sociales móviles que sirven para poner en contacto a individuos con intereses comunes entre sí. También las mencionaremos en este volumen para que sus usuarios puedan sacarles el máximo partido.

Como ya aclarábamos en la introducción, en este libro no vamos a hablar de social media entendido como todas aquellas herramientas que nos permiten hablar, escuchar, dialogar e interactuar con otros individuos, empresas e instituciones. Dentro de los social media se engloban tanto redes sociales como blogs, foros, comunidades de usuarios... que son utilizados por las compañías para establecer un canal de comunicación con sus clientes y potenciales clientes.

7. http://es.wikipedia.org/wiki/Servicio_de_red_social

En *Cómo triunfar en las redes sociales* vamos a centrarnos en sólo uno de esos medios sociales (las redes sociales), y no lo haremos desde el punto de vista de la empresa. Por una vez, vamos a poner en el centro al usuario anónimo que quiere saber cómo sacar el máximo rendimiento a esas plataformas que utiliza en su día a día: a Facebook, a Twitter, a WhatsApp, y a esa aplicación móvil que usa para encontrar pareja o para saber qué opinan otros usuarios del restaurante en el que se dispone a hacer una reserva. Esta guía va destinada a ese 90 por ciento de usuarios que tienen abierto al menos un perfil en redes sociales. Comencemos a desarrollarla.

1.1. Tipos de redes sociales

El concepto de «red social» no es nada nuevo. Los seres humanos, por nuestra propia naturaleza, siempre nos hemos relacionado los unos con los otros para establecer relaciones de afinidad y obtener un beneficio mutuo sobre la base de unos intereses comunes. Así, desde siempre se han constituido redes familiares, de amigos, de compañeros profesionales...

El desarrollo de las nuevas tecnologías ha llevado a la creación de sistemas informáticos que permiten formar nuevas redes sociales (serían esos «sistemas de redes sociales» a los que alude Wikipedia y cuya nomenclatura nosotros hemos convenido reducir a «redes sociales»), en las que se facilita la creación de nuevos contactos y la gestión de los ya existentes a través de internet, ya sea mediante el uso del ordenador, de una tableta, de un teléfono móvil... o de cualquier otro dispositivo inteligente conectado a la red. Estas redes sociales 2.0 están activas en todo momento, durante las 24 horas del día y durante los siete días de la semana, y no requieren de una presencia física. Sus miembros pueden encontrarse en cualquier parte del mundo, eliminando todo tipo de barreras espacio-temporales.

Existen muchos tipos de redes sociales, casi tantos como usuarios e intereses posibles. Dependiendo de quiénes las integren, se podrían dividir en:

- **Redes sociales generalistas (u horizontales).** En ellas pueden participar todo tipo de individuos, sin limitación por edad, sexo, intereses o ámbito cultural. Aquí se integrarían Facebook, Twitter y Google+, principalmente.
- **Redes sociales de nicho (o verticales).** Son plataformas especializadas, en las que los miembros están unidos por un interés común, un objetivo, un área geográfica... Existen muchas, tantas como podamos imaginar, y podrían subdividirse en las siguientes:
  - **Profesionales:** Como LinkedIn (la más importante) y otras como Viadeo o Xing.
  - **De ocio:** Como MySpace (en torno a la música); Pinterest y Flickr (fotografía), y otras muchas de pequeño tamaño y muy específicas, como pueden ser CatMoji (para amantes de los gatos), Dogster (de los perros), Librote (de libros)...
  - **Geográficas:** Son pequeñas redes sociales para ciudadanos de una localidad, de una determinada procedencia, raza o religión; o incluso para personas de una edad similar (como Post55 o 60ymás), para solteros (Singlesmania)...

Muchas de estas redes sociales pueden usarse desde el ordenador de sobremesa y también tienen versiones oficiales para tableta y teléfono móvil (pueden descargarse desde tiendas de *apps*, como Google Play o Apple Store, o incluso la tienda de aplicaciones de Amazon, para los distintos sistemas operativos móviles existentes). Además, existen numerosas aplicaciones sociales móviles que los usuarios pueden utilizar basándose en unos intereses comunes para comunicarse entre sí y satisfacer un objetivo, ya sea estar en permanente contacto (WhatsApp y Line), compartir imágenes (Instagram), vídeos (Vine) o conocer otras personas (Tinder, BeLinked...).

A lo largo de esta guía trataremos de ofrecer pistas y consejos para usar tanto unas como otras, pero antes de entrar de lleno en el análisis de cada red social y ver cómo podemos sacarles más partido, necesitamos tener una visión global de contexto y conocer cómo surgieron estas plataformas sociales y cómo han evolucionado hasta hoy. Sólo así podremos comprender la enorme relevancia que han adquirido y cómo han modificado por completo nuestro día a día. Así nos daremos cuenta de lo conveniente que resulta utilizarlas con propiedad.

1.2. La creación de las primeras redes sociales

Como ya hemos señalado, el concepto básico de red social acompaña al hombre desde que es hombre, social y asociativo por naturaleza, aunque si nos referimos a los programas informáticos que permiten que el usuario se ponga en contacto con otros para establecer relaciones entre sí tenemos que situarnos en la primera mitad de la década de 1990, para encontrar las primeras redes sociales tal como hoy día las entendemos.

Internet había nacido ya en la década de 1960, y el inicio de 1990 coincide con la creación y el desarrollo de la web o WWW (World Wide Web) por parte del inglés Tim Berners Lee. Se trata de una red entendida como un sistema de documentos interconectados a los que se puede acceder mediante un navegador web y que permite visualizar páginas web con textos, imágenes, vídeos y enlaces a otras páginas web. En definitiva, y por extensión, estaríamos hablando de internet como lo conocemos en la actualidad.

Pronto comienzan a surgir las primeras páginas online, aunque la WWW no se muestra de forma pública hasta 1993, año en el que además se presenta el primer navegador, «Web mosaic», que permite surcar los distintos documentos que conforman la World Wide Web. A partir de ahí, se produce una auténtica explosión en la creación de páginas web y la red se populariza y empieza a recibir sus primeros usuarios.

La primera web considerada social nace un año más tarde, en 1994. Llevaba por nombre Geocities y, en realidad, se trata de un servicio de *webhosting* (alojamiento de páginas web), pero sí es cierto que incorpora ya incipientes elementos 2.0. Fundada por David Bohnett y John Rezner, permitía a los usuarios crear y alojar páginas web en sus servidores de manera gratuita. Estos se organizaban temáticamente en seis barrios: las web de ocio se encontraban en el denominado «Hollywood», y las de tecnología en el llamado «Silicon Valley», por ejemplo. Pronto permite desarrollar páginas web nuevas dentro de los propios barrios y aparecen los primeros chats, foros y *newsletters*.

Geocities se convirtió así en la primera comunidad de usuarios de internet que podían interactuar entre sí tan sólo por estar registrados en el sitio. En 1998 salió a bolsa protagonizando un espectacular estreno y un año más tarde fue comprada por Yahoo! por 4.000 millones de dólares de la época. A partir de ahí, vio cómo su burbuja explotaba —tal como ocurrió a muchas otras *puntocom*— y fue perdiendo usuarios paulatinamente hasta que en 2009 la compañía de la exclamación decidió borrar la información contenida en todos los servidores y cerrar definitivamente el servicio.

En 1995, cuando la WWW ya contaba con un millón de páginas creadas, nació theglobe.com, una comunidad de usuarios registrados en todo el mundo que podían personalizar su experiencia online subiendo su propio contenido e interactuando con otros usuarios de intereses similares. Aunque se le considera uno de los primeros «medios sociales» de internet, aún no tenía un funcionamiento similar al de las redes sociales actuales. Salió a bolsa también tres años más tarde y sus acciones crecieron un 606 por ciento en un solo día. La burbuja también estallaría un par de años más tarde.

Guardaba ya más similitud con las redes sociales que hoy conocemos Classmates.com, fundada por Randy Conrads también en 1995. Podría considerarse una incipiente red social y tenía como objetivo que los usuarios registrados pudieran encontrar antiguos compañeros de guardería, primaria, instituto, universidad, trabajo e incluso del servicio militar. Tuvo relativo éxito, aunque principalmente en Estados Unidos. Con numerosos rediseños y cambios de enfoque, que le han llevado a convertirse en una especie de biblioteca de documentos y fotografías organizadas por centros y cursos escolares, el servicio continúa activo en nuestros días, dos décadas después de su lanzamiento.[8]

8. http://www.classmates.com

La creación de la primera red social propiamente dicha no llegaría hasta dos años más tarde. En 1997 nació sixdegrees.com, cuyo nombre hace referencia a la «teoría de los seis grados de separación» enunciada, ya en 1930, por el escritor húngaro Frigyes Karinthy, quien estableció que cualquier persona estaba conectada con cualquier otra en el mundo a través de una cadena de contactos que no superaba los cinco intermediarios.

Sixdegrees.com era una web en la que los usuarios registrados podían relacionarse con otros y organizarlos en listados (familia, amigos, nuevas adquisiciones...), enviarse mensajes e incluso publicar en una especie de «muros» de los usuarios que fueran conexiones de primer, segundo y hasta de tercer grado.

Fundada por Andrew Weinreich, llegó a ser una compañía con 100 empleados y superó los 3,5 millones de usuarios registrados. Su modelo de organización de la red de contactos fue copiado años más tarde por otras plataformas como Friendster, MySpace e incluso LinkedIn y Facebook. En la actualidad, el servicio ya no está disponible.

Ese mismo año, en 1997, nace Google y también el primer servicio de mensajería instantánea, AOL Instant Messenger (AIM),[9] al que todavía hoy pueden acceder los usuarios incluso a través de su dispositivo móvil. Hace casi veinte años constituyó el germen de otros servicios que se hicieron tan populares como Windows Messenger, cerrado por Microsoft en 2013[10] obligando a todos los usuarios a migrar a Skype, compañía que había comprado dos años antes.

A partir de entonces surgieron en internet numerosos intentos para imitar el éxito de estos primeros servicios de redes sociales, como Friends Reunited (en 1998, en Gran Bretaña), que copiaba a Classmates.com pero que, al menos, logró ser la primera plataforma social que tuvo algo de popularidad fuera de Estados Unidos.

Sin embargo, la explosión de la burbuja de internet en el año 2000 puso fin a los años de crecimiento desorbitado de estas y muchas otras compañías online. Se acabaron los excesos y muchos inverso-

9. http://www.aim.com/
10. http://www.trecebits.com/2013/01/09/microsoft-cerrara-messenger-el-15-de-marzo/

res perdieron bastante dinero en bolsa. Aquella situación frenó ligeramente la creación de nuevos servicios de redes sociales, pero no el desarrollo y evolución de los internautas. Con el cambio de milenio se superó la cifra de 70 millones de ordenadores conectados a la red en todo el mundo, y los usuarios comenzaban a acostumbrarse a compartir su vida en internet e interactuar con los demás. Eso facilitó el asentamiento de las grandes redes sociales que hoy día usamos durante la primera década del nuevo siglo.

1.3. La evolución de las redes sociales

Con la llegada del siglo XXI, internet evolucionó hacia lo que se llamó la «web 2.0», en la que principalmente se fomentaba la creación de contenido por parte de los propios usuarios. Esto supuso que nacieran numerosas herramientas online que propiciaban la interacción, la escucha y la colaboración entre los internautas. También permitió el nacimiento de las primeras redes sociales a imagen y semejanza de las que en la actualidad utilizamos, creadas con el objetivo de conectar en internet a los amigos que se tenía en la vida real.

La primera fue Friendster, que fue lanzada con dicho fin en 2002 por el programador canadiense Jonathan Abrams. Su nombre se explica al combinar el término inglés *friend* («amigo») y Napster (el popular servicio p2p utilizado para compartir archivos entre usuarios).

La web, que permitía chatear, compartir documentos, música y vídeos en el perfil, así como crear eventos, llegó a aglutinar tres millones de usuarios en sus tres primeros meses de existencia y fue la red social más popular del mundo hasta abril de 2004. Se le considera la madre de las actuales redes sociales y de ella copiaron numerosas funcionalidades otras plataformas que llegarían más tarde, como Facebook o MySpace. En la actualidad ha sido reconvertida en una red social de nicho, centrada en el mundo de los videojuegos[11] y con sede central en Kuala Lumpur (Malasia). Aglutina a más de cien

11. http://www.friendster.com/

millones de usuarios,[12] principalmente residentes en el sudeste asiático.

A Friendster le arrebató el título de red social con mayor número de usuarios activos en el mundo MySpace, servicio que había sido creado, copiándole completamente, en agosto de 2003. Sus fundadores, Chris DeWolfe y Tom Anderson, únicamente tardaron diez días en programarla. Adquirida en 2005 por el magnate Rupert Murdoch, propietario de News Corporation, esta red social mantuvo el liderato mundial en cuanto a número de visitantes únicos mensuales hasta bien entrado el año 2008, cuando se lo quitó Facebook.

MySpace, que llegó a contar con más de 1.600 empleados en todo el mundo, sumó sus primeros 100 millones de usuarios en 2006. Sin embargo, a partir de 2009 su imperio comenzó a decaer y News Corp. la puso oficialmente en venta en 2011[13] y se deshizo de ella a un precio veinte veces menor de lo que le había costado seis años antes.

Sus nuevos propietarios —Specific Media y el cantante Justin Timberlake— rediseñaron el sitio y lo relanzaron en 2013[14] convertido en una red social de música, pero ya nunca volvería a gozar del número de usuarios que tuvo a mediados de la década pasada. De hecho, en los últimos meses ha dejado de ofrecer blogs y ha eliminado la posibilidad de enviar mensajes entre los usuarios o de compartir vídeos. En la actualidad sigue activa,[15] pero en realidad es más una web de información musical, a la que los usuarios pueden acceder registrándose con su perfil de Facebook, que una red social.

Volvamos a 2003. El mismo año que se creó MySpace también vio la luz LinkedIn, que se puede decir que, de las redes sociales que actualmente todavía utilizamos de forma mayoritaria, es la más antigua de todas, puesto que se creó hace más de doce años.

LinkedIn fue fundada por Reid Hoffman imitando también a Friendster pero con un claro objetivo profesional desde el principio:

12. http://www.trecebits.com/2009/12/10/friendster-a-punto-de-ser-comprada/
13. http://www.trecebits.com/2011/02/28/myspace-tiene-20-pretendientes/
14. http://www.trecebits.com/2013/01/15/el-nuevo-myspace-abre-al-publico/
15. https://myspace.com/

conectar en internet a las personas que han trabajado juntas o que han desarrollado cualquier tipo de colaboración común, con la intención de fomentar y compartir inquietudes laborales y nuevas oportunidades de negocio.

La red profesional por excelencia tardó casi tres años en alcanzar los 20 millones de usuarios y hoy día ronda los 350 millones en todo el mundo. En España superó en abril de 2014 los 6 millones de usuarios[16] y está a punto de añadir otro más. Ha ido sumando funcionalidades durante estos años, pero tanto su espíritu como filosofía se mantienen intactos desde que se lanzó en 2003.

Un año más tarde, en febrero de 2004, se crearía Facebook, en la habitación de una residencia para estudiantes en la Universidad de Harvard (Estados Unidos). Un jovencísimo Mark Zuckerberg se propuso la idea de crear un Friendster (otra vez se imita esta plataforma) pero para universitarios, con el objetivo de conectar, en un primer momento, a todos los estudiantes de las facultades de su Campus, y poco después dio el salto al resto de las universidades estadounidenses.

Sólo dos años más tarde, en 2006, Yahoo! le ofrecería mil millones de dólares por hacerse con el control de su plataforma, oferta que Zuckerberg rechazó. En 2008 sobrepasó a MySpace en número de usuarios activos y, desde entonces, no ha habido red social que haga temblar su supremacía. Recientemente anunció que superaba la cifra de 1.450 millones de usuarios en todo el mundo.

Tan sólo un año después que Facebook, se lanza YouTube, que acaba de cumplir diez años de antigüedad. En 2005 Chad Hurley, Steve Chen y Jawed Karim fundaron este servicio online que permitía que los usuarios pudieran subir sus vídeos a la red y los compartieran con otros internautas. Como curiosidad, cabe decir que primero fue pensado como una web de citas en vídeo.[17]

Sólo año y medio más tarde, los tres socios vendían la plataforma a

16. http://www.trecebits.com/2014/04/29/linkedin-supera-los-6-millones-de-usuarios-en-espana/
17. http://www.trecebits.com/2015/02/17/youtube-se-lanzo-hace-10-anos-como-una-web-de-citas/

Google por 1.650 millones de dólares y, desde entonces, ha ido incorporando más elementos sociales: los usuarios pueden seguir los canales de otros usuarios, compartir sus vídeos, realizar comentarios... En la actualidad, más de mil millones de personas acceden al menos una vez al mes a YouTube, que también apuesta por la elaboración de contenido audiovisual propio y las retransmisiones de eventos en streaming.

La última de las redes sociales de uso generalizado en la actualidad que vio la luz durante la década pasada fue Twitter. Creada en marzo de 2006 por Jack Dorsey, Evan Williams y Biz Stone, en un primer momento se llamaba Twittr y su color predominante era el verde[18] (en la actualidad es el azul), pero desde el primer día mantiene su seña de identidad: el envío de mensajes cortos de menos de 140 caracteres. Los usuarios de la plataforma pueden seguirse los unos a los otros y enviarse mensajes privados. Su crecimiento ha sido exponencial, aunque ha sido hace sólo tres o cuatro años cuando ha experimentado un auténtico *boom* que la ha convertido en una plataforma de uso masivo. En la actualidad supera los 288 millones de usuarios activos al mes.

Después de un par de años que sirvieron para que estas redes sociales se fueran asentando, a finales de 2009 irrumpe Pinterest, creada por Ben Silbermann. Se basa en la creación de tableros de fotografías que los usuarios pueden compartir entre sí siguiéndose los unos a los otros. De lento despegue (en sus primeros nueve meses sólo aglutinó 10.000 usuarios), cuando la revista *Time* la incluyó como uno de los 50 mejores sitios web de 2011 se convirtió en foco de atención y atrajo las miradas de usuarios e inversores. Llegó a los 10 millones de usuarios únicos en diciembre de ese año y se convirtió en la red social de mayor crecimiento de todos los tiempos hasta ese momento.[19] En la actualidad, pasado el *boom* inicial, Pinterest reúne a casi 100 millones de usuarios en todo el mundo y es una de las plataformas web que más tráfico deriva a otros *sites*.[20]

18. http://www.trecebits.com/2011/09/16/asi-era-twitter-cuando-se-lanzo/
19. http://www.trecebits.com/2012/01/26/asi-es-pinterest-el-ultimo-boom-social/
20. http://www.trecebits.com/2014/10/31/facebook-y-pinterest-las-redes-sociales-que-mas-trafico-generan/

La última gran red social generalista en llegar fue Google+, que fue lanzada a finales de junio de 2011.[21] Se trataba del enésimo intento de la compañía del buscador por contar con su propia plataforma social (después de errores como Google Buzz y Google Wave o la escasa aceptación de su red social Orkut a escala global) y logró sumar 10 millones de usuarios en sólo diez días, a pesar de requerir un registro por invitación. En el mes de septiembre ya se lanzó la beta abierta, hecho que permitió a Google+ llegar a los 43 millones de usuarios en menos de cien días de existencia.

Se trata de una red *disfrazada* de capa social bajo la que se encuentra la gran mayoría de los servicios que proporciona Google: YouTube, Gmail... Entre sus rasgos diferenciales destacan la organización de los contactos en círculos y los *hangouts*, que permiten la realización de videoconferencias colectivas entre usuarios e incluso llevar a cabo emisiones en *streaming* de manera muy sencilla, lo que ha tenido mucha aceptación entre los usuarios.

Sin embargo, a pesar de contar con más de mil millones de usuarios registrados, la principal lacra que arrastra Google+ es la falta de uso, y los que se consideran activos (que se conectan a la plataforma al menos una vez al mes) no superan los 550 millones. En realidad estas cifras tienen «truco», ya que los usuarios se ven obligados a crear un perfil en la red social si quieren usar alguno de los otros servicios de Google, como Calendar, YouTube... Muchos de los que los utilizan desconocen que poseen una cuenta también en Google+, por eso nunca la utilizan.

Por este motivo, hay quien denomina a Google+ como «el pueblo fantasma», aunque en realidad es una red social muy a tener en cuenta, sobre todo por las herramientas propias que posee y por la importancia que tiene a la hora de mejorar el posicionamiento web de un individuo o un negocio.

De todas formas, como veremos en el capítulo dedicado a esta plataforma, Google ha anunciado que alguna de sus funcionalidades dejarán de formar parte de ella, como es el archivo de fotografías.

21. http://www.trecebits.com/2011/06/28/%C2%A1asi-es-google-la-red-social-de-google/

1.4. De la web al móvil

El lanzamiento del primer iPhone en junio de 2007 marcó un hito no sólo para su fabricante, Apple, que inauguraba una nueva gama de productos, sino que también supuso el inicio de la popularización de los smartphones (teléfonos inteligentes que pueden conectarse a internet). Con la creación de la tienda de aplicaciones Apple Store, para los dispositivos con sistema operativo iOS (el que utilizan los iPhone) el año siguiente y la llegada del sistema operativo Android (que también contaba con su tienda de aplicaciones), las principales redes sociales comienzan a crear *apps* específicas para que los usuarios utilicen sus plataformas conectándose desde cualquier lugar.

Eso les hace seguir aumentando su número de usuarios, algo que potencia el lanzamiento de otro producto: las tabletas. Aunque ya había otros modelos en el mercado, en 2010 llegó el primer iPad de Apple, y desde entonces la posibilidad de entrar a las redes sociales para actualizar el estado y ver las publicaciones de los amigos desde cualquier lugar se multiplica. Sólo en España, en 2012 el 67 por ciento de los usuarios de redes sociales ya entraba a ellas desde dispositivos móviles. En la actualidad, el porcentaje supera el 75 por ciento, según la VI Oleada del Estudio Anual de Redes Sociales de la Internet Advertising Bureau (IAB),[22] publicado en enero de 2015.

Mark Zuckerberg fue uno de los primeros directivos de redes sociales en anticiparse al *boom* móvil y poner a este dispositivo en el centro de su estrategia ya en 2012. En la actualidad, de sus más de 1.390 millones de usuarios, más de 1.100 millones entran a Facebook a través del móvil, y casi 600 millones lo hacen exclusivamente por este medio.

En verano de 2012, la red social española Tuenti inició un proceso de reconversión para pasar a ser una plataforma móvil que girase en torno a la mensajería social.[23] Hoy día, esta área es mucho más impor-

22. http://www.iabspain.net/wp-content/uploads/downloads/2015/01/Estudio_Anual_Redes_Sociales_2015.pdf
23. http://www.trecebits.com/2012/07/11/asi-es-el-nuevo-tuenti/

tante para la compañía, reconvertida en operadora móvil virtual que ha dejado de lado la versión web de lo que era conocido como una red social tradicional.

Junto a la popularización del uso de las plataformas sociales desde el teléfono o la tableta, también han surgido aplicaciones móviles de carácter social que podrían considerarse auténticas redes sociales móviles, ya que permiten interconectar a usuarios estableciendo relaciones entre ellos en torno a un objetivo común.

Foursquare fue una de las primeras. Se creó en 2009 y en poco más de un año alcanzó los 5 millones de usuarios. Basándose en la geolocalización, permitía ir haciendo *check-in* en los lugares que se visitaban e ir obteniendo puntos cada vez que se descubrían nuevos. El servicio sufrió una remodelación radical en mayo de 2014, al quedar más bien como aplicación para recomendaciones de sitios y lanzarse Swarm como sustituto de Foursquare, con la peculiaridad de que no es necesario estar físicamente en un lugar para hacer *check-in* en él. Sin embargo, el cambio no ha sido bien recibido por los usuarios y la plataforma ha perdido bastante popularidad en los últimos meses.

Otra de las *apps* sociales móviles más importantes es Instagram, que se lanzó en octubre de 2010 para iOS y que llegó a Android ya entrado 2012, días antes de ser comprado por Facebook por 1.000 millones de dólares. En Instagram los usuarios se siguen los unos a los otros para compartir fotografías y vídeos a los que se les pueden añadir filtros, marcos y diversos tipos de retoque de imagen. En la actualidad cuenta con más de 350 millones de usuarios en todo el mundo.

En 2012 nace Tinder, una aplicación móvil que básicamente se utiliza para ligar y que en España no adquiere popularidad hasta el año pasado, pero que desde entonces se utiliza de forma masiva. Su funcionamiento es tan sencillo como el poder ver las fotografías de los usuarios que se encuentran alrededor y decidir si te gustan o no. Si hay una atracción recíproca entre dos usuarios, podrán comenzar a chatear.

Ya en enero de 2013 Twitter lanza Vine, de concepto muy similar a Instagram, pero en la que se pueden compartir vídeos de menos de seis segundos. En la actualidad supera los 60 millones de usuarios en todo el mundo.

Junto a estas aplicaciones sociales y otras muchas más que han surgido en los últimos meses, se encuentra la reina de las *apps*, WhatsApp, el servicio de mensajería instantánea gratuita responsable en cierta medida de la popularización de los teléfonos móviles inteligentes, ya que son muchos los usuarios que quieren tener un *smartphone* para instalar esta aplicación y no tener que gastar dinero en el envío de SMS.

Creada en enero de 2009, en febrero de 2014 fue comprada por Facebook por 19.000 millones de dólares. Posee en la actualidad más de 700 millones de usuarios activos y aunque han surgido rivales como Telegram o Line, ninguno ha logrado hacerle sombra. Sólo WeChat, que reina en China, posee una cifra de usuarios (600 millones) que se le pueda acercar.

1.5. Cómo las redes sociales nos han cambiado la vida

Como hemos visto en los dos puntos anteriores, pocas son las redes sociales que utilizamos en la actualidad que cuenten con más de 10 años de antigüedad. Sólo LinkedIn y Facebook, junto con YouTube, entrarían en el grupo de las plataformas con más de una década de existencia. Redes sociales y aplicaciones que hoy nos resultan de uso tan cotidiano como Instagram o Pinterest no tienen más de cinco años de existencia y fueron lanzadas ya comenzada la segunda década del siglo XXI.

La velocidad con la que surgen, se popularizan y dejan de utilizarse hoy día las herramientas 2.0 hace prácticamente imposible definir cuáles serán las más empleadas dentro de sólo unos meses. Posiblemente, mientras lees estas líneas, en Silicon Valley (Estados Unidos) algún desarrollador esté creando la plataforma social o aplicación móvil que todos estaremos utilizando de forma masiva en las próximas semanas.

Aunque sólo cuenten con poco más de veinte años de historia, las redes sociales han cambiado por completo la forma en que nos relacionamos. Y eso a pesar de que, como dijimos, su esencia no es una invención de los últimos tiempos, sino que la necesidad del ser humano de relacionarse e interactuar con los demás ha estado siempre presente. Sin embargo, el desarrollo de las nuevas tecnologías ha traído consigo la creación de estas herramientas 2.0 que aceleran ese proceso relacional y, a la vez, lo hacen más sencillo y eficaz.

Por ejemplo, las redes sociales han reducido a uno, o a cero incluso, esos seis grados de separación que, según dijo el profesor Karinthy en 1930, existen entre dos ciudadanos de cualquier punto del planeta. Aseguraba él que cualquier persona está conectada con otra a través de no más de cinco intermediarios, pero gracias a Twitter, por ejemplo, la conexión puede ser ya directa y sin intermediarios. Tan sólo se debe buscar el nombre de la otra persona y empezar a seguirle.

Por otra parte, las redes sociales también han aumentado el número de personas con las que mantenemos contacto de una manera habitual en la vida diaria. El antropólogo británico Robin Dunbar señalaba ya en 1992 que el ser humano puede tener redes estables de unos 150 contactos[24] a lo largo de su vida, manteniendo nexos de unión muy intensos con unas diez personas al mismo tiempo, mientras que el resto de las relaciones son efímeras y vagas.

Con la popularización de las redes sociales, el número de contactos se ha multiplicado ampliamente. Si cuenta a cuántas personas sigue en todas las plataformas 2.0 en las que está presente, es posible que un usuario medio obtenga un número mucho mayor de 150 contactos. Ahora hemos multiplicado de manera considerable el número de personas con las que mantenemos una relación estrecha al mismo tiempo gracias al contacto directo que nos proporciona internet, y aumentamos también ampliamente el número de «relaciones vagas» a lo largo de nuestra vida gracias a todas las personas con las que nos relacionamos e interactuamos en la red.

Las redes sociales —todas en general, pero sobre todo las de nicho— potencian además el sentimiento de pertenencia de los individuos a ciertos grupos. Como ocurre con los equipos de fútbol o los grupos de fans de los cantantes, en las redes sociales se reúnen indivi-

24. http://es.wikipedia.org/wiki/N%C3%BAmero_de_Dunbar

duos con intereses comunes que fomentan el sentimiento de grupo sin dejar de lado las características personales de cada uno. En este sentido, sirven para agrupar con mayor facilidad a individuos que pueden encontrarse lejos geográficamente o incluso muy distantes ideológicamente en favor de un objetivo común.

Nunca ha sido tan fácil estar conectado con el resto del mundo. Nunca se había podido llegar a cualquier persona del planeta con tanta facilidad como podemos hacerlo hoy día con sólo pulsar un botón. También ha cambiado, en menos de diez años, la manera en que nos relacionamos. Ahora mantenemos contacto cotidiano con personas que están a miles de kilómetros de distancia, ampliamos nuestro círculo de contactos y encontramos nuevas oportunidades de colaboración en las redes sociales. Una de cada cinco parejas se conoce en internet —el porcentaje sube hasta tres de cada cinco en las relaciones entre personas homosexuales—, aunque también las redes sociales son mencionadas ya como causa de aproximadamente un 30 por ciento de las separaciones.

Internet influye también en la manera en que compramos, y antes de tomar una decisión tomamos muy en cuenta la opinión de nuestros amigos y contactos en las redes sociales. Según un informe de la consultora Ernst & Young,[25] el 60 por ciento de los usuarios cambia de marca si sus contactos realizan comentarios negativos sobre ella en las redes, y un 23 por ciento de los compradores online reconoce haber escogido una marca tan sólo porque un contacto suyo la seguía en las redes sociales.

Las redes sociales han modificado también la manera en que trabajamos, permanentemente conectados, y en la que buscamos empleo. El 70 por ciento de los responsables de recursos humanos busca a candidatos para sus procesos de selección en las redes sociales profesionales;[26] y cuando solicitamos un puesto de trabajo no sólo se

25. http://www.trecebits.com/2013/02/15/el-22-de-los-usuarios-ha-comprado-algo-porque-un-amigo-seguia-a-la-marca-en-redes-sociales/

26. http://www.trecebits.com/2015/02/10/asi-usan-las-empresas-espanolas-las-redes-sociales-para-encontrar-trabajadores-infografia/

estudia con detenimiento nuestro currículum, sino que también se rastrea nuestra presencia online, los comentarios publicados en redes sociales abiertas y todo tipo de información que internet pueda ofrecer sobre nuestra personalidad y experiencia, con el objeto de emitir una valoración más precisa acerca de la idoneidad o no de nuestra candidatura.

Como vemos, las plataformas que surgieron para poner en contacto a personas con un pasado común o que compartían un presente laboral o unos intereses similares, han transformado por completo nuestra realidad cotidiana. Casi todos estamos en redes sociales, y no en una sola, sino en varias. De media tenemos 5,54 perfiles creados,[27] aunque seamos activos en sólo tres. Es el momento de tomar las riendas y ser nosotros mismos los que manejemos nuestra presencia online. Aprendamos a sacarle el máximo partido a todas esas plataformas a las que tanto tiempo dedicamos a lo largo del día.

27. http://www.trecebits.com/2015/02/19/cada-usuario-tiene-554-redes-sociales-de-media/

2. ¿Cómo y por qué estamos en las redes sociales?

A pesar de la enorme popularidad que han adquirido las redes sociales, no es obligatorio utilizar ninguna de ellas. Creadas algunas hace más de una década, ha sido en los últimos siete años cuando su uso se ha generalizado entre la población en España, aunque en otros países, como Estados Unidos, de donde son originarias la mayoría, lo hicieron unos cuantos años antes.

Desde entonces, las redes sociales se han convertido en tema de conversación recurrente y han pasado a formar parte de nuestro día a día. Según los datos recogidos en la última oleada del Observatorio de Redes Sociales que elabora periódicamente The Cocktail Analysis,[28] el 90 por ciento de los internautas españoles es usuario de al menos una plataforma social, un porcentaje que se mantiene prácticamente estable desde 2011. Esto significa que si en España hay 26,2 millones de personas que utilizan la red al menos una vez cada tres meses —son las personas a las que se considera internautas según el Instituto Nacional de Estadística—,[29] hay más de 23,5 millones de usuarios de redes sociales en España.

El dato concuerda con el del informe «Social, Digital and Mobile in Europe 2014»,[30] publicado por We Are Social, que cifra en más de

28. VI Oleada del Observatorio de Redes Sociales de The Cocktail Analysis. Octubre de 2014. http://tcanalysis.com/blog/posts/the-cocktail-analysis-y-arena-publican-la-vi-ola-del-observatorio-de-redes-sociales
29. Encuesta sobre Equipamiento y Uso de Tecnologías de la Información y Comunicación en los Hogares 2014. Instituto Nacional de Estadística (INE). Tabla de uso de internet en los últimos tres meses por características demográficas y frecuencia de uso. http://www.ine.es/jaxi/tabla.do
30. Social, Digital and Mobile in Europe 2014. We Are Social. http://wearesocial.net/blog/2014/02/social-digital-mobile-europe-2014/

20 millones el número de internautas en España y considera que la penetración de las redes sociales en el país es del 41 por ciento de la población total (no del número de internautas). Este porcentaje nos sitúa por encima de la media europea (que se encuentra en un 40 por ciento) aunque lejos del 70 por ciento que registra Islandia o el 64 por ciento de Noruega.

Los españoles pasamos, de media, una hora y media al día enganchados a las redes sociales, y el 33 por ciento ya utiliza las redes sociales también desde el móvil, lo que implica que un total de 15 millones de personas ya usan su teléfono para consultar sus plataformas sociales, según We Are Social. En este apartado, también nos encontramos por encima de la media europea, que se sitúa en el 26 por ciento de la población.

Facebook es la red social más utilizada por los españoles. El 83 por ciento de los internautas tiene perfil activo (ha entrado al menos una vez en el último mes en él), aunque la plataforma social que mayor porcentaje de usuarios registra es WhatsApp: el 87 por ciento de las personas que usan regularmente internet.

Otras redes y aplicaciones sociales registran porcentajes menos elevados. El 41 por ciento de los internautas españoles puede considerarse usuario activo en Twitter; el 25 por ciento en Google+; el 21 en LinkedIn; el 20 en Instagram; el 8 en Tuenti; el 7 en Pinterest y el 3 en Foursquare. Entre otras aplicaciones móviles, Line es utilizado por el 18 por ciento, Telegram por el 16 y Vine por el 3, según los datos de The Cocktail Analysis.

De media, cada usuario español tiene perfil abierto y activo en 2,3 plataformas sociales, y siete de cada diez están dados de alta en, al menos, tres redes sociales. Facebook es usado los siete días de la semana, mientras que Twitter e Instagram se usan, de media, casi cinco días a la semana. YouTube se utiliza cuatro días a la semana, mientras que Pinterest y LinkedIn, dos, según los últimos datos hechos públicos por la Internet Advertising Bureau (IAB).[31]

31. VI Estudio de Redes Sociales de la IAB. Enero 2015. http://www.iabspain.net/wp-content/uploads/downloads/2015/01/Estudio_Anual_Redes_Sociales_2015.pdf

El uso de las redes sociales se ha popularizado tanto que ha llegado incluso a trascender más allá de la red. Por ejemplo, ya nos hemos habituado a convivir con los *hashtags*—originarios de Twitter y que posteriormente imitaron otras redes sociales— cuando miramos la televisión. Prácticamente todas las cadenas los utilizan para hacer marca, ordenar la conversación y fomentar la interacción con los telespectadores.

El móvil y la tableta se han convertido en la segunda pantalla cuando estamos frente al televisor. El 48 por ciento[32] de los espectadores se conecta a múltiples dispositivos por la noche porque ver únicamente la televisión ya no le resulta suficiente. Prefiere estar consultando al mismo tiempo otros contenidos en internet o comentando la emisión en las redes sociales, sobre todo en Twitter, donde se vierten nueve de cada 10 comentarios sobre programas de televisión.

De hecho, el momento de mayor uso de Twitter cada día coincide con los horarios de *prime time* televisivo y, en esas horas, el 32 por ciento de los mensajes de menos de 140 caracteres que se envían giran en torno a programas de televisión. Retransmisiones deportivas, películas y *reality shows* son las emisiones que mayor conversación generan en las redes sociales.

El consumo social de televisión es sólo un ejemplo de cómo las redes sociales se han introducido de lleno en la vida cotidiana de los usuarios, pero hay más. Es posible registrarse en muchos servicios online únicamente utilizando nuestras credenciales en las redes sociales, se puede incluso reservar un vuelo y elegir un compañero de asiento con gustos afines a los nuestros, algo que ya ofrece una aplicación que utilizan varias aerolíneas como Iberia o KLM[33] y que tiene en cuenta los «me gusta» en Facebook... Las redes sociales ya están presentes en muchos momentos del día de cualquier persona, no

32. Estudio Connected Life 2014. TNS Global. Octubre 2014. http://www.tnsglobal.es/connectedlife/
33. http://tecnologia.elpais.com/tecnologia/2012/04/11/actualidad/1334165899_516290.html

sólo cuando accede a ellas a través de la pantalla del ordenador o del teléfono móvil. Por eso, lo mejor es convivir con ellas y aprender a sacarles el mayor partido, algo que iremos viendo a lo largo de este libro.

2.1. Todos tenemos una «marca personal» en internet

Cualquier persona es libre de decidir si quiere estar presente en las redes sociales de una manera activa o prefiere mantenerse al margen. Sin embargo, debe ser consciente de que lo más posible es que, aunque no lo quiera, esté siendo objeto de alguna actividad en internet y las redes sociales.

Las cifras que veíamos en el anterior apartado demuestran la penetración de estas plataformas sociales en la sociedad. Es muy posible que, aunque nosotros no hayamos abierto ningún perfil en la red, alguno de nuestros amigos haya subido alguna fotografía o haya realizado algún comentario en el que nos mencione. También es probable que nuestra presencia en algún acto, nuestra intervención en una charla o nuestra participación en un concurso hayan quedado reflejadas de alguna u otra manera en internet. Quizá aquella vez que dimos nuestra opinión sobre un restaurante o publicamos un comentario en un foro lo hiciéramos con nuestro nombre en lugar de con un pseudónimo, o simplemente puede ocurrir que alguien que haya trabajado con nosotros haya dejado por escrito en la red cuál fue el resultado de esa colaboración.

La gente tiene una imagen de nosotros, nos guste o no. Esto, que es una realidad en la vida cotidiana, también lo es en internet y además, para bien o para mal, es algo que perdura en el tiempo. Posiblemente hayas oído hablar del concepto de «marca personal», algo que está muy de moda en el ámbito de las redes sociales. En realidad, la marca personal se puede definir como el conjunto de percepciones que tiene otra persona y que describe la experiencia de tener relación contigo. Esta definición es aplicable a la vida en general, pero también a internet en particular. Es probable que alguien haya hablado de ti en internet, aunque tú no quieras saber nada de ese mundo.

Si uno no trabaja su presencia en internet, es posible que otros la estén construyendo, consciente o inconscientemente, por uno. Si no lo crees, intenta dar respuesta a la siguiente pregunta: «Si le preguntara a Google, ¿qué diría sobre mí?». La mejor manera de hacerlo es acceder ahora mismo al buscador y «googlearse» (es decir, introducir tu nombre en Google). Los resultados que obtengas te darán una idea de qué se dice de ti en internet y qué pueden ver otros usuarios: menciones, comentarios, fotografías...

Si encuentras algún resultado que afirma algo incorrecto o que no te gusta, puedes solicitar a Google que lo elimine. Desde el 30 de mayo de 2014 los internautas europeos tienen, por fin, al menos en teoría, «derecho al olvido».[34] Una sentencia del Tribunal de Justicia de la Unión Europea consideró al buscador único responsable del tratamiento de la información y de los datos personales de los usuarios, y a la compañía no le quedó más remedio que poner a disposición de los internautas un formulario mediante el cual pueden solicitar la supresión de cualquier información o cualquier enlace que consideren que les perjudica.

Sin embargo, Google deja claro que la sentencia se refiere únicamente a la eliminación de resultados que incluyan el nombre de los usuarios «si se consideran inadecuados, no pertinentes o ya no pertinentes, o excesivos desde el punto de vista de los fines para los que fueron tratados». ¿Qué quiere decir esto? Básicamente que Google tiene el derecho de revisar todas las solicitudes y de buscar un equilibrio entre la privacidad de los usuarios y el derecho del público a conocer información. Es decir, que aunque pidamos la eliminación de nuestros datos, la solicitud podría ser desestimada por el buscador.

Sea como sea, piensa cuántas personas a lo largo del día podrían estar interesadas en saber qué dice internet de ti: amigos, compañeros de trabajo, colegas de profesión..., incluso el 70 por ciento de los

34. http://www.cuartopoder.es/dospuntocero/al-fin-podemos-pedir-que-nuestros-datos-sean-borrados-de-internet/997

responsables de recursos humanos lo primero que hacen cuando se encuentran frente a un posible candidato para un puesto de trabajo es «googlearlo» para saber qué imagen proyecta de él internet.

Con esto no quiero decir que tengas que emplear tiempo en controlar tu marca personal en internet si no quieres, ni que tengas que abrirte un perfil en una red social de manera obligatoria si no lo deseas, sólo quiero que seas consciente de lo que implica tener una presencia —controlada o no— en internet.

Por eso, si ya eres usuario de redes sociales o tienes pensado abrirte un perfil en alguna de ellas (motivos por los que imagino que estás dedicando tu tiempo a leer este libro), lo mejor que puedes hacer para no estar proyectando una imagen negativa o errónea de ti en internet es utilizarlas de una manera consciente e inteligente, conociendo bien las particularidades de cada una, aprovechando sus posibilidades y evitando caer en los errores más comunes. En definitiva, sacándoles todo el partido posible, algo a lo que aprenderás si me acompañas en los próximos capítulos de este libro.

2.2. Cómo elegir en qué redes sociales estar

Como ya he repetido en un par de ocasiones, no es obligatorio estar en las redes sociales, y quien no quiera utilizarlas está en su perfecto derecho de no hacerlo. No es mi objetivo evangelizar ni empujar a nadie a usar unas herramientas que quizá no le interese conocer. Sin embargo, mi propósito sí que es ayudar a que los que sí quieren estar en las redes sociales (ese 90 por ciento de los internautas del que antes hablábamos) conozcan mejor las plataformas que están utilizando y puedan aprovechar todas sus posibilidades.

A priori, es difícil recomendar a un usuario en qué redes sociales debe estar presente, ya que todo depende del objetivo que busque satisfacer. «¿Para qué quiero estar en las redes sociales?» Cada uno responderá a esa pregunta de una manera diferente y, aunque cada plataforma está más pensada para un uso determinado, lo cierto es que al final cada uno puede utilizarla como considere oportuno o incluso darle otras utilidades. Por ejemplo, he conocido casos de personas que utilizaban plataformas en principio pensadas para recibir e intercambiar información, como Twitter, para ligar, y con bastante éxito, por cierto.

Sin embargo, en términos generales, y aunque existan excepciones, se pueden establecer unas características específicas de cada plataforma que la hacen más o menos recomendable dependiendo de la finalidad que persigamos:

- **Facebook:** Es la red social universal. Con más de 1.450 millones de usuarios, es la plataforma recomendada para estar en contacto con los amigos que ya se tienen en la actualidad, con los familiares, con los compañeros de trabajo... Al poder establecerse distintos grupos, es fácil compaginar en ella los distintos ámbitos de la vida del usuario. También sirve para retomar el contacto con personas del pasado a las que habíamos perdido la pista, para conocer gente nueva y para establecer amistad con otros usuarios de gustos afines a los nuestros que siguen las mismas páginas que nosotros o que pertenecen a grupos en los que también estamos inscritos. Si se tiene una empresa, también conviene crear una página para ella (aunque cómo hacerlo no será algo a lo que aprendamos en este libro, ya que no trataremos el uso corporativo ni de esta ni de otras herramientas).[35]
- **Google+:** También se trata de una red generalista, pero aunque cuenta con más de mil millones de usuarios en todo el mundo, registra unos índices de actividad muy inferiores a los de Facebook. A pesar de ello, conviene que estés presente en ella si deseas mejorar tu posicionamiento web en el buscador Google o si quieres hacer uso de los *hangouts* y de sus recomendables herramientas fotográficas.

35. Para saber cómo utilizar las redes sociales en el ámbito empresarial, conviene leer *El gran libro del community manager*, publicado por Gestión 2000 (Grupo Planeta), y escrito también por Manuel Moreno, autor de *Cómo triunfar en las redes sociales.*

- **Twitter:** Es una red eminentemente informativa. El usuario podrá usarla tanto para estar al día de la actualidad general o de los temas que le interesen como para lanzar sus mensajes, expresar su opinión y ser fuente de información para otros usuarios. Se pueden conocer personas con intereses comunes e incluso establecer una conversación con ellos.
- **LinkedIn:** Está recomendada fundamentalmente para uso laboral. El perfil en esta red social debe ser entendido como un currículum vítae online del usuario que, aprovechando las herramientas de la plataforma, podrá entrar en contacto con otros profesionales, formar parte de grupos de personas con intereses comunes, seguir a empresas e incluso acceder a ofertas de empleo dentro de la misma red social.
- **Pinterest:** Se debe abrir perfil en esta red social si se quiere crear un catálogo de imágenes, compartirlas con otros usuarios, descubrir nuevas fotografías y buscar información eminentemente gráfica, así como entrar en contacto con otras personas con intereses comunes. Una peculiaridad de esta plataforma es que casi el 80 por ciento de los usuarios son mujeres.
- **Flickr:** Indicada si buscamos un repositorio online para guardar y compartir fotos y vídeos, así como descubrir nuevos contenidos y seguir a usuarios con intereses afines a los nuestros.
- **YouTube:** Se trata de un portal de vídeos online en el que los usuarios pueden ver contenidos audiovisuales, subir los suyos propios y seguir a otras personas que producen contenido que pueda interesarles.
- **Tuenti:** Aunque la propia compañía ha querido desmarcarse ya de lo que fue una red social principalmente para jóvenes y ha reorientado su negocio hacia una operadora móvil virtual y un sistema de mensajería móvil, todavía se puede abrir un perfil en esta plataforma, en la que principalmente se encuentran usuarios de edades comprendidas entre los catorce y los veinticinco años.

A lo largo de los distintos capítulos de los que se compone este libro, iremos conociendo las peculiaridades de cada una de estas redes sociales y aprendiendo a obtener el mayor rendimiento de nuestros perfiles. También explicaremos cómo sacar más partido al teléfono móvil y a las distintas aplicaciones sociales que podemos utilizar en él: Instagram para compartir fotografías y vídeos, seguir a amigos y conocer a otros usuarios con gustos afines; Vine, *app* similar a la anterior, aunque centrada únicamente en contenidos audiovisuales muy breves; WhatsApp, Line, Telegram y similares para enviar mensajes instantáneos entre usuarios y, en algunos casos, también para la realización de llamadas gratuitas a través de internet; Tinder, Happn y otras aplicaciones para ligar... y un largo etcétera.

2.3. Consecuencias negativas de estar en las redes sociales

No hay que tener miedo a las redes sociales. Usadas con propiedad y sentido común, son herramientas a las que se les puede sacar mucha utilidad. Sin embargo, su uso inadecuado o irresponsable sí que puede acarrear consecuencias negativas para el individuo, por eso es tan importante conocer bien las plataformas, sus normas, lo que implica abrir un perfil y las cláusulas a las que se está dando confirmación al hacerlo, así como utilizarlas de una manera coherente y provechosa.

Ese es el propósito del libro que tienes en tus manos, que te lances a obtener el máximo beneficio de las redes sociales en las que decidas estar presente sabiendo que no tienes nada de qué preocuparte porque las estás usando de la manera adecuada.

El miedo viene provocado generalmente por el desconocimiento, y este puede derivar en el rechazo hacia las plataformas. Así se explica que haya todavía muchas personas —y están en su derecho— que dan la espalda a las redes sociales a pesar de que en ellas se encuentran nueve de cada diez internautas, y entre ellos se incluyen a sus amigos, familiares, compañeros de trabajo...

Ese mismo desconocimiento hacia unas herramientas que son relativamente nuevas —como decíamos en el primer capítulo, la mayor parte de las que utilizamos en la actualidad ni siquiera cuentan con doce años de existencia— también puede llevar a la prohibición. Por eso un alto porcentaje de empresas todavía impide el uso de las redes sociales a sus empleados,[36] pues temen que se pueda poner en riesgo la seguridad de la compañía (o que se reduzca la productividad).

Pero además de usar de forma adecuada las redes sociales, es necesario conocer los riesgos que una utilización inapropiada puede acarrear, para poder evitarlos y también poder avisar a aquellos contactos que no estén protegiendo suficientemente su presencia en estas plataformas de las consecuencias negativas a las que se exponen. Estos son los peligros principales que los usuarios ven en las redes sociales:

- **Pérdida de la privacidad.** Es posiblemente la principal crítica que se le hace a las redes sociales y el motivo por el que muchos usuarios deciden no entrar en estas herramientas. Es cierto que al abrir un perfil compartimos nuestros datos personales con la compañía, pero como lo hacemos con cualquier otra empresa a cuyo servicio accedamos. Debemos ser conscientes de lo que aceptamos al crear nuestro usuario y de la información que se nos solicita. Por norma general, los datos que se proporcionan entran a formar parte de los archivos de la red social; por lo que si no estamos de acuerdo con esto, es mejor no abrir el perfil.
  A partir de ahí, el usuario es el único responsable del contenido que comparte. Utiliza el sentido común para no subir a redes sociales información, fotografías o vídeos que pudieran dañar tu imagen o causarte cualquier perjuicio; entiende quién puede ver cada publicación que realizas dependiendo de las particularidades de cada plataforma y, sobre todo, ajusta la privacidad de tu perfil para que sólo quienes tú quieras tengan acceso a lo que compartes. Haciendo esto, controlarás personalmente lo

36. El 76 por ciento de las empresas españolas prohibía el uso de las redes sociales en 2012. http://www.trecebits.com/2012/02/20/el-76-de-las-empresas-espanolas-prohibe-el-uso-de-redes-sociales/

que publicas en las redes sociales y serás tú quien maneje en todo momento tu privacidad y lo que quieres que los demás vean de ti.

- **Control de la información.** Como decimos, tú eres el único responsable de los datos que compartes en la red social, y aquello que no quieres que los demás vean, no deberías hacerlo público. En este aspecto, el uso del sentido común resulta fundamental. La publicación de información personal de manera descontrolada puede suponer una amenaza para la seguridad personal del usuario. Por regla general, se recomienda no compartir en una red social ni la dirección exacta de la vivienda, ni el número de teléfono, ni hacer público en qué período nos ausentaremos del domicilio, ya sea por vacaciones o por cualquier otro motivo. Asegúrate de entender bien el grado de apertura al público de cada red social y de configurar la privacidad de tu perfil para limitar la forma en que otros pueden acceder a tu información.
- **Publicación de datos por parte de otras personas.** Es cierto que no podemos tener un control completo del contenido que otros publican en las redes sociales y, más allá de confiar en su criterio y en su sentido común, no podemos llevar a cabo ninguna acción de manera proactiva para evitar que nos mencionen o que suban alguna fotografía nuestra que no nos gustaría que los demás contemplaran. Lo único que se puede hacer en plataformas como Facebook es, por iniciativa propia, configurar el perfil para que tengas que aprobar cualquier publicación en la que se te etiquete antes de que esta se muestre en tu cuenta. Conviene recordar a los contactos la importancia de no compartir una información que pueda resultar sensible y la idoneidad de pedir permiso antes de etiquetar a nadie en una publicación o una fotografía.
- **Amenazas y ciberacoso.** El flujo constante de información en las redes sociales puede ser aprovechado por usuarios con intenciones cuestionables para molestar a otros, burlarse de ellos, amenazarles o incluso presionarles. Estos son actos que pueden

llegar a constituir un delito y la mayor parte de las redes cuentan con sistemas que permiten denunciar estos comportamientos y bloquear a los usuarios que los realizan. Conviene además poner el hecho en conocimiento de las autoridades si se percibe un peligro serio o la molestia es recurrente.

Se trata de un problema que puede afectar a cualquier usuario, pero los menores pueden convertirse en un objetivo más sensible a las amenazas, por lo que es necesario controlar su actividad en las redes sociales y educarles para que exterioricen con confianza cualquier problema que puedan estar sufriendo. Al final de este capítulo veremos cómo hacer para que los más pequeños tengan una experiencia positiva y placentera en las redes sociales.

- **Pasar demasiado tiempo en las redes sociales.** La adicción a las redes sociales, entendida como la imposibilidad de realizar otras tareas o la modificación de la conducta y el carácter por querer estar más tiempo conectado a internet, puede llevar a producir estados de ansiedad, falta de sueño, de rendimiento en el trabajo o incluso rechazo ante el contacto cara a cara con otras personas. Es el usuario el responsable de controlar el tiempo que pasa utilizando estas plataformas —como lo es de limitar el que emplea viendo la televisión o jugando a videojuegos—, o de solicitar ayuda profesional si la situación escapa a su control. Nuevamente, este «peligro» de las redes sociales está derivado de un mal uso de las plataformas.

  A menor escala, muchos usuarios generan una dependencia tal del teléfono móvil que necesitan consultar el dispositivo constantemente para contestar un mensaje de WhatsApp, estar al día de las últimas actualizaciones de sus amigos en Facebook o ver cuántos «me gusta» o retuits han recibido sus publicaciones. Algunos incluso manifiestan esa dependencia hacia el dispositivo móvil durante reuniones familiares o cenas de amigos, en las que no levantan la vista de la pantalla. Las redes sociales no deben limitar la calidad del tiempo que pasamos con nuestros seres más cercanos, por lo que el usuario debe ser capaz de poner límite a la situación y gestionar de manera adecuada el tiempo que dedica a cada actividad.

2.4. Cómo proteger a los menores en las redes sociales

Los menores son los usuarios más vulnerables en internet, por eso es necesario que los adultos entiendan bien cómo funciona, identifiquen sus posibilidades y conozcan sus amenazas, para que puedan educar a sus hijos en el correcto uso de las redes sociales.

Conviene aclarar que en España, la edad legal mínima para poder abrir un perfil en las redes sociales se sitúa en catorce años. Sin embargo, según los datos hechos públicos por el Instituto Nacional de Estadística (INE) correspondientes a 2013, el 72 por ciento de los niños entre once y catorce años tiene abierto al menos un perfil en redes sociales, a pesar de que legalmente no podrían utilizarlo.

Aunque las principales redes sociales como Facebook han introducido sistemas de denuncia para tratar de identificar a quienes utilizan la plataforma sin tener la edad permitida, lo cierto es que en la mayoría de los casos dependen de que sean los propios usuarios quienes den la voz de alarma. Sin embargo, ver perfiles creados a niños es una práctica comúnmente aceptada y, en ocasiones, son incluso los padres los que han permitido a sus hijos apuntarse a la red social para estar en contacto con el resto de los niños de su clase o sus amigos.

Hay que ser consciente de las amenazas que los más pequeños pueden llegar a padecer en estas plataformas, no para alarmar, sino para concienciar a los adultos de que deben preocuparse por saber cómo sus hijos están utilizando las redes sociales.

No recibir una adecuada educación sobre el uso de internet puede llevar a los menores a pasar conectados más tiempo del recomendable o a tener acceso a contenidos online no adecuados para su edad, pero también existen otros peligros de mayor gravedad. De hecho, el 63 por ciento de los menores europeos entre doce y dieciocho años reconoce que ha entrado en contacto alguna vez con una persona a la que no conocía a través de internet[37] y, de ellos, casi la mitad ha llegado a encontrarse cara a cara con personas desconocidas, lo que en inglés se denomina con el término *grooming*. Por otro lado, el 21,9 por ciento de los jóvenes ha sufrido alguna vez acoso online o *cyberbulling*, y dos de cada diez lo han experimentado en silencio, sin pedir ayuda a nadie de su entorno.[38]

Estas son sólo algunas de las situaciones de riesgo en las que pueden verse envueltos los adolescentes que usen inadecuadamente o sin sentido común las redes sociales. Para evitarlas, lo mejor es que los adultos adopten una postura proactiva que les lleve a entender las plataformas y a tener conocimiento de las acciones de los menores.

Diez consejos para proteger a los menores en las redes sociales

1. **Conoce la edad mínima permitida para acceder a las redes sociales.** A pesar de que las redes sociales son muy populares entre los más jóvenes, no se debe olvidar que legalmente en España es necesario tener catorce años para poder abrir un perfil en ellas. Si aun así tus hijos utilizan Facebook o cualquier otra plataforma, no dejes de explicarles con claridad los riesgos que implica y ayúdales a utilizarla de manera coherente y hacer de ella una herramienta beneficiosa.
2. **Controla los puntos de conexión a internet.** Conviene revisar las funcionalidades de los equipos tecnológicos que hay en el hogar, para saber qué *gadgets* permiten conectarse a internet. Quizá no sabes que la videoconsola de tus hijos les permite acceder a sus redes sociales, o que su reproductor de música incorpora conexión a internet.

37. Investigación sobre conductas adictivas a internet entre los adolescentes europeos. http://www.eunetadb.eu/files/docs/FinalResearchInternet-ES.pdf
38. Informe EU Kids Online, elaborado por la London School of Economics and Political Science. http://www.lse.ac.uk/media%40lse/research/EUKidsOnline/Home.aspx

3. **Protege los equipos con contraseñas.** Instalar un *password* de acceso al ordenador o a la tableta te permitirá controlar qué dispositivos usan tus hijos para entrar a internet y conectarse a las redes sociales.
4. **Configura el perfil con tu hijo.** Comparte con el menor la tarea de ajustar la configuración de privacidad de su perfil para que sepa en todo momento quién puede leer sus publicaciones.
5. **No aceptar invitaciones de extraños.** Pide a tu hijo que no acepte la solicitud de contacto de personas a las que no conoce. Controla periódicamente quiénes son los amigos de tu hijo en la red social.
6. **No compartir información personal.** Habla con el menor para hacerle ver los peligros que tiene facilitar determinados datos personales de forma pública y controla la información sensible que publica en las redes sociales.
7. **No abrir enlaces desconocidos.** Avisa al niño de que no pulse sobre ningún *link* de procedencia no conocida en las redes sociales. Recomiéndale que siempre pregunte a una persona mayor antes de abrir un contenido enviado por alguien que no sabe quién es.
8. **Uso de chats y programas de mensajería.** Las redes sociales pueden ser canales que los niños utilicen para compartir intereses y consolidar sus amistades. Sin embargo, el anonimato de internet puede poner a los más pequeños en peligro de ser víctimas de impostores. Para minimizar su vulnerabilidad, pídeles que nunca envíen fotografías suyas a desconocidos y que no se atrevan a quedar con personas a las que no conocen.
9. **Advierte al menor de las acciones no permitidas.** Conviene pasar tiempo con el niño para explicarle cómo funciona la plataforma y advertirle de que puede llegar a atentar contra la privacidad de otras personas si publica datos, imágenes y vídeos sin el consentimiento de ellas. Además, recuérdale que puede constituir un delito suplantar la identidad de

otros creando perfiles con datos falsos. Incúlcale el sentido del respeto hacia sus compañeros y amigos en las redes sociales y anímale a que pregunte cualquier duda que tenga. Genera en él un sentimiento de confianza que le permita contarte cualquier problema que le surja durante el uso de las redes sociales.

10. **Actúa ante cualquier irregularidad.** Si crees que un menor está en peligro en las redes sociales acude a la Policía, a la Guardia Civil o a la línea de ayuda de organismos como Protégeles y denuncia la situación. De manera similar, pon en conocimiento de las autoridades cualquier contenido inapropiado que encuentres en estas plataformas.

Ahora que ya conocemos qué son las redes sociales y cómo se debe estar presente en ellas, vamos a pasar a analizar en profundidad cada una de las plataformas. En los siguientes capítulos aprenderemos a crear nuestro perfil, entenderemos qué cláusulas legales aceptamos cuando empezamos a utilizar el servicio, conoceremos las claves para sacarle el máximo partido a cada red social y resolveremos las dudas más comunes que se les presentan a los usuarios. Comencemos.

3. Cómo triunfar en Facebook

Si decimos que en 2004 Facebook cambió para siempre la forma de entender internet y que, desde entonces, ha revolucionado por completo nuestras vidas, pocos podrán acusarnos de estar exagerando.

La historia del nacimiento de Facebook se estudia ya en las universidades como modelo de negocio de éxito y, gracias al cine[39] y a los libros, la conocen prácticamente todos los habitantes del planeta. Creada por un jovencísimo Mark Zuckerberg en su habitación de una residencia estudiantil de la Universidad de Harvard con la idea inicial de que los alumnos del centro pudieran estar en contacto entre sí, pronto permitió su uso a miembros de otras universidades. En un primer momento se llamó «Thefacebook» y lucía así:

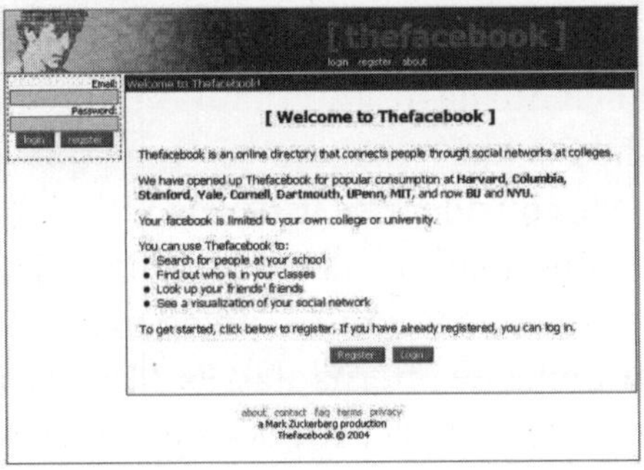

Alcanzó el primer millón de usuarios en sólo diez meses y a partir de 2005 ya se abrió su uso a cualquier persona con más de 13 años de

39. En octubre de 2010 se estrenó *La red social*, película que recrea el nacimiento de Facebook y que obtuvo tres premios Oscar. http://www.trecebits.com/2010/10/08/por-que-ir-a-ver-o-no-la-red-social/

edad sin necesidad de que contase con una cuenta de correo educativa (hasta el momento era obligatorio el registro con un email acabado en .edu), lo que le hizo llegar a los seis millones de registrados a finales de ese año. De imparable crecimiento, se convirtió en la red social más utilizada en todo el mundo ya en 2008.

Desde entonces, ha variado muchísimo y no ha dejado de sumar fans, aunque también bastantes detractores que claman por su privacidad. El lanzamiento del «muro» en el perfil de los usuarios, del botón «me gusta» y de la nueva biografía, son sólo algunos de los grandes cambios que ha ido afrontando a lo largo de su historia la plataforma, que salió a bolsa en 2012 y, pese a un inicio titubeante, no ha dejado de reportar desde entonces pingües beneficios a sus accionistas.

Cambios, mejoras, protestas y, sobre todo, muchos éxitos salpican la todavía corta trayectoria de lo que hoy día es una compañía con más de 9.000 empleados en todo el mundo y oficinas en los cinco continentes. En la actualidad posee más de 1.450 millones de usuarios activos, de los cuales 1.100 millones entran a Facebook en algún momento del mes a través del móvil, pero el 38 por ciento (556.000 millones) ya no lo hace nunca utilizando el ordenador.[40]

En España, según la VI Oleada del Estudio sobre Redes Sociales de la IAB,[41] el 96 por ciento de los internautas tiene un perfil en la red social, aunque The Cocktail Analisys[42] asegura que «únicamente» el 83 por ciento puede considerarse usuarios activos (aquellos que entran al perfil al menos una vez cada treinta días). Esto significa tener ya más de 19,5 millones de usuarios activos en España, sobre una población de 23,5 millones de internautas. Es decir, casi el 45 por ciento de la población total española (internauta o no) posee un perfil en

40. http://www.trecebits.com/2015/01/29/el-38-de-los-usuarios-de-facebook-solo-entra-a-traves-del-movil/

41. http://www.iabspain.net/wp-content/uploads/downloads/2015/01/Estudio_Anual_Redes_Sociales_2015.pdf

42. VI Oleada del Observatorio de Redes Sociales de The Cocktail Analysis. Octubre de 2014. http://tcanalysis.com/blog/posts/the-cocktail-analysis-y-arena-publican-la-vi-ola-del-observatorio-de-redes-sociales

Facebook. De media, los españoles pasamos más de cuatro horas a la semana consultando y actualizando nuestro perfil.

Las cifras hablan por sí solas. Con tal cantidad de usuarios, el principal motivo que se puede tener para abrir una cuenta en Facebook es el hecho de poder encontrar en ella a prácticamente cualquier persona que busquemos.

El objetivo de Mark Zuckerberg es que funcione como una extensión online de nuestra vida cotidiana y nos sirva para estar en contacto con nuestros amigos a través de internet (por eso se opone, por ejemplo, a que nos demos de alta en ella con otro nombre de usuario que no sea el nuestro propio o a que se usen motes o pseudónimos), pero lo cierto es que cada usuario es distinto y usa la plataforma como quiere. Hay quien busca en ella ligar y conocer a otras personas, otros dar a conocer su negocio e incluso hay usuarios a los que les ha servido para encontrar un nuevo empleo. ¿Qué uso vas a darle tú?

3.1. Cómo crear un perfil en Facebook

Si eres de las pocas personas que aún no tienen un perfil abierto en Facebook, te interesará saber que el proceso se puede completar en menos de cinco minutos. En este capítulo vamos a seguir los pasos para darse de alta en la red social pero también analizaremos con precisión la «letra pequeña» del contrato que se «firma» con la compañía al registrarse.

Lo importante es ser consciente de lo que supone estar en Facebook para no llevarse después las manos a la cabeza, como hacen muchos detractores que se quejan posteriormente de la falta de privacidad. Lo cierto es que leyendo bien las condiciones de uso de la plataforma y ajustando la configuración de nuestro perfil, no tenemos por qué tener ningún problema y podemos sacarle mucho partido a nuestra participación en la red social de Mark Zuckerberg.

El proceso de registro se inicia en la página principal de Facebook, donde lo primero con lo que nos encontramos es con un aviso: «Es gratis y lo será siempre». La compañía se ha enfrentado a la difusión

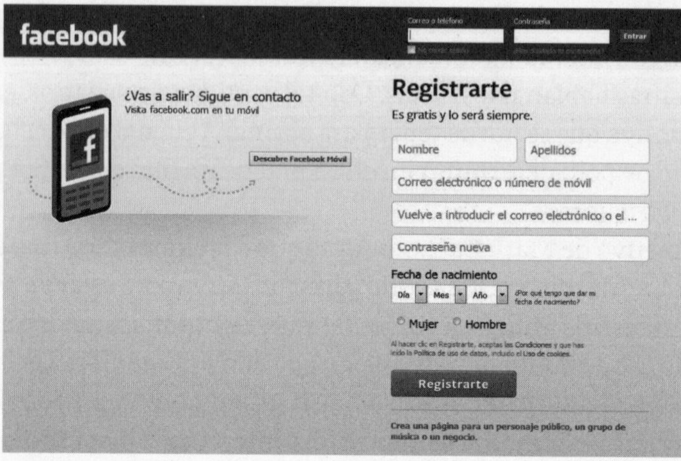

de muchos bulos y rumores a lo largo de su historia que aseguraban que Facebook comenzaría a cobrar por utilizar sus servicios. Por eso corta de forma tajante esta especulación ya desde su página de inicio.

Para abrir un perfil, Facebook te pedirá tu nombre y apellidos, una dirección de correo electrónico o tu número de teléfono móvil, y tendrás que introducir en dos ocasiones una contraseña y también tu fecha de nacimiento. Aunque Facebook asegura que solicita este dato «para poder ofrecer una experiencia en la red social más acorde a tu edad», lo cierto es que se trata de un primer filtro en el proceso de registro, ya que legalmente, para poder utilizar el servicio se debe ser mayor de trece años (catorce años en algunos países, como es el caso de España). Si tratas de dar de alta a un usuario nacido hace menos de catorce años, aparece un mensaje que señala que el proceso no se ha podido llevar a cabo.

Para completar esta primera parte del registro deberás señalar también si eres hombre o mujer y pulsar sobre el botón «terminado». Facebook te enviará entonces a la dirección de correo que hayas incluido en el formulario de registro (o mediante un SMS al número de teléfono consignado) un enlace para que confirmes la apertura de la cuenta. Si no lo haces antes de tres días, la compañía borrará tu perfil permanentemente, aunque podrás utilizarlo hasta entonces.

Facebook avisa expresamente de que si se hace clic en el enlace de confirmación enviado al email se están aceptando las Condiciones del Servicio y la Política de Uso de datos, así como la de uso de *cookies*. Incluye enlaces a todos estos documentos, por lo que te recomendamos echarles un vistazo. Es cierto que son textos de lectura engorrosa y prácticamente nadie se para a leerlos en el momento del registro. Por eso los explicaremos de forma clara y detallada en el apartado 3.2. de este libro, para que sepas qué supone darse de alta en Facebook.

Para terminar el registro, la red social te propone buscar a los amigos que ya están en la plataforma. Para ello, solicita que añadas la libreta de direcciones de tu servicio de correo (Gmail, Outlook...) o la de Windows Live Messenger (a pesar de que este ya no existe y se integró en Skype, por lo que se compartirían los contactos de este otro servicio).

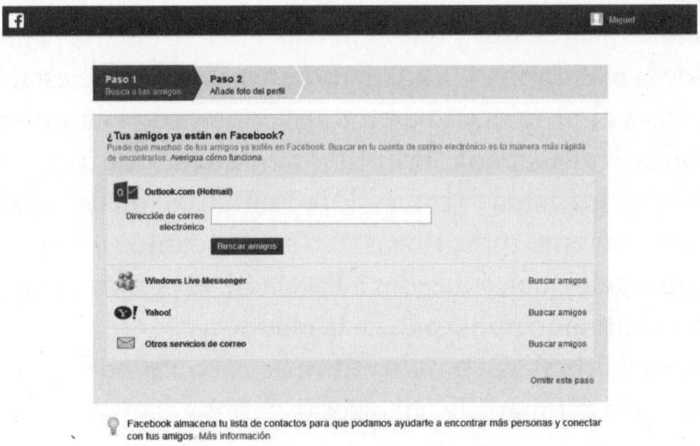

Debes tener en cuenta que Facebook almacenará los datos de tus contactos en sus servidores, tanto con el objetivo de buscarles ahora como con el de poder crear con ellos sugerencias de contenido que te puedan resultar relevantes. Este paso no es obligatorio, puedes omitirlo (pulsando en el enlace situado en la parte inferior del recuadro) y añadir a los amigos que quieras de forma manual más tarde, cuando configures el perfil.

Ahora Facebook te dará la posibilidad de subir una foto de perfil y estarás listo para comenzar a utilizar la plataforma. Pero antes, como hemos dicho, vamos a conocer en detalle sus condiciones de uso.

3.2. ¿A qué me comprometo al crear mi perfil en Facebook?

Tal y como hemos visto, al registrarte en Facebook estás dando consentimiento de forma explícita a las Condiciones de Uso[43] de la plataforma, pero... ¿qué estas aceptando en realidad? En este documento legal se establecen los principios por los que se debe regir la relación de la red social con los usuarios. Se actualiza de forma periódica, pero la compañía se compromete a avisarte antes de realizar cambios importantes en las condiciones, dándote la oportunidad de revisar y hacer comentarios sobre ellas. Eso sí, el uso continuado de la plataforma implicará la aceptación de las nuevas normas.

Veamos cuáles son los puntos más importantes que se incluyen en estas condiciones de uso y que deberías tener en cuenta como nuevo usuario de la plataforma. Un apartado destacado es el que establece que el usuario es el propietario de todo el contenido y la información que publica en Facebook. Eres tú quien puede controlar cómo se comparte con los demás a través de la configuración de la privacidad y de las aplicaciones que utilizas. Eso sí, en cuanto a los derechos de propiedad intelectual, concedes a Facebook el permiso para utilizar cualquier contenido publicado en la red social.

Esa licencia finaliza cuando eliminas el contenido de tu cuenta, salvo si ha sido compartido por otros usuarios y estos no lo han borrado. Es decir, tú eres el propietario de lo que compartes, pero Facebook puede utilizarlo según quiera. Es conveniente tener esto en cuenta para que decidas qué contenidos quieres subir a Facebook y cuáles no, sabiendo que estás dando tu consentimiento para que pueda usarlos libremente. Además, no olvides que Facebook es una compañía estadounidense. Si resides fuera de Estados Unidos, al aceptar las Condiciones de Uso también estás dando tu aprobación expresa para que tus datos personales sean transferidos y procesados en este país.

«Hacemos todo lo posible para hacer que Facebook sea un sitio seguro, pero no podemos garantizarlo», señala expresamente la com-

43. https://www.facebook.com/legal/terms

pañía. Para hacer que la plataforma sea un lugar en el que todos sus miembros se encuentren cómodos, solicita la ayuda del usuario y le pide que no publique comunicaciones comerciales o envíe *spam*.

También prohíbe Facebook la recopilación de información de muchos usuarios mediante robots o programas araña, la subida de virus o código malicioso, la intimidación o el acoso a otros usuarios, el empleo de lenguaje ofensivo o contenidos que inciten a la violencia o que contengan desnudos de manera injustificada. El uso de la plataforma para actos engañosos o la realización de una acción que pudiera afectar el correcto funcionamiento de la red social también serán sancionados.

En las Condiciones de Uso también se pide al usuario que utilice siempre su nombre real, que no cree más de una cuenta personal y que no abra una para otra persona sin su autorización. Además, según reza en el documento, te comprometes a mantener tu información de contacto «exacta y actualizada» y a no compartir nunca tu contraseña con otra persona.

Además, para respetar el derecho de autor y la propiedad intelectual de los demás usuarios, se exige a la persona que se inscribe en Facebook que no publique contenido que pueda vulnerarlo (si lo hace, la compañía puede eliminarlo, aunque el usuario podrá apelar).

En cuanto a la publicidad, Facebook es claro, porque también se han generado muchas dudas sobre el uso de los datos personales de los usuarios en los anuncios durante muchos años. En la actualidad, la red social lo explica sin tapujos. El miembro de Facebook concede permiso para usar su nombre, foto del perfil, contenido e información en relación con contenido comercial, patrocinado o relacionado. «Esto significa, por ejemplo, que permites que una empresa u otra entidad nos pague por mostrar tu nombre o foto del perfil con tu contenido o información sin que recibas ninguna compensación por ello. Si has seleccionado un público específico para tu contenido o información, respetaremos tu elección cuando lo usemos», señala Facebook.

Aunque a priori esto pueda echar para atrás, en la práctica significa que Facebook podrá mostrar a tus amigos que te gusta una marca determinada, o que le has dado a «Me gusta» a un anuncio, con el típico mensaje de «A *fulanito* y 135 personas más le ha gustado esto».

Hay que tener muy en cuenta que el incumplimiento de las normas de uso de la red social puede llevar no sólo a impedir al usuario el acceso temporal o total a Facebook, sino que la compañía también podría llevar a cabo acciones legales contra quienes pongan en riesgo con sus acciones la seguridad de la plataforma.

En este punto, Facebook también es muy claro. Por ejemplo, si alguien interpone una demanda contra la compañía relacionada con las acciones —ilícitas— que haya podido llevar a cabo otro usuario o por el contenido que haya compartido, este tendrá que indemnizar a la red social y le librará de toda responsabilidad.

«Aunque proporcionamos normas para la conducta de los usuarios, no controlamos ni dirigimos sus acciones en Facebook y no somos responsables del contenido o la información que los usuarios transmitan o compartan en Facebook», señala. De la misma manera, la compañía no se hace cargo ante los usuarios de ningún contenido que puedan considerar ofensivo, inapropiado, obsceno, ilegal o inaceptable durante el uso de Facebook.

Incluso usando letras mayúsculas (lo que en internet se interpreta como gritar, y se desaconseja), Facebook reconoce en este documento legal lo siguiente: «Intentamos mantener Facebook en funcionamiento, sin errores y seguro, pero lo utilizas bajo tu propia responsabilidad». Más claro no se puede decir, si estás en Facebook es porque así lo quieres y porque aceptas sus Condiciones de Uso. Aunque tampoco conviene dramatizar y la red social se puede utilizar sin ningún tipo de problema —como ya lo hacen más de 1.450 millones de personas en todo el mundo—, no está de más que tengas claro a lo que estás dando tu consentimiento cuando te unes al servicio.

3.2.1. ¿Qué puedo compartir en Facebook?

Además del documento general de Condiciones de Uso, Facebook posee más de diez textos legales en los que se detallan las condiciones para anunciantes y normas de publicidad,[44] las normas de las promociones[45] y otros servicios, en la mayoría de los casos no deben preocupar al usuario común y siempre puede consultarlos en un determinado momento a través de la página donde se detallan las condiciones del servicio. Sin embargo, sí que le resultará muy útil estar al día de las normas comunitarias de uso.[46]

Este es un documento sencillo en el que se describe lo que el usuario puede o no puede compartir en la red social, así como las actividades que se espera que lleve a cabo y las que no. Con este texto, que fue actualizado en marzo de 2015,[47] Facebook quiere evitar problemas a la hora de retirar el contenido que no esté permitido en la plataforma y despejar cualquier tipo de dudas dejando constancia por escrito de aquello que permite y lo que no. Para que no haya equívocos, Facebook remite a este documento, en el que detalla los casos en los que siempre eliminará el contenido basándose en cuatro criterios:

- **Protección del usuario.** Facebook elimina el contenido que considera que supone una amenaza real para otros usuarios o para la seguridad pública. En estos casos, inhabilita las cuentas y colabora con las fuerzas del orden si es necesario. Facebook no permite ningún contenido que suponga riesgo de daño físico o amenaza directa a otra persona ni la organización de actos delictivos, enaltecimiento del terrorismo o de acciones como robos y vandalismo...
  Está prohibido el lenguaje que incite al odio o ataque a otras personas por su raza, nacionalidad, religión, orientación sexual... y el acoso en cualquiera de sus formas (enviar múltiples solicitudes de amistad a un usuario o numerosos mensajes a quien no quiere recibirlos también es considerado una forma de acoso).

44. https://www.facebook.com/ad_guidelines.php
45. https://www.facebook.com/page_guidelines.php#promotionsguidelines
46. https://www.facebook.com/communitystandards
47. http://www.trecebits.com/2015/03/17/facebook-cambia-sus-normas-comunitarias/

También se eliminarán todos los contenidos que inciten al suicidio o a hacerse daño, al consumo de drogas o a los trastornos alimentarios (en alusión a problemas como la anorexia o bulimia). Además, la compañía retirará cualquier contenido en el que se incite a la explotación sexual o sea amenazante. En este sentido señala explícitamente que, para proteger a las víctimas, eliminará los vídeos o fotografías que muestren agresiones sexuales. Además, prohíbe terminantemente la publicación por venganza de contenidos eróticos o sexuales sin el consentimiento de las personas que los protagonizan.

- **Fomento de un comportamiento respetuoso.** Las imágenes que ensalcen o fomenten la violencia serán retiradas, no aquellas que, por ejemplo, sean de interés público (informaciones o noticias) o las que estén reprobando una conducta (por ejemplo, al condenar un atentado). Facebook solicita expresamente al usuario que avise al resto de los usuarios cuando comparta un vídeo con contenido que pueda herir sensibilidades o que sea violento. La compañía prohíbe terminantemente el contenido pornográfico o de contenido sexual, aunque asegura explícitamente que respeta el derecho a compartir contenido personal.

En torno al tratamiento de los desnudos en la red social siempre se ha generado mucha polémica, por eso en la última actualización de sus normas de uso, la compañía ha incluido una descripción muy clara de qué contenidos están permitidos y cuáles no. En este sentido, asegura que no permitirá imágenes o vídeos que se centren en las nalgas o los genitales masculinos o femeninos. Tampoco tendrán cabida en la plataforma las imágenes de pechos de mujer si se ve el pezón, aunque sí se permitirán si está dando el pecho o se está mostrando, por ejemplo, la cicatriz en una operación. Además, se podrán publicar desnudos que constituyan obras de arte (por ejemplo, el «David», de Miguel Angel) o aquellos que tengan una finalidad informativa, humorística o satírica. Lo que sí prohíbe expresamente es cualquier representación explícita de una relación sexual.

- **Protección de la información personal.** Facebook señala expresamente que no se pueden compartir datos personales de otros usuarios sin su permiso, suplantar su identidad o crear una presencia falsa para una organización. Asimismo, solicita que los usuarios se conecten con su identidad real para ayudar a crear un entorno más seguro en la plataforma. En este sentido, la compañía apunta que si detecta que una persona posee varias cuentas personales podría obligarle a cerrar todas y a quedarse con una. Además, para combatir el fraude y el *spam*, Facebook prohíbe contactar a otros usuarios con fines comerciales sin su consentimiento, así como llevar a cabo engaños en la plataforma o utilizar información imprecisa para aumentar el número de «me gustas», de seguidores, o de veces que se comparte un contenido.
- **Proteger la propiedad intelectual.** La red social señala en este apartado que el usuario es el propietario de todo el contenido que comparte, siempre y cuando respete los derechos de autor, las marcas comerciales y cualquier otro derecho legal. Cualquier contenido que no los respete, será eliminado de la plataforma.

Facebook solicita también en esta página la colaboración de todos los usuarios para que denuncien cualquier contenido que consideren que infringe las normas de la comunidad, pero también avisa de que alertar sobre uno no garantiza que este vaya a ser eliminado, ya que lo que a unos usuarios puede resultarles desagradable puede que no vaya en contra de las normas y que no sea molesto para otros. Por ese motivo es importante controlar, al establecer la configuración del perfil, el contenido que Facebook mostrará y, llegado el caso, ocultar a determinados usuarios, páginas o aplicaciones que pudieran compartir contenidos que nos puedan resultar ofensivos sin tener que dejar de seguirles, algo que veremos en el apartado 3.4 de este libro.

3.2.2. ¿Qué datos recopila Facebook?

Cuando creamos nuestro perfil en la red social estamos confirmando que hemos leído la Política de Uso de datos[48] de la compañía, aunque la realidad es que es algo en lo que prácticamente nadie repara. Sin embargo, es bueno conocer al menos sus puntos básicos, puesto que muchas de las quejas de los usuarios de Facebook están relacionadas con la información a la que accede la red social (y que ellos mismos proporcionan), con cómo la utiliza y con cómo la comparte. Todo ello queda explicado en la Política de Uso de datos de la red social.

Cuando utilizas sus servicios, Facebook recopila información. Dependiendo de aquellos que uses, obtendrá unos datos u otros, pero tienes que tener en cuenta que tanto al registrarte como al crear y compartir contenido o enviar mensajes, la red social está archivando ese contenido, incluso los datos incluidos en él. Por ejemplo, al subir una imagen desde el teléfono móvil, Facebook puede recopilar información y saber el lugar en que se hizo esa foto.

También se almacena la frecuencia con la que usas un determinado servicio y la duración de tus actividades, o el tipo de contenido con el que interactúas, los grupos a los que estás conectado, tus amigos (y cuáles son con los que más te relacionas)... Las compras que realizas en la plataforma (si por ejemplo adquieres un servicio dentro de un juego) también son almacenadas (incluidos los datos de tu tarjeta de crédito, facturación...).

Además, la compañía reúne información acerca del dispositivo desde el que accedes (si es desde el PC, un teléfono móvil o una tableta), el sistema operativo que utilizas, la ubicación del dispositivo (obteniéndola a través de señales GPS, Bluetooth o wifi...), el nombre de tu proveedor de servicios de internet e incluso tu dirección IP. Por supuesto, si utilizas el botón «Me gusta» o cualquier otro servicio de Facebook en otra página web, la red social recopila la información de los portales y aplicaciones que has visitado.

¿Cómo utiliza la red social toda esa información? Básicamente la

48. https://www.facebook.com/about/privacy

usa para poder ofrecer al usuario servicios personalizados basándose en sus gustos, hábitos y afinidades (por ejemplo, puede sugerir a un amigo tuyo que te etiquete en una foto gracias a la información de otras fotografías a las que ha tenido acceso en tu perfil), para poder comunicarse con él y también para mostrarle anuncios de publicidad que puedan ser relevantes para él.

Facebook comparte la información proporcionada con tus contactos y con las personas a las que envías mensajes o con las que compartes contenido. Si se trata de información que has señalado como pública, cualquiera podría tener acceso a ella. Además, cuando utilizas una aplicación o una página web que ha integrado los servicios de Facebook (por ejemplo, al dar al botón de «Me gusta» o al estar participando en un juego que permite la interacción con Facebook), los propietarios de esas herramientas también estarán recibiendo información que tú previamente has proporcionado a Facebook y que has decidido compartir con ellos al descargar su aplicación o acceder a sus servicios.

Facebook utiliza *cookies* y tecnologías similares para ofrecer estos servicios, y almacena todos los datos «durante el tiempo necesario» para poder facilitártelos, hasta que la cuenta sea borrada, momento en el que también se eliminará lo que hayas publicado en la red social (información personal, fotos, actualizaciones de estado...). Eso sí, la información que otras personas hayan podido compartir sobre ti no se borrará (por ejemplo, una fotografía donde un amigo te ha etiquetado).

Para administrar todo este contenido y la información que compartes en Facebook, es necesario que configures correctamente las opciones de privacidad del perfil, algo a lo que aprenderemos en el apartado 3.4 de este libro.

3.3. Cómo completar el perfil de Facebook

A pesar de todo lo comentado hasta ahora en este tercer capítulo, lo cierto es que no hemos hecho nada más que registrarnos en Facebook y conocer a qué cláusulas hemos dado nuestro consentimiento. Es decir, todavía tenemos que rellenar nuestro perfil y configurar adecuadamente su privacidad, algo a lo que dedicaremos este y el próximo apartado.

Empezaremos por completar el perfil, página en la que se recopila toda la información, fotografías y experiencias que compartimos en Facebook. Una parte de él es la biografía (o *timeline*, en inglés), que es el espacio del perfil donde se pueden ver las publicaciones del usuario y aquellas que sus amigos han compartido con él o en las que le han etiquetado.

Lo primero que debes hacer para acceder a tu perfil es pulsar sobre el icono con tu nombre en la barra de navegación superior de Facebook. También puedes llegar a la sección de edición pulsando sobre el logo de Facebook en la parte superior izquierda de la pantalla, lo que te llevará a la página de inicio de Facebook. En la columna de la izquierda, bajo tu nombre, también encontrarás la opción «Editar perfil».

Verás que tu perfil se encuentra completamente vacío.

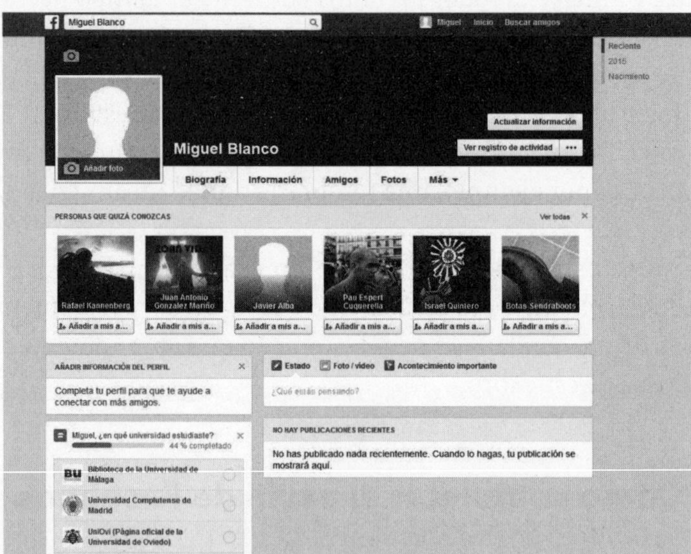

3.3.1. Cómo añadir tu foto de perfil y de cabecera

En primer lugar, al crear tu perfil debes añadir una foto de perfil y una foto de cabecera pulsando con el ratón sobre los espacios destinados a estos elementos. Puedes tomar la foto de perfil activando la cámara web del ordenador o subir una imagen desde tu disco duro, siempre que tenga, al menos, 180 píxeles de ancho. Ten en cuenta que la foto de perfil es pública, lo que quiere decir que la verá cualquier usuario que acceda a tu cuenta, aunque no sea tu amigo.

La miniatura de la foto de perfil es la que se muestra junto a tu nombre, por ejemplo, cuando comentas una publicación de un amigo. También se exhibe en la barra de navegación superior. Como esta es cuadrada, si has subido una imagen que no lo es como foto de perfil tendrás que elegir qué parte se usará como miniatura. Para encuadrar la foto del perfil debes pasar el cursor por encima de la foto de perfil y pulsar en «Actualizar foto de perfil» (misma acción que realizarías posteriormente si quisieras cambiarla por otra). En la esquina superior derecha verás un icono que parece un lápiz. Si lo pulsas, podrás mover la foto con el ratón hasta elegir el encuadre que desees. Una vez seleccionado, haz clic sobre «Guardar foto del perfil».

La foto de portada también es pública. Se trata de la imagen de cabecera de gran tamaño que se ubica en la parte superior del perfil, justo encima de la foto del perfil. Para añadir una foto, debes pasar el ratón por encima del espacio donde debería aparecer y hacer clic en la opción «Cambiar portada».

Puedes elegir una imagen que ya hayas compartido en Facebook o subir una nueva desde tu ordenador (si estás creando el perfil desde cero, como es el caso, aún no habrás subido imágenes, así que tendrás que seleccionar una de tu equipo). Lo mejor es buscar una foto llamativa, que te identifique o que exprese qué te interesa. Eso sí, tiene que tener un mínimo de 399 píxeles de ancho y 150 de alto, aunque lo recomendable es que posea 851 píxeles de ancho y 315 de alto pues es la resolución a la que se muestra en ordenadores. Al elegir la foto, puedes arrastrarla para encuadrar el ángulo que quieres mostrar. Cuando acabes, pulsa en «Guardar». Repite la misma acción cada vez que quieras cambiarla.

En todo momento puedes ver tus fotos de perfil y de portada antiguas accediendo a tu perfil y pulsando en el menú «Fotos» las carpetas «Fotos de perfil» o «Fotos de portada». Así de fácil.

3.3.2. Cómo añadir la información principal

Después de subir las fotografías del perfil, debes fijarte en las distintas áreas de este, que se muestran, en forma de pestañas, justo debajo de la imagen de cabecera. El área de «Biografía» estará completamente vacía, puesto que aún no has compartido nada en la red social, así como las de amigos, fotografías..., que se irán llenando de contenido según vayas realizando acciones en la red social.

Ahora es el momento de cumplimentar el apartado de «Información». Pulsando sobre cada una de las pestañas del menú de la izquierda, irás completando aquellos datos que desees compartir con el resto de los usuarios referentes a trabajo, lugares en los que has vivido, información de contacto (email, número de teléfono), familiares... No es obligatorio rellenar ninguno de estos apartados, pero servirán para que aquellos que contacten en la red social contigo tengan más información sobre ti (y para que Facebook también recopile los datos, así que cumplimenta sólo aquellos aspectos que desees compartir).

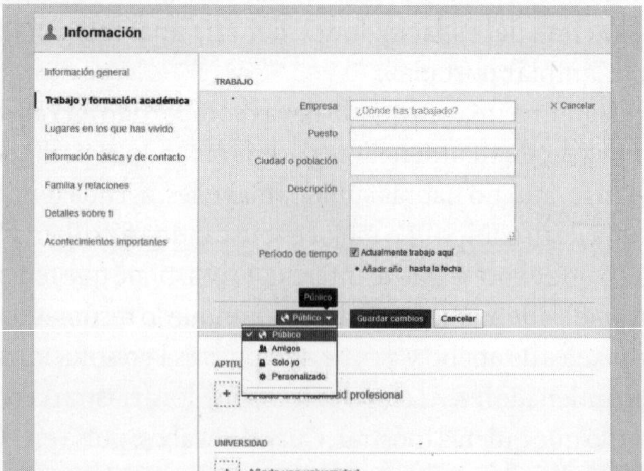

En cada uno de los campos que vayas rellenando, como se muestra en la imagen, podrás ir eligiendo quién puede ver esa información con el botón selector de público. Por defecto los datos se catalogan como públicos, para que todo el mundo pueda verlos, pero si pulsas sobre el botón «Público» aparecerán las distintas opciones que te permiten indicar que esa información sólo sea visible para tus amigos, para ti o para quien tú elijas a través de la opción «Personalizado». En ella podrás, por ejemplo, decidir que esos datos sólo se le muestren a un determinado grupo de personas que tú indiques.

Al ir rellenando cada uno de los campos, irás habilitando otras funcionalidades en tu perfil. Por ejemplo, cuando señales quiénes son tus familiares, en la página de perfil se mostrará este enlazado con el de tus hermanos, sobrinos o quienes hayas indicado. Asimismo, todos los momentos que hayas incluido en el apartado «Acontecimientos importantes» aparecerán ya en tu biografía (fecha de tu boda, cuándo acabaste la carrera, cuándo te compraste el primer coche...).

Además de los datos que se solicitan en las secciones del menú de la izquierda, puedes ir incluyendo otros elementos a tu perfil. Si haces *scroll* hacia abajo con el ratón, encontrarás distintos módulos que te permitirán añadir tus deportes favoritos, los grupos de música que te gustan, tus películas y libros preferidos, entre otros. En cada uno de ellos también podrás señalar, con el selector de público, quién puede ver esa información.

Según vayas eligiendo cosas que te gustan, estas se mostrarán en tu perfil, en la columna de la derecha (si así lo deseas, si no, siempre podrás quitarlos pulsando sobre el icono del lápiz que aparece en la esquina superior derecha de cada cuadro de información) y también aparecerán catalogados bajo la pestaña «Más».

En cualquier momento podrás editar, añadir, eliminar... cualquiera de los datos que has incluido en la pestaña «Información» de tu perfil pulsando sobre el botón «Actualizar información» que se muestra sobre la imagen de cabecera cuando accedes a tu perfil.

3.3.3. Cómo editar la biografía

Al haber ido rellenando los campos de la pestaña de información, algunos —aquellos en los que has incluido una fecha determinada, como el inicio de un trabajo o el día de tu boda— se habrán añadido ya a tu biografía. Como hemos comentado antes, la biografía es una parte del perfil (la primera pestaña del mismo), donde se muestra, por orden cronológico, todo lo que le ha ido ocurriendo de importancia al usuario, así como las distintas publicaciones y contenidos que ha ido compartiendo en su perfil.

En todo momento puedes desplazarte por tu biografía para ver publicaciones anteriores. También puedes utilizar el menú de fechas que se sitúa en la parte superior derecha de la pantalla, en el que puedes seleccionar un año o un mes determinado para ver lo más importante que ocurrió y las publicaciones que hiciste en ese período.

Para ocultar o eliminar alguna de las publicaciones que hay en tu biografía tan sólo debes pulsar sobre el icono con una flecha hacia abajo que aparece en la esquina superior derecha de dicha publicación y seleccionar «Ocultar» para que no se muestre, o «Eliminar» para borrarla por completo. Si le das a «Editar» podrás cambiar los datos que consideres oportunos. Si por el contrario lo que quieres es marcar esa publicación dentro de tu biografía, tendrás que pulsar «Destacar». Así se mostrará con una estrella y estarás indicando al resto de los usuarios que para ti es importante.

En la columna izquierda de la biografía se pueden mostrar distintos cuadros, que señalan los lugares en los que has estado, la música que has escuchado... Los has ido incluyendo al rellenar la información de perfil o al pulsar sobre el menú «Más», y dentro de él, en la opción «Lugares» o «Música»... (lo que corresponda). Puedes editar cualquier módulo o eliminarlo pulsando sobre el icono de un lápiz que aparece al situar el cursor en la esquina superior derecha de su recuadro.

Uno de esos cuadros señala las publicaciones que tus amigos han realizado en tu biografía, por ejemplo, para felicitarte por tu cumpleaños. En el apartado 3.4 aprenderemos a configurar quiénes pueden publicar en nuestra biografía y quiénes no, así como quiénes pueden etiquetarnos en sus historias y también si deseamos que esas historias aparezcan o no en nuestra biografía.

3.4. Cómo configurar la cuenta de Facebook y ajustar la privacidad

En la parte superior derecha de la barra de navegación de Facebook se encuentra un icono de una flecha hacia abajo. Si pulsas sobre él, entre las opciones que se muestran está la de «Configuración».

En esta sección encontrarás distintas áreas en las que podrás ajustar la configuración general de tu perfil. Es importante que le dediques unos minutos de atención antes de empezar a compartir contenido y a relacionarte en Facebook, puesto que así te asegurarás de que tienes el control sobre las distintas funcionalidades de la plataforma y de que la experiencia en la red social se ajusta a lo que deseas que sea.

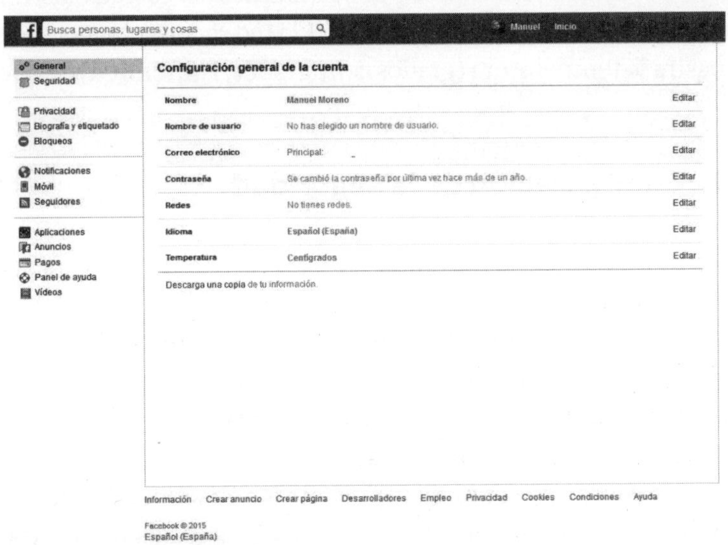

En el menú de la izquierda se sitúan las distintas áreas cuya configuración deberías comprobar y cambiar en el caso de que no te interesen las que se establecen por defecto. Por ejemplo, suele ser una práctica habitual en Facebook la activación de una funcionalidad nueva en el momento de su lanzamiento y esperar que si el usuario no desea que se aplique a su perfil la desactive de manera proactiva. Generalmente, podrás llevar a cabo acciones así a través de este menú de configuración.

En la sección de «Configuración general de la cuenta», a la que se accede al pulsar sobre el menú de «Configuración», puedes cambiar tu nombre y el nombre de usuario (que servirá para que tu dirección web en Facebook sea http://www.facebook.com/nombredeusuario). Con esto conseguirás que sea más fácil de recordar para tus amigos u otras personas cuando compartas con ellos la URL de tu perfil. Para poder cambiar el nombre de usuario, la cuenta debe estar verificada. Para ello, debes tener un móvil cerca en el que Facebook pueda enviarte un SMS con un código de seguridad, que deberás introducir en la página web. Si esto no es posible, tendrás que cambiar el nombre de usuario en otro momento.

En este apartado también se puede modificar el correo electrónico, la contraseña, el idioma en que se utiliza la red social, la manera en que se muestra la temperatura (grados centígrados, Fahrenheit), etcétera.

3.4.1. Configuración de la seguridad

La segunda opción que encontrarás en el menú de la izquierda corresponde a la «Seguridad». En este apartado puedes configurar las alertas de seguridad (que te permitirán recibir un aviso por correo electrónico, mensaje de Facebook o SMS, si has introducido tu número de teléfono, cada vez que alguien acceda a tu cuenta desde un ordenador o dispositivo que no es el habitual).

Esto supondrá que si por ejemplo entras a Facebook desde el ordenador de un amigo que vive en otra ciudad, recibirás un mensaje de aviso y tendrás que verificar tu identidad mediante la respuesta a una serie de preguntas de seguridad o la identificación de tus contactos a través de fotografías seleccionadas de manera aleatoria. En el siguiente apartado también se puede solicitar a la red social un código de seguridad a través del móvil que deberás introducir cuando quieras utilizar Facebook usando navegadores que no sueles utilizar.

El propósito de estas alertas es avisar al propietario del perfil para que pueda estar atento y comprobar si alguien está tratando de suplantar su identidad accediendo de manera ilícita a su cuenta.

El usuario también puede activar el generador de códigos para la versión móvil de la plataforma. Si no lo haces, cuando estés usando la red social desde el móvil no podrás solicitar los códigos de seguridad necesarios para acceder a tu cuenta desde ubicaciones desconocidas, por ejemplo. De la misma manera, puedes introducir las contraseñas especiales que quieres que sean las que se usen cuando se utiliza una aplicación determinada (por ejemplo, la de Facebook para móviles Android), si deseas que sean distintas a las que utilizas cuando entras a la red social desde el ordenador.

También puedes consignar aquí quiénes son tus contactos de confianza, esos amigos que te ayudarán a restablecer tu perfil en el caso de que alguna vez tengas problemas para acceder a tu cuenta. Facebook les proporcionará unos códigos de acceso y ellos, cuando se aseguren de tu identidad, te los podrán hacer llegar para que puedas volver a entrar a tu perfil. Puedes seleccionar entre tres y cinco amigos.

Asimismo, en esta sección se pueden comprobar los navegadores y aplicaciones que se han guardado y utilizado, y también acceder a un historial que muestra desde dónde se ha iniciado sesión y desde qué navegador.

3.4.2. Configuración y herramientas de privacidad: El registro de actividad

En el tercero de los apartados del menú «Configuración» puedes seleccionar quién puede ver las cosas que publicas en Facebook de manera general a partir de ahora (todo el mundo, tus amigos, los amigos de tus amigos o una configuración personalizada si, por ejemplo, quieres excluir a determinados contactos o grupos). Lo que aquí indiques será lo que se muestre por defecto en el selector de público a la hora de realizar cualquier publicación, y siempre podrás cambiarlo para esa acción en concreto.

Desde aquí también puedes acceder a una herramienta muy útil que te ayudará a controlar la privacidad de tus acciones en todo momento. Se trata del «Registro de Actividad» y en él se muestra un histórico de todo lo que has hecho en la red social (lo que has compartido, las publicaciones en las que te han etiquetado, las fotos, los comentarios, los «me gusta», las publicaciones que han realizado en tu biografía y aún debes revisar para decidir si quieres que se muestren en ella o no...). De un solo vistazo, tienes acceso a cualquier acción y puedes ajustar a quién se le va a mostrar. Al «Registro de Actividad» también se puede acceder al pulsar sobre el icono con una flecha en la barra de navegación superior, pulsando sobre su propia pestaña en el menú emergente que se muestra.

En este apartado también encontrarás una opción para limitar la audiencia de las publicaciones antiguas en tu biografía sin tener que ir una a una. Lo harás con todas a la vez, por lo que si, por ejemplo, seleccionas que tu contenido sólo pueda ser visto por tus amigos, todas las publicaciones que hasta ahora habían sido marcadas como públicas o con acceso también para los amigos de tus amigos dejarán de estar disponibles para ellos (a no ser, por ejemplo, que estuvieran etiquetados en una foto, con lo que conservarían el acceso gracias a la etiqueta que incluiste al subir la imagen). Esta acción general no puede deshacerse; es decir, si luego quisieras volver a cambiarla, tendrías que ir contenido compartido por contenido compartido ajustando su nueva configuración de privacidad.

Otra de las opciones disponibles en esta área permite seleccionar quién puede ponerse en contacto contigo a través de Facebook. Por un lado, puedes escoger quién puede enviarte solicitudes de amistad, si todo el mundo o sólo los amigos de tus amigos, y por otro, también puedes filtrar el contenido que llega a tu bandeja de entrada.

Además, puedes elegir quién puede buscarte en la red social y cómo: si permites que se te encuentre con sólo incluir tu dirección de correo electrónico o con tu número de teléfono y si deseas que motores de búsqueda como Google puedan mostrar tu biografía en sus resultados. Si deseas que tu perfil no sea público para todo el mundo, lo mejor es desactivar esta opción.

3.4.3. Cómo controlar tu biografía, el etiquetado y cómo ven tu perfil

En el cuarto apartado del área de configuración podrás tomar el control sobre quién puede publicar en tu biografía (si sólo tus amigos, los amigos de tus amigos, cualquier persona o sólo unas cuantas personas elegidas por ti). De la misma manera, aquí puedes seleccionar si quieres que las publicaciones que hagan se vean por defecto en tu biografía o si prefieres revisarlas tú antes de que sean publicadas (esto es útil si, por ejemplo, deseas controlar qué fotos tuyas suben tus amigos a tu perfil antes de que puedan verlas los demás).

También puedes comprobar quiénes pueden ver aquellas publicaciones en las que se te etiquete en tu biografía, quién puede ver tu biografía en general e incluso a quién se le puede recomendar que te etiquete en las imágenes y publicaciones que sube.

Para que toda esta teoría tenga además una aplicación más práctica, desde aquí puedes acceder a una herramienta que te permite comprobar en todo momento cómo ven los demás tu biografía. Con sólo incluir el nombre de otra persona, podrás ver los contenidos de tu perfil que ese usuario vería y comprobar si estás de acuerdo con la configuración actual o prefieres modificar algún parámetro. A esta opción también puedes llegar desde tu propia página de perfil. Junto a la foto de cabecera se encuentra un icono con tres puntos suspensivos (•••), que al pulsar sobre él despliega un menú en el que se encuentra la opción «Ver perfil como...».

Además de comprobar cómo otro usuario concreto verá tu perfil, también puedes comprobar la información pública que has compartido y ver cómo se muestra tu cuenta a cualquier persona que llegue a tu perfil a través de internet.

«No debemos olvidar que Facebook, al igual que cualquier otro perfil social público, puede transformarse en tu carta de presentación, por ejemplo, ante cualquier empleador. Es importante, por lo tanto, ser conscientes de la información que compartimos con el resto del mundo. "Googlear" a alguien es el paso número uno en cualquier proceso de selección, y si tu perfil de Facebook contiene información pública, asegúrate de que al menos sea profesional», apunta durante una entrevista Gina Gulberti, responsable de comunicación y contenidos de Augure.

3.4.4. Cómo limitar el acceso o realizar bloqueos

En el apartado de «Bloqueos» puedes añadir a amigos para que, sin dejar de serlo, tengan un acceso restringido a tu cuenta y sólo puedan ver los contenidos etiquetados como públicos, así como gestionar la lista por si deseas que alguno pueda volver a tener «plenos derechos».

Si en lugar de limitar la manera en que pueden interactuar contigo, lo que deseas es bloquear a determinadas personas para que no puedan ver lo que publiques en tu biografía, etiquetarte, invitarte a grupos, iniciar una conversación contigo o añadirte como amigo, tan sólo debes incluir su nombre de usuario o correo electrónico en el espacio habilitado para ello. También en este quinto apartado del área de configuración se puede bloquear a amigos para que no puedan invitarte a eventos (esto es muy útil sobre todo para aquellos que lo hacen a menudo o que te incluyen en cualquier tema corporativo de su empresa).

Pero más beneficiosa todavía es la opción que permite bloquear aplicaciones. Son muchos los usuarios que se quejan por recibir constantemente mensajes e invitaciones a juegos sociales a los que están enganchados sus amigos. Pues bien, aquí puedes incluir los nombres de esas *apps* que tendrían prohibido ponerse en contacto con tu perfil. De la misma manera que se pueden bloquear juegos y aplicaciones sociales, también se pueden bloquear «Páginas» (nombre que reciben en Facebook los perfiles de empresa).

3.4.5. Configuración de las notificaciones

Si cuando abres tu perfil en Facebook no te preocupas por configurar y limitar las notificaciones que recibes, es posible que acabes saturado de recibir correos y avisos en la red social, ya que Facebook, por defecto, establece la mayor parte de las notificaciones como activadas.

Dentro del menú «Configuración» en el que nos encontramos, la sexta pestaña de la columna izquierda te permite llevar el control sobre las notificaciones. En un primer momento, las que recibirás en Facebook se muestran todas activadas (como veremos más adelante, para acceder a ellas debes pulsar en el icono con forma de una bola del mundo en la barra de navegación), y aquí puedes desactivarlas. También puedes hacerlo cuando lees alguna que has recibido y no quieres recibir más informaciones de ese tipo. Aquí podrás seleccionar también que se reproduzca o no un sonido cada vez que te llegue una nueva notificación.

También podrás elegir si deseas que se te avise por correo electrónico de todas las notificaciones que recibas, de sólo aquellas que tengan que ver con una actividad importante que te hayas perdido o de sólo las que estén relacionadas con temas de seguridad y privacidad.

Siempre recibirás notificaciones cuando se produzca una acción relacionada contigo (si alguien te menciona, si te etiqueta en una fotografía...), pero por defecto Facebook también te avisará, tanto en la plataforma como por correo electrónico, de las actividades de tus mejores amigos, a no ser que desactives esta opción en el perfil.

Además, en esta área también puedes seleccionar si quieres que Facebook te avise del cumpleaños de tus amigos con un mensaje (algo realmente útil) o cuando publiquen un acontecimiento importante (como su boda o que han tenido un hijo) en su biografía. También, elegirás quién puede etiquetarte en la red social. Como ves, son muchas opciones y conviene ir viendo una por una y elegir lo que convenga para no acabar saturado de mensajes.

En el apartado «Móvil» del menú de la izquierda puedes activar un número de teléfono para que Facebook pueda enviarte mensajes de texto con solicitudes de amistad, mensajes, publicaciones y actualizaciones de estado de tus amigos. En realidad, esta función cada vez tiene menos sentido al existir las aplicaciones móviles de la red social, aunque un usuario que no posea un smartphone con conexión a internet podría estar interesado en recibir las notificaciones vía SMS.

3.4.6. Otras opciones que deberías configurar

En el resto de las áreas del apartado «Configuración» también existen otras funcionalidades a las que deberías prestar atención. Por ejemplo, se puede habilitar la posibilidad de que otras personas, aunque no sean tus amigos, puedan ver algunas de tus publicaciones en su sección de noticias. En otras palabras, les permites «seguirte» pero no ser tus amigos.

Tus amigos ya te siguen de manera predeterminada, pero si quieres que otras personas puedan ver tus actualizaciones, tienes que habilitar esta posibilidad. Cada vez que realices una publicación en la red social, podrás elegir el público con el que la quieres compartir y aquellas que catalogues como «públicas» también serán mostradas en el *feed* de actualizaciones de las personas que te siguen (aunque no sean tus amigos). Esta funcionalidad la utilizan muchos personajes conocidos, periodistas, escritores..., para permitir que sus fans tengan acceso a determinadas publicaciones que ellos marcan como públicas. Así no tienen por qué aceptarles como amigos pero permiten que interactúen con ellos.

En el apartado de aplicaciones podrás ver qué *apps* de terceros estás utilizando en la red social y qué información compartes con ellas. Recuerda que tu nombre, foto del perfil, foto de portada, sexo, redes, nombre de usuario e identificador de usuario son datos que están disponibles públicamente, incluso para las aplicaciones. Estas también tienen acceso a tu lista de amigos y cualquier contenido que hayas hecho público desde que decidiste usarlas.

En esta área podrás ver todas las aplicaciones que ya usas (por ejemplo, aplicaciones creadas por empresas para participar en un concurso o promoción, aplicaciones que permiten registrarte con tu usuario de Facebook en otras páginas web...). Podrás eliminar el acceso a las que ya no quieras que lo tengan o incluso desactivar por completo la plataforma. Si lo haces, ya no podrás usar la integración de Facebook en aplicaciones o en otras páginas web, la personalización instantánea se desactivará y se eliminarán las *apps* en las que hayas iniciado sesión. Eso sí, la información a la que hayan tenido acceso ya no se puede controlar.

Si deseas que la plataforma de *apps* continúe activa, debes ser consciente de que permite que Facebook reciba información sobre tu uso de aplicaciones y sitios web de terceros para «proporcionarte mejores experiencias y más personalizadas».

La personalización instantánea permite a Facebook proporcionar una experiencia más personalizada a los usuarios de sitios con los que la compañía tiene acuerdo. Por ejemplo, permite reproducir la música que te gusta o mostrarte las opiniones de tus amigos. La primera vez que te inscribas en estos sitios web verás una notificación para dar tu consentimiento si quieres que usen tu personalización instantánea de Facebook. Si desactivas la opción de personalización en Facebook, tu experiencia en esos portales será como la de un internauta cualquiera.

De la misma manera que las aplicaciones que usas pueden tener acceso a la información pública de tus amigos, las que usan tus contactos están accediendo a tu información personal para mostrarles información más relevante y personalizar su experiencia. En este apartado, pulsando sobre «Aplicaciones que utilizan otras personas» puedes seleccionar qué información tuya podrían usar estas *apps* y cuál no.

En el apartado de «Pagos» podrás gestionar las suscripciones a las que te hayas abonado, las compras recientes que hayas realizado a través de la plataforma (por ejemplo, vidas extra para un juego social), métodos de pago, divisas..., para que puedas llevar un control exhaustivo.

Por último, también puedes establecer la configuración por defecto de los vídeos que se muestran en Facebook (en alta resolución o no), así como el hecho de que se reproduzcan automáticamente o no en tu sección de «Últimas noticias». Por defecto lo harán, pero puedes cambiarlo para que no ocurra o para que sólo se reproduzcan cuando se está utilizando una red wifi (así te aseguras de que no consumes datos de tu conexión móvil a internet si estás accediendo a Facebook a través del teléfono). Todo esto lo puedes llevar a cabo en la sección «Vídeos», la última del menú de la izquierda.

3.4.7. ¿Cómo usa Facebook tus datos en los anuncios?

Conviene conocer la política de anuncios de Facebook y controlar su configuración, algo que puedes hacer también desde su opción en el menú izquierdo del área de configuración del perfil, a la que como hemos visto se accede desde el icono de la flecha hacia abajo en la barra de navegación. Tratamos esta área como un punto aparte por su especial interés y, sobre todo, por la confusión existente en torno a los datos que Facebook comparte con los anunciantes y los que les permite usar en sus anuncios.

La red social asegura explícitamente que no da derecho a las aplicaciones de terceros ni a las redes de publicistas a usar tu nombre ni tu foto en sus anuncios. «Si decidiéramos permitirlo en el futuro, la opción de privacidad que tú eligieras determinaría el modo de uso de tu información», señala.[49]

Sin embargo, Facebook establece que «como a todo el mundo le gusta conocer qué hacen sus amigos», relaciona los anuncios con ellos para que descubras productos y servicios que pueden interesarte según sus gustos y el contenido que comparten.

Por otra parte, debes saber que los anuncios sociales muestran el mensaje del anunciante junto a acciones que hayas podido llevar a cabo con ellos, como hacer clic en el botón «Me gusta» de una página. Eso sí, sólo tus amigos podrán ver tus acciones junto al anuncio, con frases similares a esta: «A Carmen le ha gustado esto».

49. https://www.facebook.com/settings?tab=ads

Facebook se reserva el derecho para utilizar tu foto a la hora de mostrar esa interacción que has tenido con la marca, pero reconoce que si usara alguna siempre sería la foto de perfil, no ninguna incluida en alguno de los álbumes del usuario.

La red social también puede mostrar anuncios basados en el uso que haces de sitios web o aplicaciones fuera de Facebook, por ejemplo, si una marca contrata la posibilidad de que su publicidad le llegue a las personas que han interactuado con ella tanto dentro como fuera de Facebook. ¿Cómo hace esto? Para eso sirven las *cookies*. Cuando entras a una web en la que se usan *cookies*, en realidad se está creando un registro de visitantes. La compañía proporcionaría a Facebook ese listado de visitantes y aquellos que tuvieran perfil en Facebook serían potenciales receptores de esa publicidad contratada.

Para más información sobre la recopilación de información de los usuarios basada en la actividad que realizan en páginas web, puedes acceder a la web de la European Digital Advertising Alliance,[50] donde se puede incluso denunciar cualquier uso que se considere fraudulento con respecto a las *cookies* y el tratamiento de la información por parte de compañías online.

3.5. Primeros pasos en Facebook

Si has ido siguiendo cada uno de los pasos descritos en los primeros apartados de este capítulo dedicado a Facebook, quizá hayas tardado bastante más de una hora en configurar completamente tu perfil. No te preocupes, porque es un tiempo excelentemente invertido si así logras que tu experiencia en la red social sea más fructífera y, sobre todo, se adapte más al uso que quieres hacer de ella.

Ahora ya sabes dónde tienes que acudir si quieres realizar algún cambio en la configuración de tu perfil y estás listo para lanzarte a utilizar Facebook y a descubrir sus posibilidades. Antes de explicar las acciones más comunes que puedes realizar en la red social, vamos

50. http://www.youronlinechoices.com/es/

a analizar un elemento que te acompañará siempre durante tu uso de la plataforma: la barra de navegación superior, que se muestra en cada página de Facebook.

Algunos de sus elementos ya los hemos ido viendo durante el proceso de registro, apertura del perfil y configuración de su seguridad, pero conviene realizar un repaso.

El primer elemento que encontrarás es el icono de Facebook. Pulsándolo accederás a la página de inicio de la red social (la primera que vemos cuando ingresamos en ella al introducir nuestro correo o número de teléfono y contraseña). Conoceremos más sobre la página de inicio en el siguiente apartado de este capítulo.

Junto a este icono se muestra la barra de búsqueda, que aunque incluye la leyenda «Buscar amigos», en realidad permite buscar cualquier cosa en la red social, cualquier página, lugar, grupo... Si utilizas el perfil en inglés de Estados Unidos, tendrás acceso a Open Graph Search, un buscador semántico que permite realizar búsquedas dentro del perfil, a través de un enlace distinto.[51] Por ejemplo, podrías preguntarle a Facebook qué amigos han visto una determinada película, y obtendrías como resultados sus comentarios y valoraciones (lo que te ayudaría a decidir). Aunque se lanzó a principios de 2013,[52] esta funcionalidad no está disponible todavía para quienes utilizan el perfil en castellano.

Junto al pequeño icono con tu foto de perfil se encuentra tu nombre. Pulsando sobre cualquiera de los dos accedes a tu perfil, desde el que podrás ver tu biografía y otras secciones, como información, fotografías, etc., tal como ya hemos visto. «Inicio», como su propio nombre indica, te conduce a la página de inicio (funcionalidad similar a la de pulsar sobre el logo de Facebook).

51. http://search.fb.com/

52. http://www.trecebits.com/2013/01/15/facebook-presenta-graph-search-su-buscador-semantico/

Al pulsar en «Buscar amigos» accedes a una página en la que puedes responder a las solicitudes de amistad que te hayan realizado, ver las sugerencias de amigos que te propone Facebook y utilizar un buscador que permite encontrar nuevos contactos mediante nombre, localidad, ciudad natal, instituto, universidad, empresa, centro de estudios de posgrado... Recuerda que si envías una solicitud de amistad a un usuario, este deberá aceptarla para que estéis conectados en la plataforma de Mark Zuckerberg. También puedes hacer esto entrando en su perfil y pulsando sobre el botón «Enviar solicitud de amistad» que se encuentra sobre la imagen de cabecera.

En el icono que imita a dos siluetas se ve el número de solicitudes de amistad que has recibido desde la última vez que te conectaste o que aún debes señalar como aceptadas o rechazadas. Por su parte, el icono de dos bocadillos en forma de diálogo te lleva al área de mensajes recibidos (la veremos con más profundidad en el apartado 3.9).

En el icono que imita a la bola del mundo se accede a las distintas notificaciones que hayas recibido en Facebook desde la última vez que te conectaste. A modo de burbuja con forma de diálogo, se muestra el número de cuántas aún no has leído. Pulsando sobre el icono se abrirá un desplegable con todas (leídas y no leídas, ordenadas cronológicamente) y podrás pulsar sobre cada una para ver el motivo de la notificación y, por ejemplo, dejar un comentario si es que alguien te había mencionado en una actualización de estado. En la parte superior del desplegable que incluye todas las notificaciones verás que hay dos enlaces, uno desde el que podrás acceder a la configuración del sistema de notificaciones y otro que te permitirá marcarlas todas como leídas.

Finalmente, en la barra de navegación encontrarás un icono de un candado, que permite acceder de forma rápida y directa a la configuración básica de la privacidad, donde puedes editar quién puede ver tus publicaciones, quién puede ponerse en contacto contigo y cómo bloquear a alguien que te está molestando en la red social.

El último de los iconos es la flecha hacia abajo, que hasta ahora hemos utilizado para acceder al menú de configuración, pero que también muestra otras opciones en su desplegable, donde se encuentran accesos a la creación y gestión de Páginas (corporativas), al registro de actividad (como ya vimos), a las preferencias de la sección de noticias (donde puedes ver las historias que más has visto o que más has comentado), al menú de ayuda y a la opción para salir de Facebook y cerrar la sesión.

Con todo configurado, ya estamos más que preparados para sacarle partido a Facebook. Demos ahora, al fin, nuestros primeros pasos en la red social.

3.5.1. La página de inicio: Últimas noticias, comentarios...

Cuando accedes a Facebook, después de haber incluido tu correo electrónico (o teléfono) y contraseña en la *home* de la red social, la primera página con la que te encuentras es la de inicio, donde destaca sobre todo la sección «Últimas noticias» y una columna izquierda donde se muestran enlaces de acceso directo cuyo orden puedes editar (o eliminar) pulsando sobre el icono de la tuerca que aparece cuando sitúas el ratón sobre cada uno de ellos.

En la parte superior de este listado se encuentra, por ejemplo, la opción «Mensajes», con la que podrás acceder a tu bandeja de entrada de mensajes en la red social (aprenderemos a utilizar esta funcionalidad en el apartado 3.9), mientras que con la de «Eventos» podrás crear nuevos eventos, consultar a los que has sido invitado, etc. (los veremos en el apartado 3.8). Los números que aparecen junto a ellos son los mensajes que quedan por leer, la cantidad de novedades que se han producido en los eventos desde el último acceso, etcétera.

Para añadir más enlaces al listado inicial tan sólo tienes que desplazarte por los enlaces que se incluyen más abajo y, pulsando sobre la tuerca, añadirlos a «Favoritos». Así se mostrarán en la parte superior de la columna en lugar de quedar relegados junto al resto del listado.

Si utilizaras Facebook en inglés, verías en esta sección también los temas «Trending» del momento. Sí, efectivamente, Facebook ha imitado una de las funcionalidades más populares de su rival Twitter y también muestra los temas que son tendencia en la red social en ese instante. Como decimos, a día de hoy, esta funcionalidad sólo está disponible para los usuarios que utilizan el perfil en inglés y sólo en algunos países.

De todas maneras, la parte fundamental de la página de inicio es la sección de «Últimas noticias», que ocupa la parte central. Aquí se te muestran las actualizaciones más relevantes que han publicado tus amigos en la red social para que interactúes con ellas. Puedes pulsar «Comentar» para dejar un comentario, «Me gusta» (la archiconocida acción de Facebook que sirve para mostrar a quien compartió la publicación que te gustó, sin más, sin dejarle un comentario) o «Compartir», que te permitirá llevar esa publicación a tu biografía o a tu página añadiendo además un comentario. Así podrán verla todos tus amigos (o las personas con las que decidieras compartir la publicación).

Al dejar un comentario, puedes etiquetar a otro usuario. Al empezar a escribir su nombre (con mayúscula inicial) se mostrará su perfil en un menú desplegable y bastará con que lo selecciones. También puedes etiquetar una página corporativa escribiendo «@» antes de comenzar a teclear su nombre. Tanto unos como otros recibirán una notificación para que sepan que se les ha mencionado.

En los comentarios también se puede añadir un enlace (lo que generará una vista previa del mismo que se puede eliminar si lo deseas), así como emoticonos y, desde hace relativamente poco, también *stickers* (para seleccionar uno debes pulsar sobre el icono que muestra una cara antes de mandar el comentario). Además, los comentarios se pueden editar o borrar una vez publicados (tan sólo hay que acercar el cursor a la esquina superior derecha de cada uno de ellos y pulsar sobre el símbolo de un lápiz que aparecerá).

Las publicaciones no se muestran en orden cronológico, sino que Facebook selecciona las que considera que pueden interesarte más, por lo que al principio puede resultar un poco caótico e incluso puedes llegar a perderte actualizaciones que hayan realizado tus amigos y que te hubiera gustado ver.

Según Facebook, cada vez que un usuario visita la sección de noticias, hay una media de 1.500 posibles historias de amigos, de personas a las que sigue, de Páginas... que podría mostrar, pero la mayoría de los usuarios no dispone de tiempo suficiente para verlas todas.

Si toda esta cantidad de información no se clasificase y se mostrara en orden cronológico, es cierto que los usuarios se perderían lo más importante, pero... ¿cómo elige Facebook lo que se exhibe en esta sección? Lo hace gracias a su famoso «algoritmo», que va adquiriendo conocimiento sobre lo que te gusta según usas la red social, fijándose en aquello sobre lo que comentas, lo que señalas que te gusta...

En un principio, Facebook te mostrará más publicaciones de los amigos con los que más interactúas (aquellos con los que más hablas, cuyas publicaciones más comentas...). El número de comentarios que haya generado una publicación (por parte de otros usuarios) y el número de «Me gustas» o veces que haya sido compartida también influyen, ya que Facebook considera que si ha interesado a otras personas, también podría resultarte relevante a ti.

De todas maneras, tú tienes el control total sobre lo que se muestra en la sección de últimas noticias, por lo que si quieres ver las publicaciones de forma cronológica, tan sólo tienes que pulsar sobre el icono de la flecha que aparece al situar el cursor sobre la parte derecha del enlace «Últimas noticias» en la columna izquierda de la página y seleccionar «Más recientes».

Si no quieres ver más actualizaciones de un usuario (o de una marca) sin dejar de ser su amigo tienes dos opciones. Por un lado, puedes dejar de seguirle (con lo que no verías más sus publicaciones) situándote en la parte superior derecha de una de sus historias y, pulsando sobre el icono de la flecha hacia abajo, te aparecerá, entre otras, la opción «Dejar de seguir». También puedes dejar de seguirle en su página de perfil, pulsando donde aparece «Sigues a esta persona» para dejar de hacerlo.

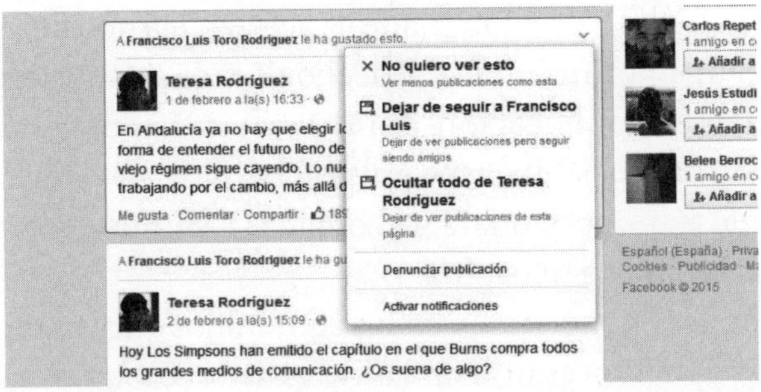

Si no te apetece ver una historia, tan sólo debes seleccionar en el mismo menú «Ocultar», y si quieres ver menos publicaciones de esa persona o página, haz clic sobre «Ver menos historias de...». También tienes la opción de denunciar una publicación si consideras que no cumple con las normas comunitarias de uso de la plataforma que ya vimos en la sección 3.2.1.

Si lo compartido es una noticia con enlace, también se mostrará la opción «Guardar para leer después». Todas las noticias guardadas se muestran en la columna de la izquierda de la página de inicio bajo la sección «Noticias guardadas».[53] Así, si en algún momento no tienes tiempo de ver un enlace pero te interesa leerlo más tarde, queda ahí guardado para que no tengas que buscarlo más adelante.

53. http://www.trecebits.com/2015/01/19/como-guardar-una-publicacion-en-facebook-para-leerla-despues/

También puedes seleccionar que se activen las notificaciones y se te avise con una notificación en Facebook cada vez que ese contacto realice una nueva publicación. Asimismo podrás «insertar la publicación» en tu blog o página web pulsando sobre la opción correspondiente, lo que te proporcionará un código HTML que deberás insertar en el código fuente de tu página.

Una manera de poner orden en los contenidos que ves en la sección de «Últimas noticias» es utilizar las listas de la columna de la izquierda. En un primer momento, Facebook por defecto establece cuatro: «Mejores amigos», «Conocidos», «Familia» y «Acceso Restringido», pero puedes ir añadiendo las que quieras e ir incluyendo a tus contactos en ellas. Así, cuando pulses sobre cada una, solo verás las últimas noticias de los miembros integrantes de esa lista. Para crear y editar nuevas listas tan sólo debes pulsar sobre la sección «Amigos» del menú de la izquierda y se abrirá el gestor de listas. Además, para añadir amigos a una lista debes ir a la sección «Amigos» de tu perfil y pulsar sobre el menú de cada uno de ellos (un botón con una flecha situado junto a su nombre en el que pone «Amigos») y seleccionar «Añadirlo a otra lista» dentro del menú desplegable que aparece.

Recuerda que además de la sección de «Últimas noticias», donde puedes encontrar las publicaciones más relevantes de tus amigos y las personas que sigues, también puedes acudir al perfil de cada uno de ellos para ver, en su biografía, todas las últimas publicaciones que ha realizado. Si realizas este ejercicio periódicamente, nunca te perderás nada de aquellos que más te interesan.

3.5.2. Información instantánea

En cualquier página de la red social verás en todo momento, en la columna de la derecha, el chat (cuyo uso explicaremos más adelante, en el apartado 3.9) y la información instantánea, que proporciona datos sobre lo que están haciendo tus contactos en tiempo real. Esta se exhibe en la parte superior de la columna y muestra las publicaciones, comentarios y otras acciones que estén haciendo los demás siempre que lo hagan de manera pública o compartiéndolo con sus amigos (entre los que te encuentras). Si realizan una actividad privada, no se mostrará.

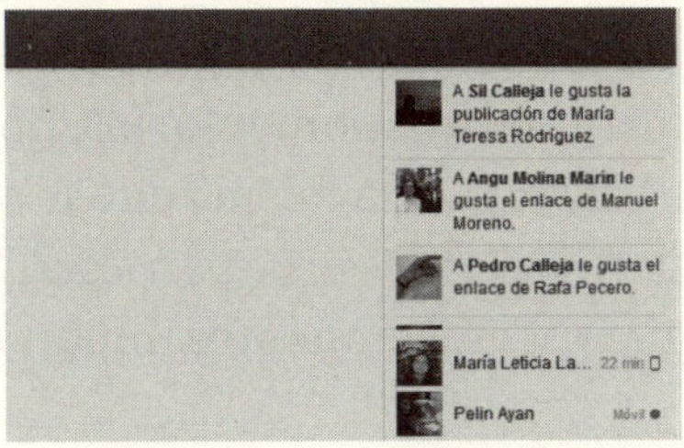

La información instantánea incluye historias en directo, como actualizaciones de estado, nuevas amistades, fotos, vídeos, enlaces, actividad de las aplicaciones, seguidores y comentarios. Toda esta actividad la puedes ver en otras partes de Facebook, como en el área de «Últimas noticias», pero la información instantánea te permite verla a medida que tiene lugar.

Si la barra lateral del chat está cerrada, puedes ocultar la información instantánea haciendo clic en la esquina superior derecha. Haz clic otra vez para mostrarla. Si la barra lateral del chat está abierta, puedes ampliar o reducir la información instantánea arrastrando hacia arriba y hacia abajo la barra horizontal situada entre la sección y la ventana del chat. Es decir, tú eliges su tamaño. Arrástrala hasta la parte superior para ocultar la información instantánea.

Si no ves la información instantánea, puede ser que la hayas ocultado o minimizado (puedes volver a mostrarla pulsando sobre el icono de la tuerca que está junto al buscador en la parte inferior de la columna de chat y señalando «Mostrar la información instantánea»). También pudiera ser que sigas a pocos usuarios y que estos no estén llevando a cabo muchas acciones en ese momento y que por ello no se muestre.

Además, ten en cuenta que si dejas de estar activo durante quince minutos en Facebook, la información instantánea no se actualizará. Volverá a hacerlo cuando utilices de nuevo la red social.

3.5.3. Compartir actualizaciones de estado y otros contenidos en Facebook

En la parte superior de la columna central, donde se muestran las «Últimas noticias», se encuentra la caja de actualizaciones, que utilizaremos para publicar nuestros comentarios, noticias, pensamientos... en la red social. Esta caja es la misma que se encuentra en la parte de biografía de nuestro perfil y sirve para escribir «estados», subir fotografías o consignar «acontecimientos importantes».

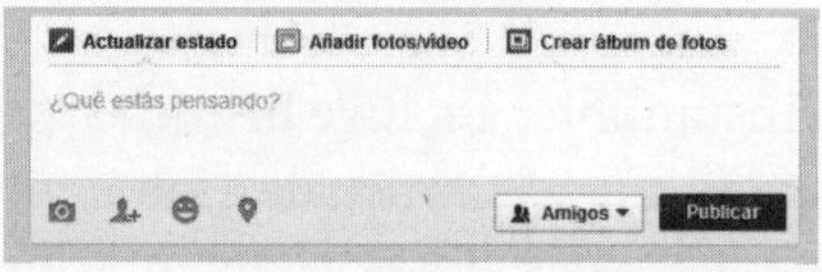

Para compartir un «estado» (función que se muestra por defecto), tan sólo debes escribir el texto que quieras compartir en la caja y darle a «Publicar». También puedes añadir un enlace (a una noticia que te haya gustado, por ejemplo). Antes de finalizar la publicación puedes llevar a cabo otras acciones, como por ejemplo, seleccionar con quién quieres compartir la publicación. Por defecto, se mostrará lo que estableciste al configurar la privacidad del perfil (apartado 3.4.2), pero puedes pulsar sobre la caja del selector de público y realizar otra selección distinta para esta publicación en concreto.

Además, si quieres incluir una fotografía en la publicación tan sólo debes pulsar el icono de la cámara y seleccionarla desde tu ordenador. Haciendo clic sobre el icono que representa a una silueta con un símbolo + podrás etiquetar a otro usuario (esto también puedes realizarlo cuando empiezas a escribir su nombre en el texto y su nombre aparece en un menú desplegable. Si se trata de una página corporativa, hay que escribir primero el símbolo «@»).

Pulsando sobre el icono de la cara sonriente puedes añadir a tu actualización de estado cómo te sientes o lo que estás haciendo en ese preciso instante acompañado de un emoticono. También se puede incluir la ubicación desde donde se publica la actualización de estado (icono que imita una flecha de geolocalización) o programar el mensaje para que sea publicado a una hora y un día concreto en el futuro (utilizando el icono del reloj).

Una vez que has publicado la actualización de estado puedes modificarla pulsando el icono de la flecha que se muestra en la esquina superior derecha de la actualización, seleccionando «Editar». Una vez cambiado el texto que desees tendrás que pulsar sobre «Terminar edición».

En el mismo menú que se despliega al pulsar sobre la flecha, además de la opción de editar se proporciona la de cambiar la fecha de publicación, destacar (para que se muestre de forma más prominente en la biografía, como ya vimos), ocultar de la biografía y eliminar, además de la opción de obtener el código HTML necesario para insertar la publicación en otro blog o página web.

En todo momento podrás también modificar con quién compartes esa publicación que has realizado si pulsas sobre el icono en el que se representan dos siluetas y que se muestra junto a la fecha de publicación del post.

Conviene recordar que en las actualizaciones de estado se pueden utilizar también *hashtags*, otra funcionalidad que Facebook (y otras redes sociales) ha copiado de Twitter y que sirve para ordenar la conversación. Al pulsar sobre un *hashtag* en Facebook se accede a un listado de actualizaciones que también lo incorporan (las veremos siempre que hayan sido compartidas como «públicas» o hayan sido realizadas por nuestros amigos).

Además de compartir un estado, también se pueden subir fotografías o vídeos pulsando la pestaña correspondiente dentro de la caja. Al hacerlo, se habilita la posibilidad de subir un vídeo o una imagen desde el ordenador (esta, además de ser compartida en la biografía será guardada en la sección de «Imágenes» dentro de la carpeta «Compartidas en la biografía»). También se ofrece la posibilidad de crear directamente un álbum de fotos, en el que se pueden subir varias imágenes. Este será compartido en la biografía y también guardado como álbum independiente dentro del área de imágenes. Aprenderemos más sobre las imágenes en Facebook en el próximo apartado de este capítulo.

Por último, también puedes utilizar la caja de actualizaciones para compartir un acontecimiento importante en tu biografía. Pulsando sobre esta opción, accederás a una serie de eventos organizados en distintas áreas (bautizos, bodas, cambio de empleo...) que al completarlos se adjuntarán a nuestra biografía (y también podrían aparecer en las secciones de «Últimas noticias» de las personas que nos siguen).

Además, ya sabes que si te ha gustado algo que ha publicado alguno de tus amigos o una página de las que sigues, puedes compartirlo también en tu perfil pulsando sobre el botón «Compartir» que se ubica bajo dicha publicación. Incluso puedes añadir texto con tus apreciaciones y comentarios y tus amigos los verán junto a lo publicado por la otra persona.

También puedes publicar directamente comentarios, fotografías..., en las biografías de tus amigos, siempre que ellos tengan habilitada la opción que permite que otros puedan publicar. Esto es muy común, por ejemplo, durante el cumpleaños del usuario. Su perfil se suele llenar de felicitaciones hasta tal punto que Facebook tuvo que desarrollar una funcionalidad ya en 2010 para agrupar todos los deseos de buen cumpleaños[54] y que permitieran leer otro tipo de informaciones en los perfiles. Ten en cuenta que si tu amigo tiene activada la opción de que antes de que se muestre una publicación tiene que dar su aprobación, lo que has compartido en su biografía no estará visible hasta que lo valide.

3.5.4. ¿Cómo lograr que nuestros contenidos triunfen?

A todos nos gusta que lo que subimos a Facebook reciba «Me gusta» y comentarios de nuestros amigos. No hay fórmulas mágicas para conseguir más interacciones más allá de realizar comentarios graciosos o compartir contenidos interesantes, aunque sí se pueden dar algu-

54. http://www.trecebits.com/2010/08/10/facebook-ordenara-los-mensajes-de-cumpleanos-en-el-muro-de-los-usuarios/

nas pistas que te ayudarán a que lo que compartas en la red social obtenga una respuesta más positiva por parte de tus seguidores.

Ocho consejos para compartir contenidos que gusten a nuestros amigos

1. **Original.** Piensa que tus amigos reciben muchos contenidos a lo largo del día. Si lo que publicas —o compartes— es divertido, resulta útil o relevante..., es más posible que tus contactos en Facebook muestren interés.
2. **Brevedad.** Las publicaciones que tienen entre 100 y 150 caracteres (es decir, tres líneas de texto), reciben un 66 por ciento más de «Me gusta» y comentarios.
3. **Comparte fotografías.** Las actualizaciones que incluyen imágenes obtienen un 53 por ciento más de «Me gusta» y un 104 por ciento más de comentarios. En Facebook, el contenido gráfico es fundamental.
4. **Llamada a la acción.** Si realizas una pregunta o pides la opinión a tus amigos sobre un hecho relevante, es más que posible que alguno te ofrezca una respuesta.
5. **Noticias.** Comparte noticias interesantes, curiosas, llamativas... Incluye enlaces para que tus amigos puedan ver la fuente original pero también añade tu propia valoración. Es posible que se inicie un debate en torno a la publicación.
6. **Humor.** Publicar chistes, viñetas gráficas..., es algo que gusta a los usuarios de Facebook que, al final, también entran a la red social para evadirse y encontrar un poco de diversión. Por eso triunfan los memes, las caricaturas..., e incluso las fotos y vídeos de gatitos (un clásico en toda red social).
7. **Actividad constante.** El perfil debe permanecer activo. Si dejas de publicar durante mucho tiempo, tus amigos dejarán de visitar tu perfil, tus actualizaciones se mostrarán menos... y perderás visibilidad en Facebook.

8. **Interactúa.** Si tú estás dispuesto a dar «Me gusta» y a comentar publicaciones de tus amigos, ellos tenderán a hacerlo también con tus contenidos. Al final, Facebook, como cualquier red social, es conversación. Si tú no interactúas, los usuarios dejarán de interactuar contigo.

¿Por qué las fotografías triunfan en Facebook? Como veíamos en el punto tercero de los consejos, las imágenes incrementan considerablemente las interacciones con los amigos. Esto se debe al poder visual del contenido, que capta la atención del usuario y proporciona la información de una manera atractiva y fácil de consumir.

«Si alguien comparte una imagen que nos recuerda algún hecho de nuestras vidas o nos genera algún sentimiento, nos involucramos emocionalmente y nos vemos identificados, aunque no seamos conscientes de todos estos mecanismos que se activan en nuestro cerebro. Comentamos y compartimos las imágenes que más empatía nos generan. Si algo nos gusta, damos a "Me gusta" con rapidez porque no requiere esfuerzo, simplemente sentimos la necesidad de interactuar con ello. Es algo tan simple como un mecanismo básico de "acción-reacción"», establece durante una entrevista mantenida para la elaboración de este libro Adriana Bombín, directora de cuentas de la agencia Drygital.

3.6. Cómo gestionar los amigos y crear grupos

En puntos anteriores ya hemos visto algunas acciones que se pueden realizar con los amigos que añadimos a Facebook (como el incluirlos en listas), pero toda la actividad que llevemos a cabo con nuestros contactos se centraliza en el apartado «Amigos» de nuestro perfil (al que accedemos pulsando sobre nuestro nombre en la barra de navegación superior, como ya hemos visto).

En este apartado verás a todos tus amigos y diversas pestañas con distintas listas (por ejemplo, compañeros de trabajo o amigos que viven en tu misma ciudad). Cada amigo tiene una especie de casilla propia en la que se muestra el número de contactos que esa persona posee a su vez en Facebook o el número de amigos en común que tenéis.

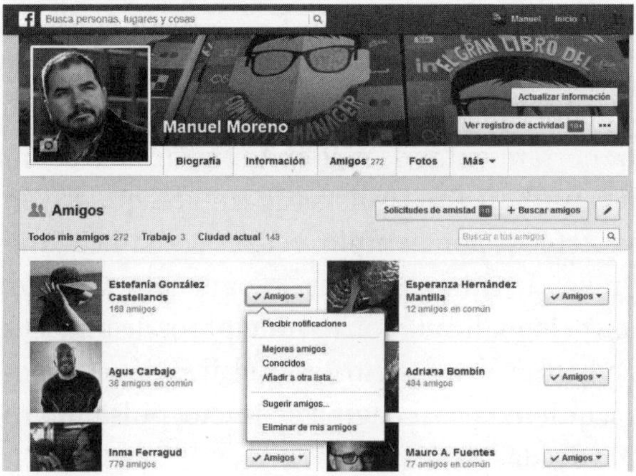

Pulsando sobre el botón «Amigos», que se sitúa junto a cada uno de ellos, se abre un menú con distintas opciones que te permite activar las notificaciones (es decir, recibir un aviso cada vez que esa persona actualice su estado o comparta un hecho importante en su biografía), añadirlo a una lista, sugerirle otros amigos que creas que puede o que debería conocer o eliminarlo de tu lista de amigos.

En la parte superior del cuadro en que se muestran los listados de amigos existe un botón en el que se muestran las solicitudes de amistad que tenemos pendientes de aceptar o rechazar, así como otro que conduce a la búsqueda avanzada de amigos.

Junto a estas dos posibilidades se incluye un icono que representa un lápiz. Pulsando sobre él podrás administrar las secciones que se sitúan bajo la cabecera (reordenar las pestañas, añadir más...) y también editar la privacidad de la sección de amigos. En esta área puedes indicar si quieres que tu lista de amigos sea pública (es decir, que la pueda ver cualquier persona que acceda a tu perfil) o si prefieres que sólo la vean tus amigos o un grupo determinado de personas. De la misma manera, también seleccionarás quién puede ver las personas y las listas que sigues.

Por último, se incluye un buscador que te permite acceder con rapidez a la ficha de uno de los amigos que tienes en la red social tecleando su nombre. Esto es útil para las personas que hayan aceptado a muchos amigos en Facebook, una acción que, por cierto, no es infinita, sino que tiene límite. El máximo de amigos que puedes tener en tu perfil de la red social es 5.000. Llegada esa cifra tendrías que borrar alguno para poder añadir a otro.

Otra de las herramientas de más éxito en Facebook son los grupos. No se deben confundir con las listas de amigos, que sirven para organizar los contactos y, por ejemplo, ver sus actualizaciones por listas en la sección de «Últimas noticias» o para compartir una publicación de forma personalizada con los miembros de una lista. Recuerda que puedes crear tus listas tanto desde el área de «Amigos» como en la columna izquierda de tu página de inicio, pulsando sobre «Más» en el apartado de «Listas».

Sin embargo, un grupo puede estar formado por usuarios que son tus amigos en la red social y también por otras personas que, aunque no sean tus amigos, comparten tu misma afición. Todo depende del nivel de privacidad que establezcas para el grupo cuando lo crees. Para hacerlo, debes acudir a la página de inicio y pulsar sobre «Más» en grupos o directamente en el submenú «Crear grupo». También puedes hacerlo desde tu página de perfil pulsando sobre «Más» en el menú de navegación bajo la foto de cabecera y pulsando en «Grupos».

Ahí accederás al área de grupos, donde verás grupos sugeridos, grupos en los que se encuentran tus amigos, grupos locales..., a los que te puedes unir, algo que no suele ser inmediato, ya que es posible que tengas que esperar hasta que un administrador apruebe tu solicitud. En algunos grupos, también te puede añadir un amigo que ya forme parte del grupo. Si pulsas sobre la «x» de la esquina superior derecha en un grupo, indicas a Facebook que no estás interesado en él y no te lo volverá a mostrar. Como curiosidad, debes saber que en Facebook sólo puedes unirte a un máximo de 6.000 grupos.

En la parte superior derecha de la página verás el botón que te permite «Crear nuevos grupos».

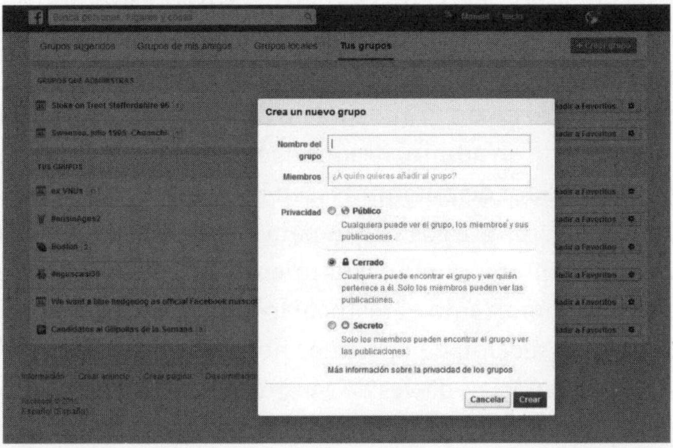

Al pulsar sobre el botón, te conviertes automáticamente en su administrador. Como tal, tú serás quien pueda elegir el nombre, editar la descripción, las etiquetas, incluir una imagen de cabecera, añadir más administradores al grupo, borrar las publicaciones ofensivas y eliminar o bloquear a miembros. Además, puedes establecer su configuración y decidir si es público (cualquiera puede ver sus miembros, actualizaciones y formar parte de él), cerrado (cualquiera puede ver el grupo y ver quién pertenece a él, pero no puede unirse o publicar en él) o secreto (para que sólo los miembros puedan encontrarlo y acceder a sus publicaciones).

Puedes cambiar la privacidad en cualquier momento al elegir la opción «Privacidad» dentro de las opciones de edición del grupo (a las que se accede desde su página principal). Si lo haces, todos los miembros del grupo reciben una notificación con el cambio. Esto es así para los grupos de menos de 250 miembros, ya que si tienes más, sólo podrás cambiar un grupo de público a cerrado o secreto; o de cerrado a secreto. Es una acción que no tiene marcha atrás y la privacidad ya no se podrá cambiar más en el futuro.

Además, al ser administrador, puedes controlar quién se une al grupo si en la parte superior derecha de la página del mismo editas su configuración y seleccionas la opción «Cualquier miembro puede añadir miembros, pero un administrador debe aprobarlos». Así, cuando los miembros agreguen amigos al grupo, estos necesitarán la aprobación de los administradores antes de convertirse en miembros. También puedes dejarlo como de libre acceso.

Si eres miembro de un grupo que no tiene ningún administrador, puedes convertirte en administrador haciendo clic en la opción «Hacerme administrador de miembros», en la columna derecha.

Generalmente, los grupos sirven para reunir a usuarios en torno a una temática de interés común. Los miembros pueden compartir publicaciones que verán sólo el resto de los miembros del grupo y que aparecerán en la sección de «Últimas noticias» de la página del grupo. Podrán comentarlas, darles a «Me gusta»... e interactuar con personas que no son sus amigos pero que forman parte del grupo (si este es abierto). Así es posible conocer a nuevas personas con las que compartes una afición o gusto común, y que podrían llegar a convertirse en tus amigos.

En esta misma sección, si pulsas en «Tus grupos» accederás a un listado de todos los grupos a los que perteneces (los hayas creado tú o no). Al pulsar sobre cada uno irás a la página del grupo (algo a lo que también puedes acceder desde la página de inicio, en el menú «Grupos» de la columna izquierda) y ver la actividad que se ha generado, interactuar con el resto de los miembros, realizar publicaciones...

En la parte derecha del listado puedes añadir el grupo a «Favoritos» y así se mostrará en la parte superior de la columna izquierda en la página de inicio, para que tengas un acceso más rápido a él. Pulsando sobre el icono de la tuerca podrás cambiar la configuración de las notificaciones del grupo (para que te avisen de cada publicación que se realice o sólo de lo más destacado, o únicamente de las publicaciones de tus amigos, o incluso desactivar toda notificación) o abandonarlo si ya no deseas pertenecer a él.

También puedes hacer esto en la página del grupo y pulsando sobre el botón «Eres miembro» en la foto de portada. En el menú desplegable, debes seleccionar «Abandonar grupo». Cuando dejas un grupo, aunque tú hubieras sido su creador, este continuará existiendo y sus miembros podrán seguir participando en él, compartiendo contenido...

Facebook borra automáticamente los grupos que no tienen miembros. Si has creado un grupo y quieres eliminarlo, puedes hacerlo eliminando primero a todos los miembros. Debes ir al área de «Miembros» en la parte superior del grupo e ir haciendo clic junto al nombre de cada uno y seleccionar «Eliminar». Cuando hayas eliminado a los demás miembros, elimínate tú y así Facebook borrará el grupo, ya que nadie lo integra.

3.7. Cómo compartir imágenes y vídeos. Gestión de los álbumes de fotos

Para acceder al área de fotografías de Facebook debes pulsar sobre el apartado «Fotos» de tu perfil (se encuentra justo en el menú de opciones que hay debajo de la foto de cabecera). Ahí verás todas las fotos en las que apareces (aquellas en las que se te ha etiquetado), así como todas tus fotos y todos tus álbumes. Encontrarás algunos ya creados, como «Fotos de la biografía», que incluye aquellas que tú has subido a tu cuenta, o «Fotos de perfil», donde se muestran todas las que has ido seleccionando como imagen de perfil desde que te uniste a Facebook.

Como ya vimos, para subir una fotografía tan sólo hay que pulsar en «Añadir fotos/vídeos» en la parte superior de la caja de actualizaciones (que se encuentra en tu perfil o en la sección de últimas noticias en la página de inicio) y subir las fotos, que se publicarán directamente en «Fotos de la biografía». Puedes subir varias fotos a la vez y se verán como un mosaico en la misma publicación. En cada foto puedes etiquetar amigos o páginas (hasta un máximo de 50) tan sólo pulsando sobre el icono con forma de etiqueta y añadiendo sus nombres. También puedes compartir tu estado de ánimo o lo que haces en ese momento junto con un emoticono, o añadir una ubicación. Además, puedes elegir crear un álbum nuevo en lugar de subir únicamente la imagen a tu biografía.

También puedes añadir un álbum nuevo (por ejemplo, para incluir en él todas las fotos de tus últimas vacaciones) y modificar los que ya tienes pulsando sobre el área de fotografías de tu perfil. Ahí podrás gestionar los álbumes y ordenarlos editando su título, su descripción, quién puede verlos, cuál es la imagen de portada del álbum... Asimismo puedes seleccionar si deseas que las fotos que se suban al álbum se guarden en alta resolución.

Además, podrás compartir el álbum, ya que una nueva funcionalidad en Facebook permite que varias personas sean «colaboradores» del mismo y puedan subir a él sus fotografías (algo útil, por ejemplo, si has pasado unas vacaciones con amigos). También podrás elegir si ese álbum pueden verlo todas las personas (es público) o sólo los colaboradores y si también sus amigos. Si en algún momento quieres compartir un álbum que ya habías creado, puedes hacerlo accediendo al álbum y pulsando en «Cambiar a álbum compartido», opción que aparece en la esquina superior izquierda.

Puedes añadir fotos a tus álbumes en cualquier momento, aunque no puedes hacerlo por ejemplo al álbum «Fotos subidas con el móvil», ya que este se crea de manera automática y sólo con las imágenes que subes desde tu teléfono (para subir fotos desde el móvil debes seguir el mismo procedimiento descrito en el párrafo anterior, pero utilizando la versión móvil de Facebook o sus aplicaciones para Android, Windows Phone o iOS).

Para añadir una foto a un álbum que creaste debes acceder al álbum en sí pulsando sobre su carpeta y, en la parte superior derecha, verás un botón que indica «Añadir fotos». Al pulsarlo podrás seleccionar desde tu ordenador los archivos que desees subir (puedes subir varios a la vez si mantienes pulsada la tecla «Control» de tu teclado).

Las fotos se irán subiendo y podrás añadirles pies de foto, etiquetar a amigos, incluir una fecha, un lugar, seleccionar quién podrá verlas..., y cuando estén listas, tan sólo tendrás que darle a «Publicar». Ten en cuenta que algunas cámaras y, sobre todo, teléfonos móviles, añaden información a la fotografía (hora, fecha, lugar en el que se tomó la imagen...), si es así, estos «metadatos» también se subirán a

Facebook, y la red social puede sugerirte que incluyas esta información cuando estés añadiéndola a un álbum.

Antes de subir las fotos definitivamente podrás decidir también si quieres que se muestren en tu biografía (y, por lo tanto, en las secciones de «Últimas noticias» de tus amigos) como una nueva actualización o si sólo quieres que se añadan al álbum y nada más. Ten en cuenta que en cada álbum puedes subir hasta 1.000 fotografías como máximo.

Si en algún momento quieres eliminar una foto tan sólo debes hacer clic sobre ella para abrirla y pulsar «Eliminar». Lo mismo puedes hacer con un álbum completo. Además de poder borrarla, al pulsar sobre una foto tienes otras opciones disponibles: añadirle una etiqueta o establecer la hora y el lugar en que fue tomada.

Al pulsar sobre el menú «Opciones» puedes girar a la izquierda o a la derecha la fotografía, descargarla en tu equipo, seleccionarla como foto de perfil o de portada, establecerla como foto de portada del álbum (la imagen identificativa que se ve de cada uno de ellos en la pestaña de «Álbumes»), obtener un enlace para poder compartir la imagen directamente con tus amigos...

Otra opción interesante es la posibilidad de moverla de álbum, algo que podemos hacer antes de borrar un álbum completo y su contenido si queremos, por ejemplo, conservar esa foto. O si consideramos que la imagen, por temática o por cualquier otra razón, debería estar incluida en otro álbum y no en el que se encuentra en la actualidad.

La imagen de un álbum también puede mostrarse a pantalla completa en el ordenador. En este modo, si pulsas sobre las flechas laterales que se muestran, irás pasando de una imagen a otra como si se tratara de una presentación de fotografías.

Recuerda que además de fotografías, también puedes subir vídeos a Facebook, sobre los que tendrás que tener los derechos o, de lo contrario, serán eliminados. Por ejemplo, puedes compartir el enlace de tu vídeo musical favorito desde YouTube, pero si subes un vídeo en el que apareces tú con tus amigos y se escucha una música sobre la que no tienes derechos, Facebook acabará borrando el vídeo por haber violado los derechos de autor.

Para subir el vídeo tan sólo tienes que ir a la pestaña «Agregar fotos/vídeos» de la caja de actualización y elegir de tu ordenador el archivo que quieras subir. Este tendrá que ser procesado antes de que pueda ser visto. Facebook te enviará una notificación cuando lo tenga listo y entonces podrás ir al vídeo y pulsar en «Editar» para poder añadirle un título, etiquetar a tus amigos, elegir la imagen de miniatura, etcétera.

3.8. Cómo crear y gestionar eventos en Facebook

Junto a la creación de grupos que veíamos en el punto 3.6, otra de las funcionalidades de Facebook que más gusta a los usuarios es la posibilidad de crear y gestionar eventos en la red social. Los eventos te permiten enviar invitaciones a tus amigos ante una cita importante (por ejemplo, la celebración de tu cumpleaños, la presentación de un libro...), controlando así a las personas que asistirán y que, además, podrán compartir contenido en la biografía del evento para ir animándose ante su llegada, subir fotografías, etcétera.

Para crear un evento tienes que ir a tu página de inicio y pulsar sobre «Eventos» en el menú izquierdo. También puedes hacer clic sobre el enlace «Más» dentro de tu perfil, bajo la foto de cabecera, y buscar «Eventos». Tanto desde un lugar como desde el otro accederás a una página en la que verás los eventos próximos en los que vas a participar o a los que te han invitado, y en la parte superior derecha encontrarás el botón «Crear un evento».

Al pulsar sobre este enlace, podrás elegir el nombre del evento e incluir detalles como la fecha, el lugar y la hora. También podrás establecer la configuración de privacidad: si es un evento «Público» (al que puede asistir cualquier usuario dentro y fuera de Facebook), si es de «Invitación abierta» (para todos los amigos de los invitados y cualquier persona que inviten), si es para «Invitados y amigos» (es decir, para cualquier persona invitada por el organizador y por un invitado) o si sólo puede accederse a él por invitación (expresa del organizador).

Una vez creado el evento accederás a su página, donde puedes compartir publicaciones, subir fotos... en su propia biografía, que verán todos los invitados. Cualquier invitado también podrá subir imágenes o vídeos y realizar comentarios (aunque el administrador siempre podrá borrarlos) para ir animando la conversación hasta la celebración del evento. Para enviar invitaciones a más amigos, debes utilizar el botón «Invitar» que hay en la barra bajo la foto de cabecera y editar la información sobre el evento.

Pulsando sobre el icono de los tres puntos suspensivos en la página del evento podrás enviar un correo a todos los invitados, copiar el evento para hacerlo recurrente (por ejemplo, todos los martes) o exportarlo para guardarlo en tu calendario o enviarlo por correo electrónico.

En la página de eventos (aquella a la que accedes cuando pulsas sobre el enlace «Eventos» en la columna izquierda de la página de inicio), también verás todos aquellos que estás organizando tú. Podrás acceder a ellos en cualquier momento para editar sus características o invitar a más usuarios, realizar publicaciones... En la columna izquierda de esa página, además, podrás consultar los próximos y anteriores o elegir ver tu calendario, en el que se mostrarán los eventos, cumpleaños de tus amigos... que tendrán lugar en los próximos meses.

Como curiosidad, los miembros de un grupo pueden crear eventos de grupo e invitar a otros miembros. Para hacerlo deben pulsar sobre el icono que representa tres puntos suspensivos en la parte derecha del grupo y seleccionar «Crear evento». Después, se rellenan los datos como con cualquier evento y este aparecerá en el muro del grupo. Así los miembros pueden asistir o no a él. Se puede invitar a los miembros de todo el grupo si este tiene menos de 250 personas. Si tuviera más, habría que seleccionar a quién se invita.

Si alguien quiere que asistas a su evento recibirás una notificación. Para confirmar tu asistencia a un evento, haz clic en «Participar», «Tal vez asista» o «Rechazar». También puedes confirmar la asistencia desde tu lista de eventos o directamente en el evento.

Cuando subas fotos y álbumes de fotos a Facebook durante la celebración de un evento al que estabas invitado (incluso un poco antes y un poco después) tendrás la posibilidad de etiquetar el evento de la misma manera que consignas un lugar en una foto (pulsando sobre el icono de geolocalización).

3.9. Mensajes, chat, videollamadas y toques

Facebook posee un sistema de mensajería que permite a los usuarios enviarse un mensaje entre sí como si fuera un correo electrónico o mandar mensajes grupales para tener una conversación colectiva. Estos mensajes son «privados», en el sentido de que únicamente remitente y receptor o receptores pueden tener acceso a ellos.

Para enviar uno hay que pulsar sobre «Mensajes» en la columna izquierda de la página de inicio. Ahí accederás a tu «Bandeja de entrada», donde podrás ver todos los mensajes que te han ido enviando tus contactos a través de la red social. Si pulsas en «+ Nuevo mensaje», que se sitúa en la esquina superior derecha, podrás elegir a quién enviar el nuevo mensaje (a uno de tus amigos o a varios, iniciando una conversación de grupo, hasta un máximo de 250 personas) e incluir el texto que desees compartir. También puedes enviar un mensaje nuevo a un usuario accediendo a través de su perfil y pulsando en «Mensaje», opción que se muestra en la parte superior de su página.

En cada mensaje puedes adjuntar archivos, como fotografías o vídeos, así como emoticonos y *stickers* (unas ilustraciones y animaciones que darán más «vida» a tus mensajes). Para hacer esto último debes pulsar sobre el icono de la cara sonriente en la caja donde escribes el mensaje, y ahí tendrás acceso a los *stickers* disponibles. Si pulsas sobre el símbolo +, podrás descargar más, muchos de ellos son gratuitos, pero otros implican una compra con tarjeta de crédito.

Cuando envías a alguien un mensaje, se le entrega en su bandeja de entrada y si es usuario del chat de Facebook o de Messenger (dos funcionalidades que veremos un poco más adelante), le aparecerá en forma de conversación de chat. Si lo tiene desactivado, llegará únicamente a su bandeja de entrada y se le enviará una notificación para que sepa que tiene un mensaje nuevo. Cuando lo lea, se marcará como «visto». Así sabrás que lo ha recibido y lo ha abierto (no necesariamente ha tenido que leer y entender su contenido, tenlo en cuenta).

Si quieres añadir a algún usuario más a la conversación en grupo tendrás que abrir los mensajes y, en el menú «Acciones», pulsar sobre «Añadir personas», seleccionando a quienes quieras agregar.

Además, se pueden enviar mensajes a otros usuarios de Facebook que no sean tus amigos (siempre que en su configuración de privacidad hayan seleccionado que permiten recibir mensajes), pero no les llegarán a su bandeja de entrada si no a la bandeja «Otros» (que se encuentra al lado de ella pero en la que muchos usuarios no reparan). Por lo tanto, es posible que tu mensaje no sea leído.

En la bandeja de entrada puedes seleccionar cada mensaje y pulsar sobre el menú acciones para poder mostrarlo en el chat, abrir las fotos que posee, marcarlo como no leído, archivarlo, eliminar la conversación o denunciarlo.

Como comentábamos, si estás conectado al chat de Facebook también recibirás los mensajes en forma de chat (lo que te permitirá chatear, como con cualquier programa de chat, con tus amigos). Para activar el chat debes acudir a la columna de la derecha (conocida como la columna de chat) en cualquier página de Facebook y pulsar sobre el icono de la tuerca y hacer clic en «Activar chat». Si quisieras desactivarlo sólo tienes que seguir el mismo proceso y pulsar «Desactivar chat».

Otra de las opciones que aparece al pulsar sobre ese icono es la de activar el chat sólo para unos amigos y desactivarlo para otros. Esto es útil cuando, por ejemplo, no queremos que algunos contactos sepan que estamos conectados y otros sí. También encontrarás la opción para desactivar los sonidos del chat (que sirven para avisarte cuando recibes un nuevo mensaje).

Para empezar a chatear con un amigo, tan sólo tienes que pulsar sobre su nombre en la barra lateral de chat. Si este no aparece en ella, puedes buscarlo usando el cuadro de búsqueda que se encuentra en la parte inferior de la barra. Cuando abras el chat con tu amigo, escribe tu mensaje y dale a «Intro» para que se envíe.

Verás que en la parte superior de la ventana de chat hay algunos iconos que sirven para añadir a más personas a la conversación o iniciar una videollamada con el contacto (se requiere disponer de webcam y micrófono). Además, pulsando sobre la tuerca puedes tener acceso al histórico de toda la conversación mantenida, añadir archivos y amigos al chat, desactivar el chat para ese amigo, silenciar la conversación, borrar todo el histórico o incluso reportar como *spam.* Por otra parte, junto a la caja donde se introduce el texto encontrarás un icono de cámara que te permitirá añadir fotografías y también el icono para incluir *stickers* en la conversación.

A lo largo de este capítulo hemos analizado las principales acciones que puede llevar a cabo un usuario común de Facebook en la plataforma. Sin embargo, nos falta todavía una, cuya utilidad «se desconoce» pero que permanece habilitada en la red social desde hace muchísimos años y que Mark Zuckerberg se resiste a eliminarla: los toques.

Pulsando sobre el icono de los tres puntos suspensivos que se muestra junto a la foto de portada y haciendo clic en «Dar un toque», puedes dar un toque a un amigo desde su perfil. En realidad, no se sabe cuál sería el motivo del toque y se compara con la acción virtual de darle un golpecito en el hombro a otra persona. En realidad, sirve para llamar la atención o saludar, la persona que recibe un toque es notificada y se le da la oportunidad de devolver la acción. Es como decir «Ey, estoy aquí», pero algo tan simple como esto engancha a millones de usuarios cada día.

Si no quieres que un usuario pueda darte toques, debes bloquearlo (como ya explicamos en el apartado 3.4.4). Lo que muchos usuarios no saben es que pueden ver todos los toques recibidos en una página específica[55] habilitada para ello en la red social. También se puede acceder a ella a través de la columna izquierda de la página de inicio.

3.10. Aplicaciones y juegos sociales

Como usuario puedes añadir distintas aplicaciones y juegos a Facebook para enriquecer tu experiencia en la plataforma. La descarga de estos pequeños programas se realiza desde el «centro de aplicaciones»,[56] al que también se accede pulsando sobre «Juegos» en el área de aplicaciones que se incluye en la columna izquierda de la página de inicio.

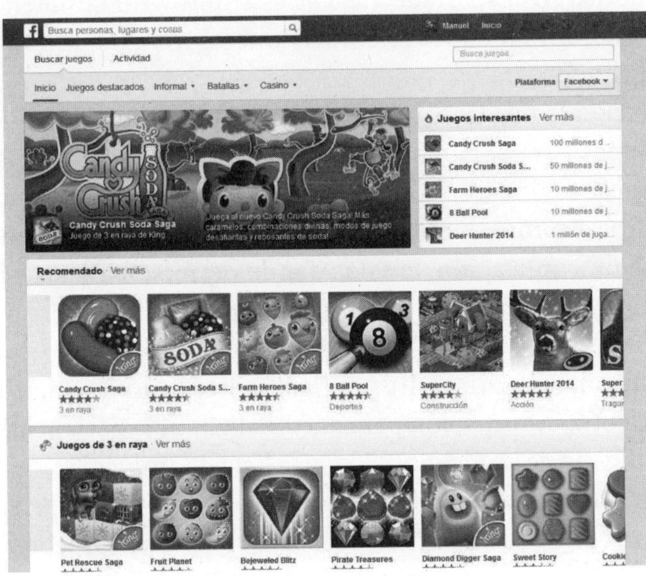

55. https://www.facebook.com/pokes
56. https://www.facebook.com/games/

En este centro de aplicaciones se pueden buscar distintos juegos y *apps* que puedes usar en Facebook básicamente para competir con tus amigos y entretenerte. Usando el buscador y haciendo clic sobre las aplicaciones que te llamen la atención podrás acceder a más información sobre cada una de ellas: una descripción de qué proporciona, la información que compartirás con la aplicación y varias capturas de pantalla, así como la calificación de la *app* por parte de otros usuarios. La mayoría son gratuitas aunque podría haber algunas de pago o que posteriormente permitieran compras dentro de la aplicación (por ejemplo, para recargar las vidas de un juego).

En la pestaña «Tus aplicaciones» puedes ver todas las aplicaciones que has añadido en Facebook, y para editar la configuración de estas debes acceder al enlace «Aplicaciones» dentro del menú «Configuración» (al que se llega pulsando la flecha hacia abajo que se encuentra en la esquina superior derecha de la barra de navegación), tal como ya explicamos en el apartado 3.4.6 de este libro. Allí también podrás bloquear y eliminar aquellas aplicaciones que ya no quieras continuar utilizando.

Ten en cuenta que las aplicaciones usan la información que tú les proporcionas para personalizar tu experiencia y, en muchos casos, como en el de los juegos, para conectarte con tus amigos y que podáis jugar juntos o competir entre vosotros. Por eso, por regla general, al instalarte una aplicación, le estás dando permiso para acceder a tu perfil público, incluidos tu nombre, fotos de perfil, nombre de usuario, ID de usuario (número de cuenta), redes y cualquier otra información que decidas difundir públicamente. También facilitas a la aplicación otra información para personalizar tu experiencia, incluidos tu intervalo de edad, idioma, sexo y lista de amigos.

Si la aplicación necesita más información para funcionar, como tu dirección de correo electrónico o fecha de nacimiento, deberá solicitarla de manera expresa. A veces las aplicaciones piden datos adicionales mientras se están utilizando. Será cuestión tuya aceptar o denegar que la aplicación reciba esa información adicional.

Algunos juegos sociales como Candy Crush Saga, FarmVille o CityVille, por citar algunos, se han hecho tremendamente populares en la plataforma y aglutinan hasta un centenar de millones de jugadores en todo el mundo gracias a que también se pueden descargar como aplicaciones en el teléfono móvil y jugar desde este dispositivo a través de la cuenta de Facebook, lo que implica seguir conectado con los amigos en cualquier lugar.

Gran parte del éxito de estos juegos radica en la competencia con los amigos, pero también en la necesidad de interactuar con ellos solicitándoles ayuda para superar distintos niveles o pruebas, por ejemplo. Esto provoca que durante el transcurso de muchos juegos se envíen distintas solicitudes de ayuda a los amigos, invitándoles a unirse también a la partida... o, también, que se publiquen actualizaciones de estado informando de nuestros avances en el juego. Generalmente las aplicaciones no publican de forma automática en la red social, pero sí que sugieren la publicación al usuario, que a veces acepta casi sin darse cuenta.

Tradicionalmente esto ha provocado las quejas de muchos otros miembros de Facebook, cansados de recibir invitaciones para juegos o de ver en sus «Últimas noticias» que un amigo ha superado un determinado nivel o necesita ayuda. Facebook, consciente de esto, ha tratado de limitar en los últimos años las publicaciones y comunicaciones procedentes de aplicaciones y juegos. Sin embargo, si recibes alguna, recuerda que tienes la posibilidad de solicitar el «Dejar de recibir más contenido de ese tipo» en tu listado de últimas noticias, pulsando sobre la flecha en la esquina superior derecha de la publicación y buscando la opción correspondiente. Así dejarás de verlas.

Otra cosa que puedes hacer si recibes demasiadas notificaciones es ir al menú de notificaciones (también en la configuración de tu perfil) y editar la sección «Solicitudes y actividad de las notificaciones». Ahí podrás desmarcar las aplicaciones o los juegos de los que no quieras recibir más notificaciones.

También puedes ir a la configuración de bloqueo y escribir en la sección «Bloquear las invitaciones de aplicaciones» el nombre de un amigo que te está enviando demasiadas invitaciones de aplicaciones (quizá sin saberlo). Así dejarás de recibir lo que muchos califican de *spam* constante.

3.11. Las Páginas de Facebook

De la misma manera que sigues a otros usuarios y te haces amigo de ellos, en Facebook también puedes seguir a empresas que hayan abierto en la red social una página corporativa. Hacerlo es tan sencillo como utilizar el buscador para encontrar esa marca, ese medio de comunicación o producto cuyas actualizaciones te apetece que aparezcan en tu *feed* de «Últimas noticias» y darle a «Me gusta».

Las páginas corporativas son abiertas y gestionadas por *community managers* o personas encargadas de controlar el canal de una empresa o marca en Facebook (y en otras redes sociales). Producirán contenido específico para publicar en el perfil de esas páginas que debe resultar lo suficientemente atractivo como para que a los usuarios les apetezca recibir mensajes de esa compañía en la red social. Generalmente se comparten novedades, ofrecen promociones especiales, generan concursos...

En la columna izquierda de la página de inicio hay una sección específica dedicada a las Páginas (forma de llamar a los perfiles corporativos), donde podrás ver aquellas a las que sigues, dejar de seguirlas y también acceder a las últimas noticias sólo de estas Páginas, ya que en tu sección de «Últimas noticias» sólo verás aquellas que el algoritmo de Facebook considere más importantes (porque hayan sido publicadas por Páginas con las que interactúas más o porque han conseguido un alto número de «Me gusta» y comentarios). Con las Páginas puedes interactuar de la misma manera que lo haces con otros usuarios: comentando sus publicaciones, dándole a «Me gusta» e incluso enviándoles mensajes que serán respondidos por el gestor del perfil.

En este libro no estamos abordando el uso de las redes sociales desde el punto de vista corporativo, por lo que no ahondaremos en los principios de la gestión de las Páginas de Facebook,[57] pero sí vamos a repasar con rapidez el proceso de creación de una Página, por si algún usuario que posea una pequeña empresa o una asociación quiere lanzarse a crear la suya propia.

57. Para ello recomendamos leer *El gran libro del community manager*, publicado por Gestión 2000 (Grupo Planeta) y escrito también por Manuel Moreno, autor de este libro.

Las marcas no pueden abrir un perfil, ya que estos están destinados únicamente a los individuos. Las empresas deben crear una Página, que tiene funcionalidades específicas para adaptarse a las necesidades de los negocios en Facebook. Por ejemplo, la Página permite a la compañía obtener datos y analíticas del uso que hacen los usuarios y cualquiera puede unirse a ella, sin tener que pedir permiso previo o realizar una solicitud de amistad. Además, la Página no tiene un número límite de usuarios que puedan seguirla.

Además, la Página corporativa de la empresa en Facebook es pública siempre y será indexada por los buscadores. Para crear una Página debes acceder a tu cuenta personal y visitar el apartado específico[58] para la creación de Páginas de Facebook, que se encuentra en la sección «Más», situada al final de la columna derecha de la página de inicio. También se puede acceder a través del menú configuración, que se encuentra en la esquina superior derecha del perfil, pulsando sobre la flecha. A partir de ahí hay que seguir los pasos de una manera intuitiva. Sólo los representantes oficiales de organizaciones, las empresas, las celebridades y los grupos de música están autorizados para crear una Página.

Al iniciar el proceso de creación, en primer lugar hay que definir si se trata de una Página para un negocio, una empresa, un artista, una marca, una comunidad, etcétera. Posteriormente se puede añadir una descripción, en la que hay que ser conciso, pero también hay que intentar utilizar palabras clave para que la Página de Facebook se posicione mejor en las búsquedas.

También es el momento de seleccionar una dirección web amigable para la Página, que sea recordada con facilidad por los usuarios. Lo más recomendable es utilizar el nombre de la marca, pero, si no pudiera ser, es importante pensar dos veces qué denominación utilizar, pues no se podrá cambiar con posterioridad. Siempre que sea posible, lo ideal es utilizar una estructura similar a «http://www.facebook.com/nombredelamarca».

Una vez creada la Página, en su menú de configuración se puede acceder a «Editar la Página». Ahí se debe incluir toda la información

58. https://www.facebook.com/pages/create

de la marca (nombre, dirección, página web, correo electrónico, teléfonos, etc.). Cuantos más datos proporciones, más ganará la compañía en visibilidad.

El nombre de la Página debe ser el nombre de la marca y en la descripción corta se debe proporcionar información sobre su actividad y los propósitos que se ha marcado en la red social. Es fundamental incluir un enlace a la web corporativa de la empresa, lo que permitirá derivar tráfico hacia ella.

Es muy importante la elección de las fotografías de perfil y portada, que se suben pasando el ratón sobre el espacio destinado a ellas. Para la primera, lo mejor es usar el logotipo; y para la segunda, alguna fotografía que represente los valores de la compañía y esté acorde con su identidad corporativa.

En la Página también se debe configurar la privacidad para designar quiénes podrán ver las actualizaciones y quiénes podrán dejar comentarios en el perfil, publicar... Una Página puede tener varios administradores.

3.12. Uso de Facebook desde el móvil. Facebook Messenger

Según los últimos datos hechos públicos por Facebook, más de 1.100 millones de los más de 1.450 millones de usuarios activos al mes que tiene la plataforma utilizan su dispositivo móvil para acceder a Facebook. De ellos, 526 millones (es decir, el 38 por ciento del total)[59] sólo usan Facebook desde el móvil o desde su tableta.

A Facebook puedes acceder desde el navegador del teléfono móvil tecleando su URL normal, lo que te redirigirá a m.facebook.com, que es la versión adaptada de la plataforma a dispositivos móviles, que varía algo en diseño pero que mantiene la mayor parte de las funcionalidades que hemos visto a lo largo de este capítulo.

59. http://www.trecebits.com/2015/01/29/el-38-de-los-usuarios-de-facebook-solo-entra-a-traves-del-movil/

También puedes hacerlo a través de las *apps* móviles propias que posee Facebook para iPhone, iPad, dispositivos Android y Windows Phone, bajándolas e instalándolas desde sus tiendas de aplicaciones (Apple Store, Google Play y Windows Phone Store) si tienes un smartphone.

Además, la compañía también pone a disposición de los usuarios «Facebook para cualquier teléfono», una aplicación de Facebook compatible con una amplia gama de teléfonos convencionales que es más rápida que el sitio móvil (m.facebook.com) y que se parece más a una aplicación para smartphone. Esta se puede descargar desde la dirección facebook.com/mobile usando el navegador de cualquier teléfono (eso sí, tiene que ser compatible con la tecnología Java).

En todas las aplicaciones se pueden utilizar, con ligeras variaciones de diseño y navegación por los menús, la mayor parte de las funcionalidades que Facebook proporciona a los usuarios de su versión de escritorio.

La principal diferencia se encuentra en el uso de la mensajería y del chat. Si quieres utilizar estos servicios desde tu teléfono móvil, Facebook te obligará a instalar Messenger. Este es su propio sistema de mensajería instantánea y permite enviar mensajes gratuitos entre usuarios al estar usando el plan de datos del contrato con la operadora. Esto, además, te posibilita tener siempre acceso a los mensajes y al chat de Facebook independientemente del dispositivo desde el que te conectes (ya sea ordenador, móvil, tableta...). Además, Messenger permite compartir fotos, vídeos y *stickers* e incluir a amigos de amigos en las conversaciones. Puedes chatear con un contacto o con varios a la vez a través de un grupo.

Una vez que instales Messenger (disponible para iOS, Android, Windows Phone y algunos teléfonos convencionales), este se sincroniza de forma automática con Facebook y todos tus mensajes y contactos estarán disponibles en la aplicación. Podrás seguir viendo tus mensajes en el sitio web de Facebook, pero cada vez que quieras acceder a ellos desde el móvil tendrás que hacerlo vía Messenger. Su uso es tremendamente intuitivo, como cualquier programa de mensajería instantánea, y no tiene mayor complicación. Facebook anunció recientemente que permitirá instalar aplicaciones específicas en

Messenger, para mejorar su experiencia de uso y dotarle de funcionalidades específicas.

3.13. Cómo desactivar o borrar el perfil de Facebook

Si en algún momento decides dejar de utilizar Facebook porque estás en desacuerdo con su Política de Privacidad o, simplemente, porque ya no le ves sentido a tu presencia en la red social, puedes eliminar tu perfil.

Lo más recomendable es que antes te descargues una copia de todos los datos que has subido a la red social mientras la usabas, para que no se pierdan. Esto puedes hacerlo pulsando el símbolo de la flecha hacia abajo que se encuentra en la parte derecha de la barra de navegación superior en cualquier página de Facebook.

Ahí, pulsando sobre «Configuración» encontrarás el enlace «Descarga una copia de tu información» justo debajo de «Configuración general de la cuenta» (la pantalla que se muestra por defecto). Así podrás guardar en tu ordenador un archivo con todo tipo de información: las publicaciones, fotos y vídeos que has compartido durante tu uso de la red social, tus mensajes y conversaciones de chat, así como los datos incluidos en la sección «información» de tu perfil.

En lugar de eliminar para siempre tu cuenta, tienes la opción de desactivarla por si en algún momento tienes pensado volver a la red social y recuperar tus datos. Si desactivas tu cuenta nadie podrá ver la información de tu biografía, ni encontrarte en las búsquedas, aunque los usuarios sí verán, por ejemplo, los mensajes que les enviaste. Para desactivar la cuenta debes acceder al área de configuración pulsando sobre el icono de la flecha hacia abajo en la barra de navegación superior y buscar el apartado «Seguridad» en la columna izquierda. Ahí podrás desactivar tu cuenta.

Si en algún momento decides volver a Facebook, puedes hacerlo introduciendo en su *home* tu dirección de correo electrónico y tu contraseña para volver a activar tu cuenta y se recuperará toda tu información, tal como estaba tu perfil cuando lo desactivaste.

Sin embargo, si eliminas de manera permanente la cuenta nunca más podrás volver a acceder a ella. Para hacerlo, debes confirmar tu intención expresamente a través del siguiente enlace: https://www.facebook.com/help/delete_account.

Facebook señala que puede necesitar hasta noventa días para eliminar por completo todo lo que habías publicado en tu perfil (fotos, actualizaciones de estado, etc.), pero durante ese tiempo nadie podrá tener acceso a esta información, sólo permanecerá en los servidores mientras se borra. Si alguna información se tuviera que quedar más tiempo en las bases de datos de la red social, Facebook se compromete a disociarla de cualquier identificador personal, para que no pueda relacionarse con quién la compartió.

¿Qué pasa con la cuenta de Facebook de una persona que fallece? En principio, quedaría tal cual la dejó y permanecerá inactiva, sin embargo, los amigos y familiares pueden solicitar[60] que se convierta en una cuenta conmemorativa, para que se conserven los recuerdos del usuario que ha fallecido. En ellas se muestran las palabras «En memoria» junto al nombre de la persona en su perfil y, con el fin de no entristecer a sus contactos, se dejan de mostrar sus contenidos. La cuenta, además, deja de aparecer como sugerida para que otros usuarios no puedan seguirla.

En Estados Unidos Facebook ya permite a una persona, antes de morir, dejar un «heredero»[61] para que sea el encargado de gestionar su cuenta cuando fallezca, pero esto es algo que todavía no está disponible en España.

Por otra parte, los familiares directos verificados pueden pedir a Facebook que elimine la cuenta. Para ello, la red social habilitó en febrero de 2015 un formulario específico[62] que los solicitantes deben cumplimentar y adjuntar justificantes de su relación con el fallecido, así como de su defunción.

60. https://www.facebook.com/help/contact/651319028315841
61. http://www.trecebits.com/2015/02/12/facebook-permitira-designar-quien-heredara-nuestro-perfil-al-morir/
62. https://www.facebook.com/help/contact/228813257197480

4. Cómo triunfar en Twitter

Twitter ha sufrido un constante proceso de cambio desde que la plataforma fuera lanzada en marzo de 2006. Se barajaron diferentes nombres para el servicio: Twitch, Friendstalker, Smssy..., aunque finalmente el elegido fue Twittr. También se probaron diversas versiones del logotipo[63] hasta dar con el que se estrenó en la red de *microblogging* (en la imagen, el primero a la izquierda), cuyo color corporativo era el verde. Tanto nombre como logo cambiarían meses después.

En un primer momento no consiguió llamar demasiado la atención de los internautas, y los pocos que se dieron de alta en el servicio se dedicaban a comentar en ella frases de escasa trascendencia o a relatar lo que iban haciendo durante el día. Quienes en la actualidad no conocen Twitter siguen asegurando que se mantienen al margen de la plataforma con excusas como que «no quieren saber lo que desayunan los demás». Esa imagen es un lastre que todavía hoy debe soportar la red de *microblogging*, pero no es desacertada teniendo en cuenta que fue la idea que Jack Dorsey tenía en la cabeza cuando ideó el servicio: quería crear una plataforma en la que todos pudieran contar qué estaban haciendo.

63. http://www.trecebits.com/2013/11/12/asi-pudo-haber-sido-el-logo-de-twitter/

Sin embargo, durante sus casi diez años de existencia, Twitter ha sabido encauzar su camino y redefinirse por completo hasta convertirse en una herramienta de gran utilidad y profundo calado en la sociedad. Desde 2006, todo ha cambiado en la plataforma menos su principal seña de identidad: el envío de mensajes con una limitación de caracteres, ya que 140 sigue siendo el máximo que se puede utilizar. La regla básica se ha mantenido intacta con el paso de los años.

Hoy día Twitter es sinónimo de información, de actualidad. No es un medio de comunicación en sí mismo, pero sí es un canal a través del cual los usuarios pueden tener acceso a noticias de última hora y a todo tipo de opiniones y comentarios. Se ha convertido en una vía de comunicación corporativa y atención al cliente para muchas empresas, en un altavoz para poder expresar opiniones y sugerencias para los usuarios y, además, ha revolucionado la forma en que se ve la televisión. Mientras el televisor sirve para transmitir estímulos y sensaciones a través de las imágenes, Twitter es el lugar en que se comparten, se analizan y se debate sobre ellas. El uso de la doble pantalla (ver la tele mientras se tuitea) es algo común ya en muchos hogares españoles.

«Twitter es la mejor manera de conectar con el mundo que a cada usuario le interesa, dándole la oportunidad de poder conversar directamente, en público o de forma privada, con gente que de otro modo no estaría a su alcance. Nos sorprende que a diario son los propios usuarios los que descubren nuevos beneficios y utilidades de Twitter. Por ejemplo, han sido los usuarios los que han convertido a Twitter en el sofá más grande del mundo extendiendo el uso de Twitter como segunda pantalla para comentar contenido de televisión», reconoce durante una entrevista mantenida para la elaboración de este libro Alex Gibelalde, director de marketing de Twitter España.

La popularización de Twitter en España y América Latina se ha producido en los últimos cuatro o cinco años, sobre todo desde el lanzamiento del servicio en castellano allá por 2009. Las grandes citas deportivas y culturales, como la celebración de un Mundial de Fútbol, unos Juegos Olímpicos o la ceremonia de entrega de los premios Oscar ya casi no se entienden sin los millones de mensajes de menos de 140 caracteres que los usuarios lanzan en Twitter mientras tienen lugar estos acontecimientos.

Twitter ha superado los 288 millones de usuarios activos al mes y cada día se envían 500 millones de tuits.[64] En 2014, el número de tuits enviados cada minuto en el mundo creció un 25 por ciento con relación a 2013 (de 347.000 se pasó a 433.000), según un informe elaborado por TechSpartan[65] y, en España, el 56 por ciento de los internautas ya tuitea, según un estudio de la Internet Advertising Bureau (IAB).[66] Es decir, habría alrededor de 15 millones de usuarios de Twitter.[67]

A pesar de todo eso, Twitter experimenta una tasa de abandono en los primeros seis meses más elevada que la que registran otras redes sociales. Esto ocurre porque, llamados por la popularidad de la plataforma, muchos usuarios se lanzan a abrir un perfil para curiosear y ver cómo es, pero luego no saben qué tuitear. A esta situación ha querido restar importancia el propio consejero delegado de Twitter, Dick Costolo, que señalaba durante una entrevista: «No hace falta tuitear para estar en Twitter».[68] En realidad tiene razón, basta con utilizar la plataforma para estar informado leyendo los tuits de los demás. Cada uno puede darle el uso que quiera.

También es cierto que a primera vista el funcionamiento de Twitter puede parecer complicado, al tener un lenguaje propio y unas reglas de utilización muy particulares. Esto echa para atrás a algunos usuarios que terminan olvidando el perfil que acaban de abrir, sobre todo si no logran un importante número de seguidores en las primeras semanas. Pero si eres capaz de superar esa impresión inicial y entender las peculiaridades de la plataforma (algo para lo que bastan un par de

64. https://about.twitter.com/company
65. http://www.trecebits.com/2015/01/22/que-ocurrio-en-internet-durante-un-minuto-en-2014-infografia/
66. VI Oleada del Observatorio de Redes Sociales de la IAB. Enero de 2015. http://www.iabspain.net/wp-content/uploads/downloads/2015/01/Estudio_Anual_Redes_Sociales_2015.pdf
67. Twitter no ofrece la cifra de usuarios en España, pero si tenemos en cuenta el número de internautas (26,2 millones, según los últimos datos hechos públicos por el INE a finales de 2014) y damos por válido el porcentaje de usuarios de Twitter que señala IAB, podemos concluir que hay alrededor de 15 millones de tuiteros en nuestro país.
68. http://www.trecebits.com/2015/02/28/twitter-no-es-necesario-tuitear-para-usar-twitter/

horas, o leer este capítulo con atención), posiblemente quedes enganchado para siempre en las redes de Twitter.

4.1. Cómo crear un perfil en Twitter

Twitter se define a sí mismo como una red de información conformada por mensajes de 140 caracteres y como una forma fácil de descubrir las últimas novedades relacionadas con temas que pueden interesar a cada usuario. «Es como recibir un periódico cuyos títulos siempre te resultan interesantes», señala en su página web. Cambiando «títulos» por «titulares», que sería más apropiado, no le falta razón. Tú eres quien configura la «plantilla» de personas que proporcionarán los titulares de las noticias al elegir a quién seguir. Si el concepto te parece atractivo, ha llegado la hora de que te unas a Twitter.

Al acceder a la página principal de Twitter (www.twitter.com) verás que hay una caja que te pregunta: «¿Eres nuevo en Twitter?». Si es tu caso, con sólo introducir tu nombre completo, una dirección de correo electrónico y una contraseña, iniciarás el proceso de creación del perfil. Recuerda bien estos datos porque son los que tendrás que usar cada vez que quieras acceder posteriormente a la plataforma. Si en algún momento no sabes cuál es tu contraseña, siempre podrás solicitar a Twitter que te la envíe pulsando en el enlace «He olvidado mi contraseña», que se encuentra en la página de inicio de Twitter.

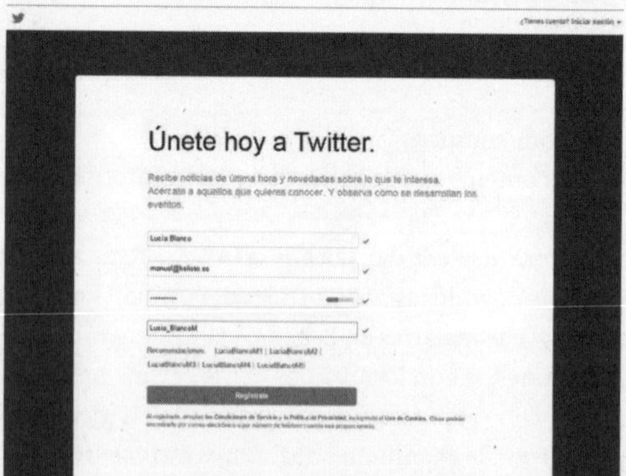

Pulsa en «Regístrate en Twitter» para continuar y serás dirigido a una página en la que si has introducido correctamente los datos anteriores, tan sólo tendrás que elegir tu nombre de usuario en Twitter. Es algo que podrás cambiar en cualquier momento durante tu uso de la red de *microblogging*, pero conviene tener algunas cosas en cuenta:

Nueve consejos para seleccionar tu nombre de usuario en Twitter

1. **Consideraciones previas.** El nombre de usuario de Twitter siempre comienza con el símbolo arroba (@) y en su escritura se pueden utilizar hasta 15 caracteres más. No se permiten símbolos, únicamente letras mayúsculas, minúsculas, números y el guión bajo (_). Tenlo en cuenta.
2. **Tu nombre de usuario te identifica en Twitter.** Para un usuario lo más recomendable sería utilizar su nombre de pila y el primer apellido, para que se le pueda reconocer con facilidad y se corresponda su identidad online con su identidad real. También se puede optar por un mote, un apodo, tu profesión o cualquier palabra con la que el usuario pueda sentirse identificado (en mi caso, como sabéis, mi usuario de Twitter es @TreceBits).
3. **El nombre de usuario no puede estar ya en uso.** Si existe otro usuario en la plataforma que ya esté utilizando el nombre que tú quieres escoger, Twitter te avisará para que selecciones otro. En este caso, lo recomendable es usar una variante reconocible con facilidad, añadiendo un guión bajo u otra palabra que te identifique (ejemplo: @LuciaBlancoM, @Lucía_BlancoMo, @LuciaPeriodista, etc)
4. **Brevedad.** Como hemos dicho, Twitter sólo permite utilizar 15 caracteres para el nombre de usuario. Cuando posteriormente te citen en mensajes, estos se restarán de los 140 caracteres disponibles, por lo que si eliges un nombre con el máxi-

mo permitido, sólo quedarán 125 para los envíos. Por eso, cuanto más breve sea, mejor. Además, será más fácil de recordar para otros usuarios y, al responderte, tampoco emplearán tantos caracteres.

5. **Evita los números.** A la hora de crear tu nombre de usuario, y más si el que deseas está ya en uso, intenta evitar los números a la hora de seleccionar una variación (aunque Twitter te haga propuestas en este sentido). Muchas cuentas de *spammers* utilizan números, por lo que tu nombre puede tener, ya de entrada, menos credibilidad en la red. Imagina un usuario @Lucia3265, no resulta muy convincente. Si quieres, puedes utilizar combinaciones de números y letras, como por ejemplo, @Luci4Blanco, a todas luces más creíble.
6. **Evita suplantar la identidad de otros.** Utilizar un nombre de usuario que incite a creer al resto de los miembros de Twitter que eres otra persona (por ejemplo, @DavidBisbalALM) está prohibido por Twitter. Tampoco se puede intentar suplantar la identidad de una marca. Sólo conseguirás la rápida suspensión de la cuenta por parte de Twitter.
7. **No uses nombres ofensivos.** El nombre no puede ser considerado un insulto ni atentar contra la identidad de otros tuiteros.
8. **Utiliza las mayúsculas.** Esto es una apreciación personal, pero creo que es mucho más atractivo un usuario @LuciaBlanco que @luciablanco. El uso de la mayúscula en este caso da idea de corrección lingüística y hace el nombre más legible, permitiéndole destacar entre los demás. Tampoco hay que pasarse (por ejemplo, @LuCiaBlAnCo no tendría ningún sentido).
9. **Sé homogéneo.** Si utilizas otras redes sociales, lo más recomendable es tener el mismo nombre o similares en todas ellas. Esto ayudará al resto de los usuarios a identificarte y contribuirá a que tu marca personal sea coherente y homogénea.

Una vez elegido el nombre, si es aceptado por la plataforma al ser único podrás continuar el siguiente paso, en el que Twitter te pedirá que indiques los temas en los que estás interesado. Esto le servirá para recomendarte cuentas relevantes a las que empezar a seguir. De las que te proponga, escoge sólo las que te interese y sigue adelante, luego veremos cómo buscar más usuarios a los que seguir.

En este momento, Twitter te pedirá que subas una fotografía (o que te hagas una con la webcam del ordenador, la tableta, el móvil o el equipo que estés usando). Esto te servirá para comenzar tu andadura en la red de *microblogging* con una imagen propia y no con la que por defecto se adjunta a los perfiles sin foto: un huevo. Más adelante señalaremos cómo cambiar y mejorar la apariencia de nuestra cuenta.

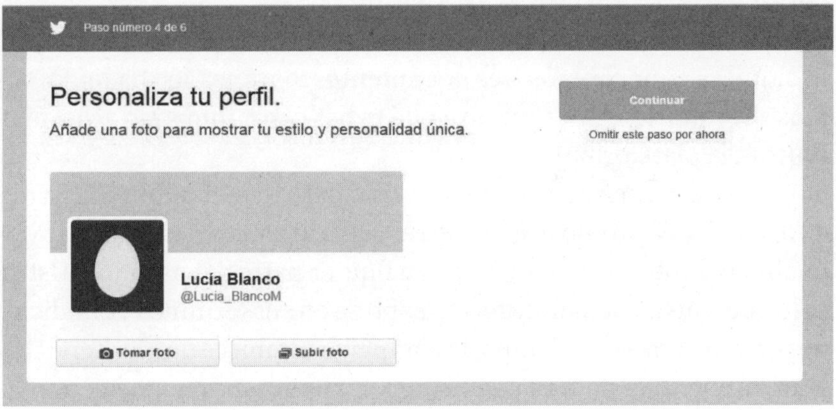

En el siguiente paso, Twitter intentará que encuentres a más personas que conoces en la red y te pedirá que le des acceso a los contactos del servicio de correo con el que te has registrado. Si lo deseas, puedes hacerlo —a sabiendas de que Twitter no mandará emails a tus contactos, sólo usará sus direcciones para recomendarte que tú les sigas— pero también puedes omitir este paso (el enlace para ello está un poco oculto: en la parte inferior derecha del cuadro, en letra casi imperceptible).

Una vez hecho esto, accederás por primera vez a tu perfil, que iremos configurando poco a poco en los siguientes apartados. Antes de eso, tendrás que validar un email que Twitter habrá enviado a tu correo electrónico. Cuando lo hagas, ya tendrás acceso a todas las funcionalidades de la red de *microblogging*.

4.2. ¿A qué me comprometo al crear mi cuenta de Twitter?

Ya eres usuario de Twitter, y eso implica que has aceptado, casi sin haberte dado cuenta, las Condiciones de Uso,[69] la Política de Privacidad[70] y la Política de *Cookies*[71] de la plataforma. Lo has hecho justo en el segundo paso a la hora de crear tu perfil, donde Twitter establece en letra pequeña que, al registrarse, el usuario acepta esas directrices por las que se rige el uso de la plataforma.

Como la mayor parte de los usuarios se habrá unido a Twitter sin ni siquiera conocer esos tres documentos, o nunca los ha leído, vamos a resumirte en este punto a qué te has comprometido al aceptar unirte a la plataforma.

Lo primero que hace Twitter es avisar del carácter público de la red de *microblogging*. Todo lo que haga el usuario en Twitter podrá ser visto por cualquier otro usuario en cualquier parte del mundo: «Usted es lo que tuitea», señala de forma expresa en sus términos y condiciones de uso. Al mismo tiempo, la compañía establece que los servicios que proporciona podrán cambiar en cualquier momento sin previo aviso y que podrá dejar de ofrecerlos en cualquier momento. Es decir, avisa que tiene total libertad para introducir una modificación o, de buenas a primeras, incluso desaparecer. Al registrarte en la plataforma estás dando tu consentimiento.

Twitter señala que la responsabilidad sobre el contenido es del autor que lo publica. Asegura que ni lo supervisa ni lo controla y, por

69. https://twitter.com/tos
70. https://twitter.com/privacy
71. https://support.twitter.com/articles/20170521-el-uso-que-hace-twitter-de-cookies-y-tecnologias-similares#

lo tanto, no se hace responsable de él. El uso del servicio implica la aceptación por parte del usuario de la posibilidad de tener que enfrentarse a contenido (compartido por otros) que le pueda resultar ofensivo, dañino, erróneo... Además, señala que el usuario concede a Twitter una licencia mundial, no exclusiva y gratuita sobre el uso y distribución de ese contenido, lo que permite que cualquiera pueda acceder a sus tuits.

El usuario, además, se compromete a acatar las «reglas de Twitter»[72] que, a modo de resumen, establecen que el usuario no podrá:

- Suplantar la identidad de otros.
- Utilizar nombres de usuario que se refieran a marcas comerciales que pertenezcan legalmente a otros usuarios.
- Publicar o enviar información confidencial o privada de otros (como números de tarjetas de crédito, de teléfono, dirección postal...).
- Amenazar a otros.
- Violar los derechos de autor.
- Realizar actividades ilegales utilizando Twitter como plataforma.
- Utilizar insignias verificadas de Twitter sin contar con consentimiento (por ejemplo, usar el logotipo de cuenta oficial sin haber obtenido este reconocimiento).
- Crear cuentas en serie, de forma masiva, con alguna intención publicitaria o de *spam*.
- Crear cuentas para impedir que otros usen los nombres de esas cuentas o tratar de venderlas posteriormente.
- Usar imágenes pornográficas u obscenas en su imagen de perfil, de cabecera o fondo.
- Publicar contenidos de índole sexual o erótica por venganza, sin autorización de las personas que los protagonizan.

Twitter se reserva el derecho a modificar estas reglas según considere oportuno. También el de eliminar las cuentas que infrinjan las reglas

72. https://support.twitter.com/articles/72688-las-reglas-de-twitter#

o los términos de servicio, sin necesidad de enviar una notificación, así como el de borrar permanentemente aquellas cuentas que estén inactivas durante seis meses o más.

La compañía asegura que recopila toda la información que el usuario le proporciona cuando utiliza sus servicios (nombre, dirección de correo, descripción biográfica, enlaces, contenidos compartidos...) con el objeto de mejorarlos, adaptarse a sus necesidades y ofrecerle otros adicionales. Establece que no revela información personal que permita identificarle a terceros a no ser que el usuario dé su consentimiento (algo que realizará, por ejemplo, al pedirle que autorice una aplicación que está intentando instalar) o que sea información pública incluida en su perfil (como su bio o el contenido compartido de forma pública).

Además, Twitter reconoce el uso de *cookies* y píxeles[73] para poder obtener información de cómo utiliza el usuario la plataforma y mejorar sus servicios, como realizan todas las redes sociales.

4.3. Cómo personalizar el perfil de Twitter

Ahora que ya sabes «lo que has firmado» con sólo inscribirte en la red de *microblogging*, llega el momento de dar forma a tu perfil y dotarlo de personalidad. «El perfil es tu presentación al mundo y te permite reflejar tu personalidad ante quien quiera seguirte. Por eso es importante que esté actualizado y contenga información relevante de uno mismo», señala Alex Gibelalde, director de marketing de Twitter España.

Tienes dos formas de llegar a tu perfil. En la barra superior de navegación, a la izquierda, puedes pulsar el botón «Inicio», lo que te llevará a tu *timeline*. Haciendo clic sobre tu nombre o nombre de usuario, accederás a la página de perfil. Otra manera es pulsar el icono del huevo (o de tu foto, si ya la has introducido al crear el perfil) que hay

73. https://support.twitter.com/articles/20170521-el-uso-que-hace-twitter-de-cookies-y-tecnologias-similares#

en la parte derecha de la barra de navegación. Al hacerlo se abre una lista de opciones, entre las que se encuentra «Ver perfil». Una vez en él, debes pulsar sobre «Editar perfil».

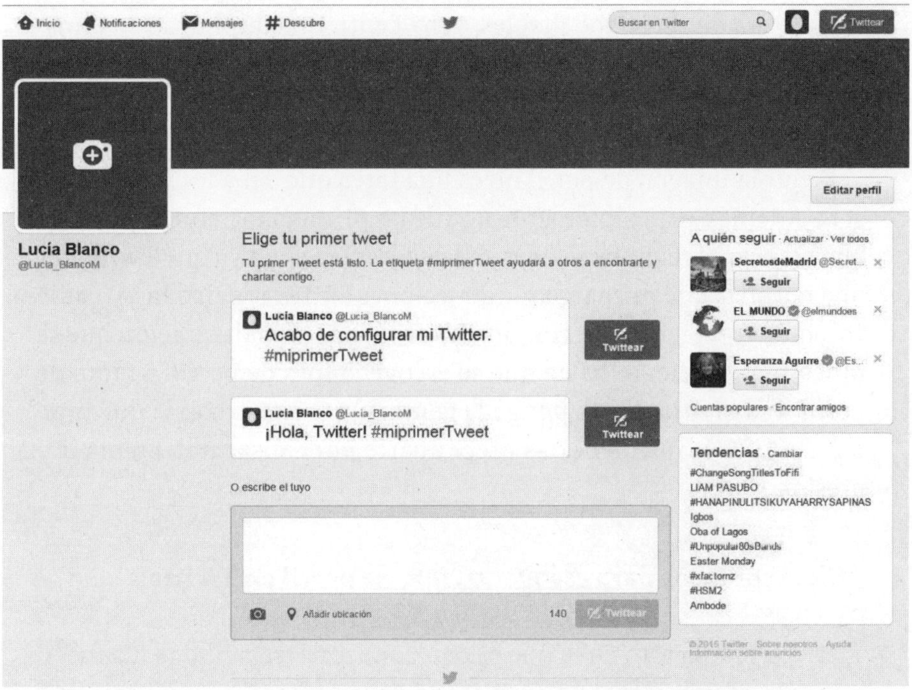

El primer elemento que debes añadir es la foto de encabezado. Debe ser una imagen que te identifique o que incluya algún motivo que te haga sentir cómodo. Será la primera que vean los usuarios que lleguen a tu perfil, por lo que se recomienda cuidar esa primera impresión. Además, Twitter no impone ninguna restricción sobre su contenido (siempre que cumpla con las reglas que acabamos de ver en el apartado anterior), por lo que si lo deseas puedes añadir un eslogan, una frase o incluso el logo de tu pequeña empresa a la fotografía antes de subirla.

La foto debe estar en formato .jpg o .png y tener unas dimensiones recomendadas de 1.500 x 500 píxeles. Hasta hace poco, las medidas eran de 1.252 x 626 píxeles, pero Twitter cambió su diseño a mediados de 2014. Sin embargo, muchos usuarios parecen no haberse dado cuenta o no se han parado a modificar el tamaño de su imagen de cabecera, motivo por el cual cuentan con fotografías borrosas o pixeladas en su cabecera. Evita que esto te ocurra.

A la foto de perfil le sucede lo mismo. Hasta hace poco el tamaño exigido era de 200 x 200 píxeles, pero Twitter ha duplicado su tamaño y ahora es de 400 x 400. Debes tener esto en cuenta para que cuando tu imagen se muestre a mayor tamaño, no se vea falta de calidad al escalarla.

Elegir la imagen de perfil no es una tarea que deba tomarse a la ligera. Además, es posiblemente una de las primeras acciones que haya que realizar al registrarse en la red de *microblogging*, ya que Twitter es una red en la que priman las interacciones entre las personas, y nadie va a querer relacionarse con un «huevo», que es la ilustración que se muestra por defecto hasta que se escoge la foto de perfil. La foto de perfil será la cara que te ponga la gente que te siga o con la que interactúes, por lo que deberías preocuparte por causar una buena impresión.

Siete consejos para escoger tu foto de perfil en Twitter

1. Elige una foto en la que se te reconozca con facilidad. Lo mejor es una foto de cara, mirando a la cámara, con expresión afable y que invite al diálogo.
2. Puedes retocar un poco tu fotografía con un programa de edición, añadirle algún pequeño filtro o efecto, o incluso algún motivo que la haga destacar, pero siempre de manera sutil e indirecta.
3. No escojas fotografías en las que aparezcan otras personas contigo o tus animales domésticos. Tú debes ser el centro de atención en tu perfil.
4. Evita las fotos que tengan un fondo muy llamativo o lleno de motivos, que harán que tu imagen quede difuminada. Apuesta por un fondo blanco o de color claro, con buena iluminación, que resaltará tu cara.

5. Huye de las fotografías de cuerpo entero, pues no se te podrá identificar bien. También de las imágenes en las que aparezcas con poses extrañas o muecas que no transmitan seriedad y confianza, así como de aquellas que no permitan ver tu rostro completo (por ejemplo, la imagen de un ojo).
6. Puedes recurrir a publicar una caricatura, un dibujo que te hayan hecho... si te sientes identificado y, de alguna manera, sigues siendo reconocible. Poner una imagen de un dibujo animado tipo Hello Kitty o Mickey Mouse, por ejemplo, o de otra persona, no tendría ningún sentido.
7. La foto debe estar en formato .jpg o .png. Aunque Twitter permite subir archivos .gif en sus actualizaciones de estado, ni la foto de perfil ni la de cabecera pueden ser imágenes en movimiento.

Justo debajo de la fotografía de perfil podrás cambiar tu nombre. Verás que el nombre de usuario no se puede editar y aparecerá el que seleccionaste en el momento de crear la cuenta (aunque en este momento no se pueda, sí que hay forma de cambiarlo por otro, algo que muchos usuarios desconocen. Lo veremos en el apartado 4.4 de este libro).

También puedes incluir tu biografía. Se trata de un texto de vital importancia, ya que constituye tu carta de presentación en la red de *microblogging*, aquello que quieres que los demás sepan de ti cuando accedan a tu perfil. Por eso es importante pensar bien el texto que se incluye en la «bio» (como se llama de forma acortada a este espacio), puesto que dispones de sólo 160 caracteres para describirte. Debes ser conciso.

No hay una regla exacta sobre cómo escribir una biografía en Twitter que resulte eficaz, pero sí se pueden dar unos consejos que te ayudarán a llamar la atención o, al menos, a evitar caer en errores muy comunes a la hora de configurar tu bio.

Diez pistas a la hora de escribir una bio atractiva de Twitter

1. **Maximiza el espacio.** Tienes 160 caracteres, aprovéchalos para presentarte y «venderte» a nivel personal o profesional optimizando su uso e incluyendo la mayor cantidad de información posible.
2. **Coherencia.** No te muestres como lo que no eres. Huye de las descripciones rimbombantes y del autobombo. Los «expertos en...» y los «gurús» están muy mal vistos entre el resto de los usuarios. Sé tú mismo y descríbete de tal manera que el texto guarde coherencia con lo que posteriormente ofrecerá tu perfil.
3. **Utiliza palabras clave.** Son aquellos términos por los que te gustaría que te encontraran otros usuarios en la red de *microblogging*. Generalmente tendrán que ver con tu profesión, tus fortalezas, tus habilidades o tus intereses. Intégralos en el texto de manera natural, no conviertas tu bio en un listado de *keywords* sin sentido.
4. **Diferénciate.** Con más de 288 millones de usuarios activos en Twitter, es muy posible que haya muchas otras personas con bios similares a la tuya. Intenta destacar de algún modo, ya sea por el manejo de las palabras, por la inclusión de una frase llamativa o motivadora o por añadir un emoticono o una sonrisa.
5. **Investiga.** Antes de dar por cerrada la redacción de tu bio, lee las de otros usuarios, sobre todo las de aquellos a los que admiras o has decidido seguir. Trata de ver qué tienen en común entre sí y cómo están redactadas cada una. Si descubres qué es lo que te atrajo de ellas, puedes incorporarlo a tu bio, porque posiblemente también llamará la atención de otros usuarios hacia ti.
6. **No copies.** Este punto está íntimamente ligado con los dos anteriores. Está bien saber qué les ha funcionado a otros usuarios al escribir su bio, pero no copies lo mismo. Utiliza sus biografías para inspirarte al crear la tuya, pero no olvides que debes diferenciarte del resto y ser original.

7. **Cuida la ortografía.** Es fundamental. Una redacción incorrecta de la bio o que incluya una falta de ortografía ofrece una imagen pésima del perfil.
8. **No utilizar mayúsculas.** En internet, el uso de la mayúscula se interpreta como un grito. Por eso, no escribas en tu bio esa palabra que consideras tan importante toda con letras mayúsculas. Ahuyentarás a los demás usuarios.
9. **Uso de *hashtags*.** Los *hashtags* (como veremos en el apartado 4.7) son etiquetas que ayudan a ordenar la conversación en Twitter. Puedes usarlos en tu bio, pero de manera moderada, ya que pueden distraer y, al incluir un enlace, provocar que el usuario que ha llegado a tu perfil acabe yéndose al seguir el link. Conviene no abusar de ellos.
10. **Actualiza tu bio.** Tu biografía en Twitter debe ser algo vivo, que vaya adaptándose periódicamente a tus cambios como persona o como profesional. No dejes de actualizarla cada cierto tiempo para que sea un reflejo de tu situación o de tus fortalezas en todo momento.

Una vez completada tu bio, podrás incluir, en los dos siguientes apartados, tanto tu ubicación (ciudad, país..., lo que prefieras) como un enlace a una web. Si tienes una página personal o un blog, posiblemente sea una opción interesante añadirlo aquí. Si no lo tienes, lo que puedes hacer es incluir un enlace a tu perfil de LinkedIn o, si lo prefieres, a la página web de tu empresa.

También puedes elegir lo que Twitter llama el «color de motivo». No es más que el color de fondo de tu perfil y en el que se mostrarán los recuadros de las fotografías, los enlaces... Por defecto, se muestra en azul. Intenta escoger uno acorde con tu personalidad, tu «imagen corporativa» o simplemente un color que te guste, porque, aunque parezca una tontería, da a tu perfil un toque distinto que le hará destacar.

Una vez terminada la edición de tu perfil, no te olvides de pulsar el botón «Guardar cambios».

4.4. Cómo configurar la cuenta y la privacidad del perfil de Twitter

Antes de lanzarte a compartir tuits y buscar usuarios a los que seguir, conviene que termines de configurar tu cuenta para que la experiencia en la red de *microblogging* sea completamente satisfactoria.

Al pulsar sobre el icono con tu imagen que se sitúa en la parte derecha de la barra de navegación superior en cualquier página de Twitter, se despliega un menú entre cuyas opciones se encuentra «Configuración».

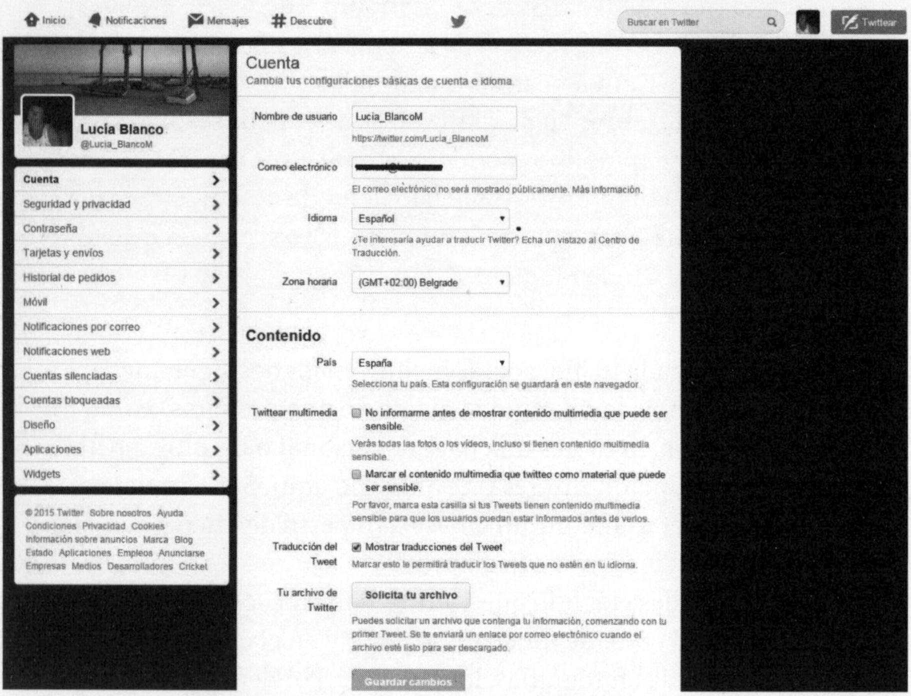

Pulsando sobre ella accederás a una página en la que podrás configurar los datos básicos de tu cuenta. En el menú de la derecha podrás ir seleccionando los distintos parámetros de configuración de tu perfil. Veámoslos uno a uno:

- **Cuenta.** Es el área al que se accede por defecto. Aquí podrás cambiar el nombre de usuario (siempre y cuando no esté ya en uso el nuevo que elijas). Recuerda los consejos que vimos en el apartado 4.1 a la hora de seleccionar el mejor nombre de perfil. Puedes cambiarlo tantas veces como quieras, pero no se recomienda hacerlo a menudo y sin un motivo justificado, ya que es tu principal indicativo en Twitter y los usuarios acaban familiarizándose con él. Además, constituye la URL directa de tu perfil (http://twitter.com/nombredeusuario) que cambiaría con cada modificación. También se perderían las menciones que te hubieran realizado, pues no se identificarían con el nuevo nombre de perfil.
  En este apartado también se puede cambiar el correo electrónico asociado a tu cuenta, el idioma y la zona horaria en la que te encuentras. También se puede elegir si quieres que Twitter te avise antes de mostrarte contenido multimedia que pueda herir tu sensibilidad.
  Además, es el área donde puedes solicitar un archivo con todo el historial de tuits que has enviado en la red social desde el día en que te inscribiste y, también, donde podrás llevar a cabo la eliminación de tu cuenta si quieres abandonar Twitter.
- **Seguridad y privacidad.** En este apartado puedes aumentar la seguridad de tu cuenta haciendo que en lugar de tener que introducir únicamente la contraseña cuando inicias sesión, se realice una segunda comprobación. Por ejemplo, si incluyes tu número de teléfono móvil, cuando trates de iniciar sesión en Twitter recibirás un SMS con un código de inicio de sesión —o un mensaje *push* en la *app* móvil de Twitter— que deberás introducir para acceder al servicio.
  Es un paso algo engorroso que ralentiza el registro en la plataforma (por eso es opcional), pero el objetivo de esta medida es ponérselo más difícil a quienes quieran suplantar tu identidad en la red social y que solamente tú puedas acceder a tu cuenta de Twitter.
  De la misma manera, puedes solicitar que cuando quieras restablecer tu contraseña de acceso a Twitter (por ejemplo, porque la

hayas olvidado y quieras que se te envíe de nuevo por correo electrónico) sea necesaria también una segunda verificación de tu identidad.

Además de la seguridad de acceso, en esta área podrás configurar tu cuenta para garantizar su privacidad. Aquí puedes elegir si quieres que te puedan etiquetar en las fotos que se compartan en la red de *microblogging* o no, y si lo pueden hacer todos los usuarios o sólo aquellos a los que sigues.

También se puede proteger la privacidad de los tuits haciendo que sólo aquellas personas a las que des autorización puedan acceder a ver el contenido de tu perfil. En realidad, esta opción va un poco en contra de la naturaleza abierta de Twitter (y dificulta la obtención de seguidores), pero hay quien la utiliza. Eso sí, se debe tener en cuenta que tanto la imagen de perfil como la de cabecera y el nombre de usuario son datos a los que cualquiera tiene acceso.

Asimismo, aquí se puede añadir una ubicación a los mensajes que escribes, permitir que otros usuarios te puedan encontrar por tu dirección de correo electrónico (cuando, por ejemplo, comparten su libreta de direcciones al inscribirse en Twitter) y dar o no acceso a Twitter para que te muestre anuncios personalizados sobre temas en los que hayas mostrado interés. Por ejemplo, si visitas una página web y tienes esta opción activada, se comparte con Twitter la información relacionada con el navegador (una *cookie*) que luego la compañía une a tu cuenta y te permite recibir ofertas de esta web o de comercios similares. Aquí también el usuario tiene capacidad de decidir, es opcional.

- **Contraseña.** Si tienes la sospecha de que alguien se ha hecho con el control de tu cuenta, lo mejor es que cambies tu contraseña. Algunos casos que te deben hacer pensar que algo raro ocurre pueden ser: que comiences a recibir mensajes directos sospechosos, que alguien te informe de que se están enviando mensajes desde tu cuenta que tú no has escrito, o incluso que recibas un mail informándote de tu nueva contraseña, o pidién-

dote que aceptes un cambio que tú no has solicitado. Si esto ocurre, es posible que tu perfil haya sido *hackeado*, y lo más recomendable es que tú mismo cambies tu contraseña de manera proactiva para recuperar el control de tu cuenta. En este apartado lo puedes hacer.
Además, para garantizar tu seguridad, cambiar tu contraseña de Twitter (y de cualquier otra red social) es un hábito que deberías adquirir y realizar periódicamente, así como no utilizar la misma en todos los servicios online de los que hagas uso. Recuerda que si eliges una combinación de letras mayúsculas y minúsculas junto a distintos números que no tengan un sentido aparente tus contraseñas serán más difíciles de adivinar por los ciberdelincuentes.

- **Tarjetas y envíos/Historial de pedidos.** Estas dos secciones no están disponibles para todos y, de momento, aunque las veas activas, si eres un usuario que reside en España o en América Latina no te van a servir de nada. Hacen referencia a un servicio ahora mismo disponible sólo en países como Estados Unidos,[74] donde los usuarios pueden adquirir productos que aparecen en su *timeline* gracias al botón de comprar («Buy») que se lanzó en la segunda mitad de 2014.[75] En estos apartados gestionarían los datos de su tarjeta de crédito así como los referentes a los envíos realizados.
- **Móvil.** En este apartado puedes añadir tu número de teléfono móvil para activar el uso de Twitter mediante mensajes de texto (ya en desuso) o para permitir la doble verificación que vimos anteriormente, entre otras funcionalidades. Desde aquí también se puede descargar la aplicación móvil para la red de *microblogging*.
- **Notificaciones por correo.** Usa esta pestaña para configurar cuándo quieres que se te envíe un email: si se marcan como favoritos tus tuits, si alguien nuevo te sigue, si se retuitean tus

74. https://support.twitter.com/articles/20171947#
75. http://www.trecebits.com/2014/07/01/twitter-deja-ver-un-nuevo-boton-comprar-ahora/

tuits, si te envían un mensaje directo... Decide también si deseas que se te envíe una comunicación por correo electrónico con novedades importantes que puedan suceder en Twitter o para participar en encuestas de investigación, por ejemplo. Por defecto, muchas de estas opciones vienen activadas, por lo que tendrás que entrar a esta sección para desactivarlas si así lo deseas.

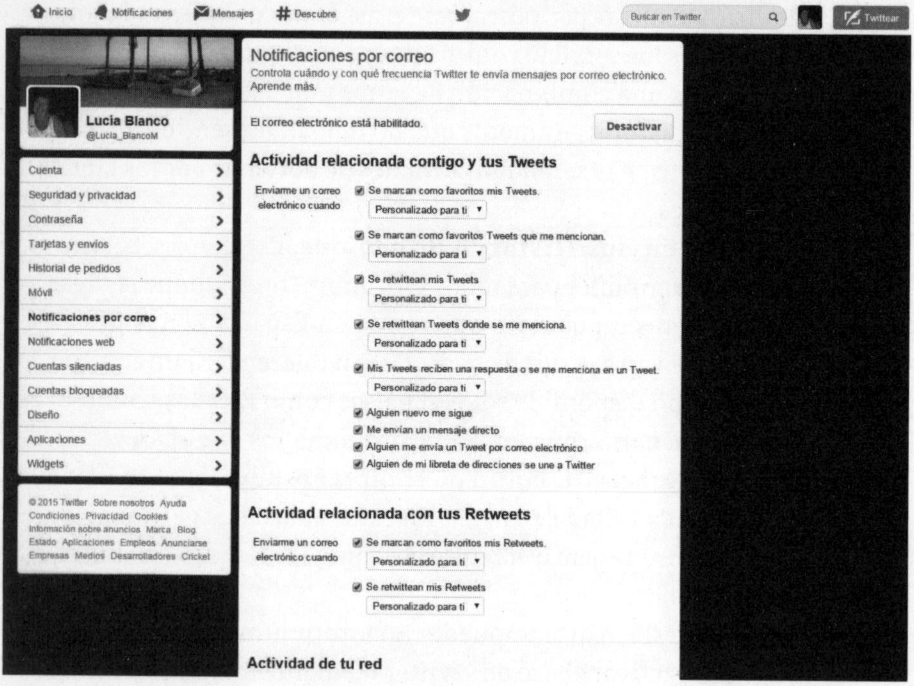

- **Notificaciones web.** Son notificaciones emergentes que aparecen como una burbuja en la parte inferior derecha de la pantalla cuando estás usando Twitter.com a través de la web. Aquí puedes seleccionar si deseas que se muestren cuando te hagan RT, cuando alguien nuevo te siga, etc.
- **Cuentas silenciadas.** Cuando no quieres dejar de seguir a un usuario pero tampoco quieres que se sigan mostrando sus actualizaciones en tu *timeline*, puedes silenciarlo (pulsando sobre el símbolo de tres puntos suspensivos en cualquiera de sus

tuits). En este apartado podrás gestionar las cuentas de usuarios que has silenciado y decidir si les vuelves a dar voz durante tu uso de la plataforma.

- **Cuentas bloqueadas.** Aquí encontrarás las cuentas de los usuarios que has bloqueado (no se te muestran sus tuits y, además, tampoco pueden seguirte ni enviarte mensajes).
- **Diseño.** Esta sección ya no tiene mucho sentido, ya que con el rediseño de Twitter[76] se ha dejado de mostrar la imagen de fondo en prácticamente todas las áreas de la web (sólo puede verse en algunas páginas de configuración y poco más). Aun así, aquí podrías cambiarla y usar uno de los patrones que sugiere Twitter por defecto o subir una imagen propia. Realmente, no merece la pena perder tiempo configurando esto, que es un área que tiende a desaparecer. En la actualidad, ya es más que suficiente con seleccionar el «color de motivo» que vimos en el apartado 4.3 y que determinará la tonalidad de los enlaces y algunas áreas de la web.
- **Aplicaciones.** Aquí verás una lista de las aplicaciones de terceros a las que has dado permiso para acceder a tu perfil de Twitter. Recomendamos visitar esta sección periódicamente y eliminar aquellas que ya no se utilicen.
- ***Widgets.*** En este apartado se pueden crear y administrar *widgets* que podrás incluir en tu blog o en otras páginas web. Puedes crear una cronología de tu *timeline* (o de la de cualquier otro usuario) y configurar su tamaño, su color..., así como cronologías de tus tuits marcados como favoritos, de una lista de usuarios, de una búsqueda realizada (para mostrar, por ejemplo, todos los tuits sobre un mismo tema o que incluyan un *hashtag* determinado) o colecciones de tuits que realices. En todos los casos, se genera un código HTML que es el que debes introducir en el código fuente de tu web o blog para insertar en él el *widget* de Twitter.

76. http://www.trecebits.com/2014/02/12/asi-es-el-nuevo-diseno-de-twitter-que-se-parece-demasiado-a-facebook/

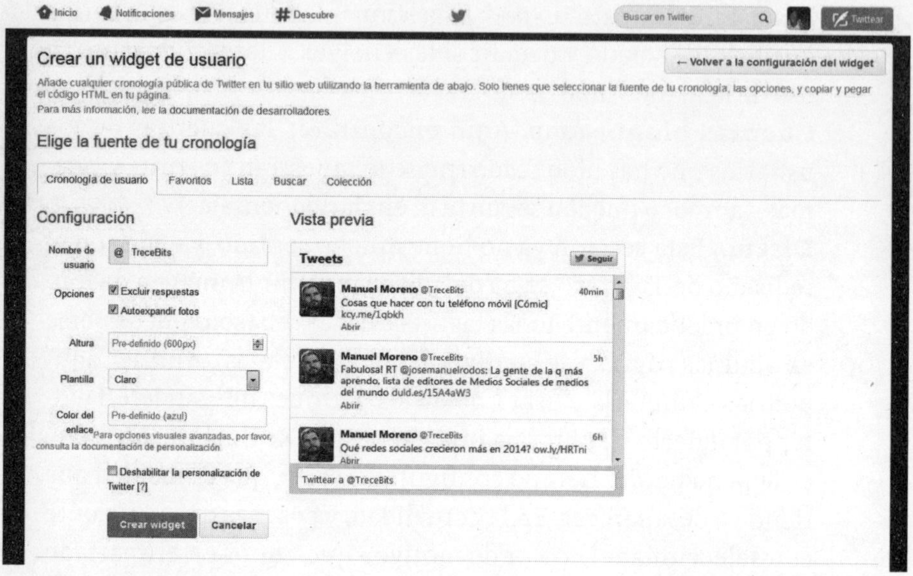

4.5. Primeros pasos en Twitter

Una vez creado y personalizado tu perfil y ajustadas sus opciones de configuración y privacidad a la manera en que quieres usar la plataforma, llegaría el turno de lanzarse a utilizarla. De hecho, si pulsas el botón de «Inicio» (en la parte izquierda de la barra de navegación superior) y pulsas sobre tu nombre para acceder a tu perfil verás como Twitter te anima al principio de tu *timeline* a enviar tu primer mensaje de menos de 140 caracteres. Incluso te proporciona dos mensajes ya «preescritos» para que sólo tengas que pulsar el botón para tuitearlos. De todas formas, es mejor que envíes uno escrito por ti mismo.

En todos los casos, Twitter recomienda utilizar el *hashtag* #miprimerTweet, lo que se supone que «ayudará a otros usuarios a encontrarte y a charlar contigo», según señala la red social. Personalmente, no confío demasiado en la utilidad de ese *hashtag* teniendo en cuenta el uso que se le debe dar a estas etiquetas (que analizaremos en profundidad más adelante, en el apartado 4.7), pero tampoco ocurrirá nada negativo si lo incluimos en nuestro primer mensaje de presentación ante el mundo del *microblogging*.

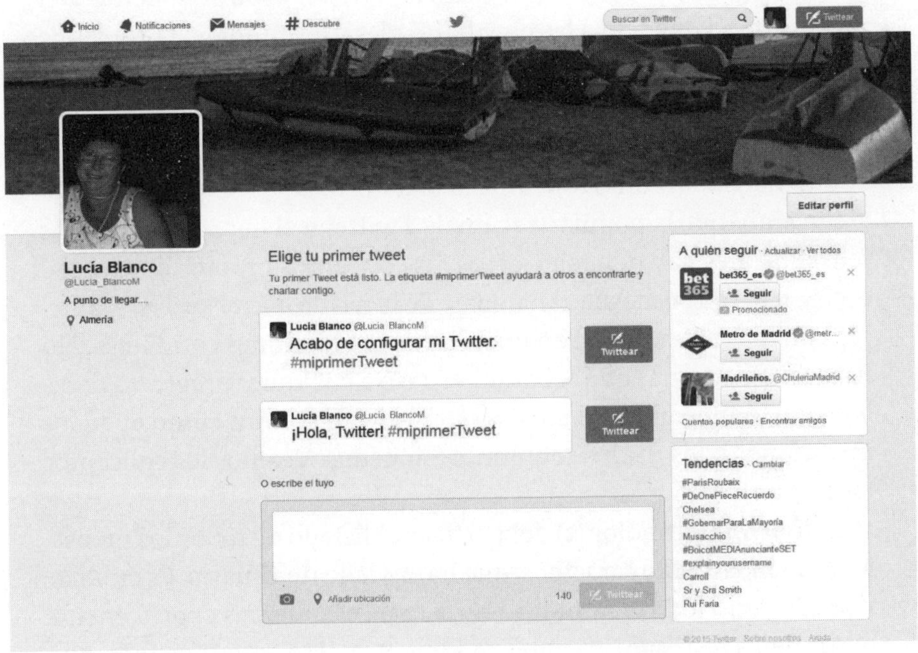

Sin embargo, antes ni siquiera de dar este primer paso, ya han salido a la palestra conceptos como el de *timeline*, *hashtag*, RT o etiqueta... Como apuntamos al inicio de este cuarto capítulo que dedicamos a la red social que creó Jack Dorsey en 2006, Twitter tiene su propio lenguaje, su propia jerga, y eso puede dificultar el uso de la plataforma en un primer momento. Sin embargo, bastan unas nociones básicas para hacerse con la red de *microblogging* y aprender su funcionamiento. Es cuestión de unos minutos y, creedme, no es complicado. Así pues, antes de continuar, vamos a repasar ese «vocabulario básico de Twitter» que te permitirá adentrarte en su uso sin temores, aprovechando todas sus funcionalidades para sacarle el máximo partido.

4.5.1. Terminología básica en Twitter

No hay por qué preocuparse. Utilizar Twitter es muy sencillo y el proceso de adaptación a las peculiaridades y terminología propias de la red de *microblogging* no lleva mucho tiempo. Es cierto que el índice de cuentas inactivas en esta red social es más alto que en otras, porque muchos abren un perfil «para ver cómo es» y lo abandonan antes de entender bien cómo funciona la plataforma.

Sin embargo, la popularización de Twitter y el hecho de que otras redes sociales hayan hecho suyos los conceptos propios de esta red social, hace que cada día el lenguaje de la red de *microblogging* se integre con más normalidad en nuestras conversaciones cotidianas. No hace falta nada más que echar un vistazo a cualquier programa de televisión, donde el uso de los *hashtags* es tan común como el de los micrófonos o los títulos sobreimpresionados. Veamos los conceptos básicos en Twitter:

El ***timeline*** (cronología) del perfil es el listado de todos los mensajes de menos de 140 caracteres que ha enviado un usuario. Es público, y puede verlo todo el mundo (a no ser que establezcas expresamente que quieres restringirlo, como ya vimos). A él se accede cuando pulsas sobre el icono de tu imagen en la parte derecha de la barra de navegación superior y haces clic sobre «Ver perfil» o al pulsar sobre el nombre de cualquier usuario en cualquier página de Twitter.

Los ***followers*** (seguidores) son las personas que han decidido estar al día de tus actualizaciones. Las publicaciones que haces se les muestran en sus propios ***feeds* de noticias**, ordenadas de manera cronológica junto con las del resto de las personas a las que siguen. A menudo, ese *feed* de noticias se puede llamar también *timeline*, aunque en este caso se refiere a la cronología de mensajes publicados por las personas a las que sigue un usuario (es una misma palabra para dos conceptos diferentes, hay que tener cuidado).

Nosotros, a su vez, somos *followers* de las personas a las que seguimos en la red de *microblogging*. En nuestro *feed* de noticias *(timeline)* veremos, ordenadas cronológicamente, las actualizaciones de todos ellos.

Los mensajes de menos de 140 caracteres que envías se llaman **tuits** (*tweets*); este término castellanizado ya está aceptado por la RAE, que también recomienda el verbo *tuitear*. Pueden incluir vídeos y fotografías además de texto y enlaces.

Cuando a un usuario le gusta un tuit que has enviado y decide compartirlo con sus seguidores, hablamos de un **retuit**, o **RT**. Este se puede hacer tanto incluyendo esas dos letras delante del mensaje copiado y mencionando al **@autor** o pulsando el botón específico de «Retuitear», que se identifica con dos flechas formando un cuadrado debajo de cualquier tuit (y que incorpora un contador con el número de retuits que ese mensaje ha recibido). Cualquier mensaje se envía a todos los usuarios, a excepción de los mensajes que se encabezan con @nombredeusuario, que sólo puede verlos ese usuario en cuestión y los *followers* que siguen a los dos (tanto al usuario mencionado como al que envió el mensaje).

También se pueden marcar los mensajes como favoritos (**FAV**), lo que te permitirá acceder más tarde a ellos (por ejemplo, si en ese momento no puedes abrir el enlace que incluyen) y además, le hará saber a la persona que lo envió que te ha interesado lo compartido. Para hacerlo, hay que pulsar sobre el icono en forma de estrella que se ubica bajo cada tuit, que también indica cuántos usuarios han marcado ese mensaje como favorito.

A tus seguidores les puedes enviar **mensajes directos**, o **DM** (mensajes privados entre los dos usuarios), que también están sujetos a la limitación de 140 caracteres. Los mensajes privados también pueden ser grupales, entre varios usuarios, como veremos en el apartado 4.8.

Los ***hashtags*** (etiquetas) son tremendamente útiles para ordenar las conversaciones en la red de *microblogging*. Encabezados con el signo #, son palabras clave que permiten organizar el contenido, y al pulsar sobre ellos se obtienen listas de los últimos tuits enviados por los usuarios sobre un determinado tema.

Los ***trending topics*** **(TT)** son los temas más populares del momento en Twitter, aquellos de los que más están hablando los usuarios. Se ordenan geográficamente, y se pueden consultar tanto a nivel global como por países y también en algunas ciudades.

Estos serían los principales términos que debes dominar para iniciarte en el uso de Twitter. Así explicado, y a primera vista, no parece tan difícil, ¿verdad? Bastan unos minutos y un poco de atención para hacerse con el entorno y convertir Twitter en una herramienta accesible. Comencemos a utilizarla. La actividad en la red de *microblogging* podría dividirse en dos acciones fundamentales: la de recibir información relevante y la de aportar información útil. Vamos a iniciarnos en las dos sin dar más rodeos.

4.5.2. Descubre a quién seguir en Twitter

Una de las primeras acciones que debes llevar a cabo al iniciar tu andadura en Twitter es seguir a aquellas personas que puedan realizar aportaciones que te interesen, a compañeros de trabajo o colegas de profesión, a empresas con las que tengas afinidad, a personajes famosos a los que admires, cuentas de medios de comunicación... Así lograrás que la plataforma te aporte información nueva cada vez que accedas a ella.

El *timeline* de actualizaciones de las personas a las que sigues se muestra en la página de inicio, que es la primera a la que se accede cuando ingresas a Twitter. En cualquier momento puedes ir a ella pulsando el botón «Inicio», que se encuentra en la esquina superior izquierda de la pantalla.

En la página de inicio se ven, ordenados cronológicamente, los últimos mensajes que han ido compartiendo en la red de *microblogging* los usuarios a los que has decidido seguir. Por eso es tan importante elegir bien, ya que esas personas serán las que te proporcionen la información (del tipo que sea, la que busques: relevante, divertida, entretenida, absurda, económica...) que leerás en tu cronología.

Para encontrar esas cuentas de tuiteros que te puedan resultar interesantes, puedes utilizar el buscador, que se encuentra en la barra de navegación superior, en su parte derecha, en cualquier página en la red de *microblogging*.

Se pueden buscar usuarios directamente por el nombre de una persona. Los resultados que se muestran en la columna central de la página de resultados incluyen individuos, fotografías relacionadas e incluso tuits de otros usuarios en los que se pueda mencionar a esa persona. La búsqueda se puede refinar utilizando las pestañas del menú situado a la izquierda para sólo ver personas, fotos, vídeos, noticias, cronologías (es decir, listas de usuarios y lo que han compartido, que serán explicadas en profundidad en el apartado 4.10).

También desde ese menú se puede acceder una búsqueda avanzada que permite buscar combinaciones de palabras, frases exactas, etiquetas..., así como ajustar los resultados para que sólo aparezcan en un idioma y bastantes opciones más, como limitar la búsqueda de un término a todos los usuarios de la red de *microblogging* o hacerlo sólo entre las personas a las que sigues. Las posibilidades son muchas y conviene ejercitar la práctica de la búsqueda en Twitter, ya que te permitirá llegar a personas y contenidos de interés que quizá nunca habías pensado.

Otra manera que tienes de encontrar usuarios a los que seguir en Twitter es explorando cuentas por temas de interés. Para ello tienes que acceder al apartado #Descubre que se encuentra en la parte superior de cualquier página de Twitter, en la barra de navegación. Al pulsar sobre él se te muestran tuits interesantes en la red social, que están acaparando la atención de muchos usuarios por número de retuits, por ejemplo, así como los tuits que han marcado como favoritos otras personas a las que sigues.

En la parte de la izquierda de esta pantalla se encuentra un menú con varias opciones. Pulsando sobre «Actividad» podrás ir descubriendo las cuentas a las que están comenzando a seguir las personas que tú sigues (y por lo tanto, es posible que también te interesen); en «A quien seguir» (que se muestra tanto en el menú de la izquierda como en forma de *widget* en la parte derecha de la pantalla) verás cuentas de usuarios que Twitter te recomienda de manera expresa porque considera que, de acuerdo con tus gustos y las cuentas que ya sigues, podrían interesarte.

En el área de «Encontrar amigos» puedes subir tu libreta de direcciones de distintos servicios de correo, como Hotmail, Gmail, etc., para descubrir quiénes de tus contactos poseen cuenta en Twitter y poder seguirlos.

Por último, en la sección de «Cuentas populares», Twitter incluye listas de recomendaciones organizadas por temas de interés, como por ejemplo música, noticias, deportes, política, televisión y cine... Al pulsar sobre estas categorías, se muestran una serie de usuarios relevantes en estas temáticas, a quienes puede que te interese seguir. Esta sección cuenta también con su propio cuadro de búsqueda por si quieres seleccionar otros temas que no se han recomendado y en los que pudieras estar interesado, por ejemplo, «apicultura», algo que la red de *microblogging* posiblemente no muestre en un primer momento.

De manera periódica, Twitter también envía a los usuarios un correo electrónico sugiriéndoles «personas a las que quizá conozcan», a modo de recomendaciones de otros miembros a los que seguir. Si no quieres recibir este email, debes configurar tus notificaciones por correo tal como vimos en el apartado 4.4.

4.5.3. Cómo comenzar a tuitear

Aunque hay algunos usuarios que sólo se inscriben en la red de *microblogging* con el objetivo de leer y estar al día de las publicaciones que hacen los demás, Twitter debería ser conversación. Disfrutarás al máximo lo que te puede proporcionar la red social si eres más que un mero «oyente».

En Twitter puedes aportar tu contenido e iniciar un diálogo con el resto de los usuarios. Así, aquellos a los que les interese lo que compartes, comenzarán a seguirte y a ver también en su *timeline* de actualizaciones los mensajes de menos de 140 caracteres que escribes.

Para enviar un tuit debes acceder a tu perfil, donde encontrarás la caja habilitada para ello. En la parte inferior verás un contador con el número de caracteres que te quedan al ir escribiendo (recuerda que si tratas de enviar más de 140, Twitter te avisará de que no puede compartir tu tuit). También encontrarás el icono de una cámara y, si pulsas sobre él, podrás compartir una imagen junto a tu tuit (el envío de la imagen también requerirá de un cierto número de caracteres que se restarán a la cuenta final) y, en ese momento, podrás etiquetar si lo deseas hasta diez usuarios que aparezcan en la foto o a los que, por alguna razón, te gustaría llamar la atención sobre la imagen, ya que recibirán una notificación indicando que se les ha etiquetado en ella.

Si quieres incluir un enlace, tan sólo debes copiarlo dentro de la caja. Twitter lo acortará por defecto para reducir la cantidad de caracteres empleados y adjuntará el link utilizando su propio acortador de URL. Si lo deseas, también puedes señalar la ubicación desde la que se envía el mensaje.

Para poder hacerlo, como vimos, debes haber habilitado esta opción en el proceso de configuración de tu cuenta.

Además de en tu perfil, en la página de inicio (a la que puedes volver siempre pulsando el botón «Inicio» en la esquina superior izquierda de la pantalla), también encontrarás una caja en la parte superior del *timeline* que te pregunta: «¿Qué está pasando?». Al pulsar sobre ella, se transforma en la misma caja de envío de tuits que acabamos de ver, que se sitúa en el perfil, para que puedas compartir un tuit con tus seguidores también desde esta área.

Muchos usuarios aseguran que «no saben qué tuitear» y se quedan bloqueados ante esta caja, y por eso prefieren ser sólo «oyentes» en Twitter, espectadores pasivos que consumen el contenido compartido por los demás. Como recomendación general, se puede aplicar la manida frase de «sé tú mismo» a la red de *microblogging*. No hace falta aparentar ni sentar cátedra con frases grandilocuentes en cada tuit que enviemos, basta con mostrarnos nosotros mismos, nuestros intereses, nuestras inquietudes profesionales... Aquí van una serie de pistas que te pueden ayudar a construir tus primeros tuits.

Cuatro consejos para encontrar tu voz en Twitter y comenzar a tuitear

- **Muéstrate tal como eres.** Comparte contenido que te inquieta, reflexiones profesionales, frases cotidianas. Sé tú mismo y el resto de los usuarios de la red de *microblogging* sabrán si desean seguirte o no. No finjas en Twitter lo que no eres, no tiene sentido.
- **Retuitea.** Utiliza los tuits que te resulten interesantes de otras personas para encontrar tu propia voz en la red de *microblogging*. Si te ha llamado la atención el contenido de un mensaje de un usuario al que sigues, es posible que también le resulte interesante a tus seguidores, por lo que puede ser buena idea compartirlo con ellos. A eso es a lo que se le llama retuitear (ya explicamos cómo hacerlo en el apartado 4.5.1).

- **Responde.** Si encuentras interesante el tuit de un usuario, además de retuitearlo puedes iniciar una conversación con él o solamente aportar un comentario. Para esto puedes pulsar el botón de «Responder», que se identifica con el icono de una flecha y que se ubica debajo del tuit del usuario. Al hacerlo, se abrirá bajo éste tu caja de tuitear y, por defecto, ya se mostrará @nombredelusuario al inicio del mensaje. Tu comentario sólo podrá ser leído por él y por aquellas personas que os sigan a los dos, que tendrán acceso a la conversación completa si pulsan sobre vuestros tuits.
- **Menciona.** En los tuits que compartas, puedes mencionar a otros usuarios incluyendo en tu mensaje su nombre de usuario precedido por el símbolo @, y estos recibirán una notificación de que han sido mencionados. Posiblemente decidan responder a tu tuit.

4.5.4. Cómo interactuar con un tuit

Aunque algunas de las funciones que vamos a señalar ya las hemos mencionado, conviene repasar las distintas acciones que puedes llevar a cabo cuando te encuentras ante un tuit de otro usuario (independientemente de si le sigues o no).

Debajo del contenido de cada tuit se muestran distintos iconos. La primera flecha se debe pulsar a la hora de responder, mientras que la segunda (compuesta por dos que forman un cuadro) permite retuitear. Al pulsar sobre la estrella marcas el tuit como favorito. En todos los casos un número indica la cantidad de veces que se ha respondido, retuiteado o marcado como favorito un comentario.

Al pulsar sobre los puntos suspensivos se abre un menú de opciones que permite compartir el tuit por mensaje directo con otro usuario o grupo de usuarios o enviarlo por email. Si pulsas sobre «Insertar tuit» se generará un código HTML que si lo copias en el código fuente de tu blog o página web, te permitirá embeber el tuit.

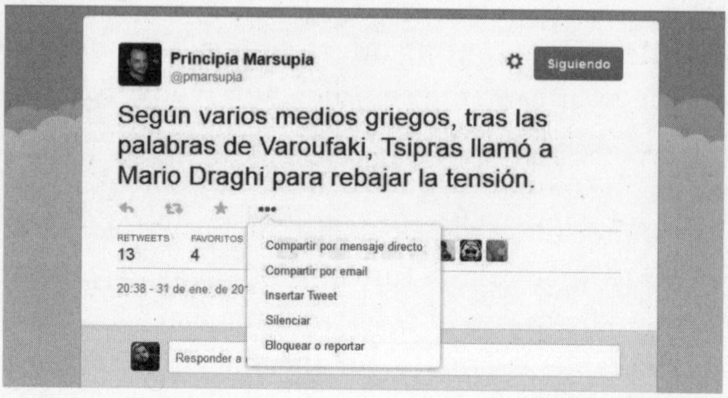

La opción «Silenciar» te permite no dejar de seguir al usuario pero sí parar de recibir sus actualizaciones en tu cronología, mientras que «Bloquear o reportar» te da la posibilidad de bloquear a un usuario para dejar de seguirlo y que no te pueda seguir. También se encuentra aquí la opción de denunciar el contenido de un tuit que consideres abusivo o que no cumple con las reglas de uso de la red de *microblogging*. Si el tuit lo has escrito tú, aquí también aparecerá la opción de borrarlo.

Por último, conviene saber que si pulsas sobre la fecha de publicación de un tuit, lo verás en una página independiente, con su propia URL, que podrás copiar para enviar el enlace a otros usuarios.

4.5.5. Conoce los elementos de tu perfil (y del de los demás usuarios)

Antes de seguir con la actividad que ya hemos empezado a generar conviene parar un segundo para conocer las opciones que te proporciona tu página de perfil (a la que accedes en cualquier momento pulsando sobre tu nombre en la página de inicio o haciendo clic sobre el icono de tu fotografía que se encuentra en la parte superior derecha de la pantalla), sobre todo porque en él se centraliza toda la actividad que realizas en Twitter.

Este apartado también te sirve para saber qué información podrás obtener del perfil de cualquier usuario con tan sólo visitarlo (ya hayas llegado hasta él usando el buscador o tecleando directamente su dirección web, que sería http://twitter.com/nombredeusuario).

Al entrar en tu perfil verás, además de la imagen de cabecera, tu foto de perfil, nombre y nombre de usuario en la parte izquierda de la pantalla. Justo debajo, se proporciona más información: tu lugar de residencia, fecha en la que te uniste a la red de *microblogging* y URL. Además, hay un acceso para ver todos los tuits con fotografías y vídeos que has compartido.

En la parte central se muestra el *timeline* con tus actualizaciones, los últimos tuits que has enviado o retuiteado. Verás que algunos de tus mensajes pueden aparecer en un tipo de letra más grande que otros, esto es porque recibieron más interacciones que el resto (Twitter los destaca así para que los contenidos más relevantes sean más fáciles de encontrar por otros usuarios).

También tienes la posibilidad de marcar un tuit en tu perfil, para que sea el primero que vean otros usuarios cuando lleguen a él. Para hacer esto, en el tuit que te gustaría marcar tan sólo tienes que pulsar sobre el icono de los puntos suspensivos situado en la parte inferior derecha y pulsar «Marcar en la página de perfil». Si quisieras desmarcarlo, tan sólo debes repetir la misma operación.

Justo encima de la cronología con todas las actualizaciones encontrarás una serie de enlaces y números que te permiten conocer:

- El número de tuits que has enviado desde que te inscribiste en la red de *microblogging*. Si has enviado más de 1.000, esta cifra se representa con una K (por ejemplo, si se indica 12,4 K, es que has enviado más de 12.400 mensajes). Al pulsar sobre ella se puede ver el *timeline* de actualizaciones (por defecto es lo que se muestra al acceder al perfil) y un submenú que te permite filtrar por tuits, tuits y respuestas y, por otra parte, por los mensajes que incluyen contenidos audiovisuales.
- El número de personas a las que sigues. Al pulsar sobre este número, en lugar del *timeline* de actualizaciones, verás los últimos usuarios que has empezado a seguir. Si pulsas sobre el botón «Siguiendo» dejarás de seguirles, y haciendo clic sobre el icono de la tuerca que acompaña a cada uno de ellos podrás acceder a un menú de opciones que te permitirá enviarles un mensaje directo, añadirlos a una lista o bloquearlos, entre otras.
- El número de seguidores que tienes. Con una vista similar a la anterior, se muestra un listado de las últimas personas que han empezado a seguirte. Tienes la oportunidad de empezar a seguirlas también o de interactuar con ellas.
- El número de tuits favoritos. Pulsando sobre el enlace, accederás al listado de tuits que has marcado como favoritos porque no querías que se perdieran en tu *timeline.*
- El número de listas que has creado. Puedes verlas en el apartado «Suscrito a», pero si accedes a «Miembro de» se mostrarán todas las listas en las que otros usuarios te han incluido, algo que indica que les interesa lo que compartes. Aprenderemos más sobre las listas en el apartado 4.10 de este libro.

Manejar estos elementos te permitirá conocer y gestionar la información que obtienen de ti los tuiteros que visitan tu perfil. De la misma manera, ya sabes también todos los datos relevantes a los que puedes tener acceso cuando visites el perfil de otros usuarios.

4.6. Cómo crear buenos contenidos en Twitter y conseguir más seguidores

Ya hemos creado nuestro perfil, lo hemos configurado convenientemente y, en el apartado anterior, hemos visto cómo empezar a tuitear y vencer el miedo a no saber qué compartir... Ahora que ya conoces cómo interactuar en la red de *microblogging*, llega la hora de aplicar una serie de consejos para hacerlo de manera consecuente e ir sumando seguidores.

No debes obsesionarte por aumentar el número de personas que te siguen a toda cosa. Es cierto que gusta ser popular y en Twitter se padece mucho la «enfermedad del ego», pero debes apostar sobre todo por aportar calidad y encontrar la manera en que quieres utilizar la red social. Si además consigues ser más popular, estupendo, pero si no, por lo menos estarás sacando partido a la plataforma para entretenerte, informarte y entrar en contacto con otras personas. Ese debe ser tu objetivo principal, no la búsqueda de popularidad a la hora de tuitear.

«Lo ideal en Twitter es conjugar calidad y cantidad de *followers*. De nada sirve tener muchos seguidores si no te hablan o no les importa lo que dices. A veces el índice de calidad de los *followers* te lo da el número de listas en las que te han incluido. Hay famosos a los que sigue mucha gente pero que apenas están incluidos en listas, esto es porque los usuarios les siguen por ser conocidos, pero rara vez leen su *timeline*, si no, probablemente lo habrían catalogado en una lista interesante», señala durante una entrevista Cristina Alcázar, directora de la agencia Bee Social.

Hay dos acciones primordiales que debes desarrollar con esmero para sacar partido a Twitter. Por un lado, tal como ya hemos visto, debes saber elegir a los usuarios cuyos tuits van a saciar tu necesidad de entretenimiento o información. Por otro, resulta fundamental que tu participación en la plataforma genere interacciones y conversación con los demás usuarios. El aporte constante de tuits significativos es la mejor forma de atraer seguidores hacia tu perfil.

Eso sí, antes de enviar un tuit —algo que puede hacerse en sólo unos segundos— piensa antes qué puede aportar a tus seguidores y qué consecuencias te puede traer (positivas o negativas), ya que se trata de un contenido que será público y cualquiera podrá leerlo. Además, una vez publicado no podrás editarlo y queda en el tiempo, incluso aunque lo borres (pulsando sobre el icono de los tres puntos suspensivos que se ubica en la parte inferior derecha del tuit), ya que algunos usuarios lo habrán visto.

«Cada vez que voy a publicar un tuit me imagino en lo alto de un escenario delante de 60.000 personas. Cualquier cosa que sea capaz de decir o hacer delante de tanta gente es adecuada para hacerlo o decirlo en Twitter; cualquier cosa que no lo sea, tampoco será adecuada para Twitter. Siempre he pensado que en Twitter, como en un escenario, se puede hacer cualquier cosa con respeto y delante del público adecuado», establece durante una entrevista mantenida para la elaboración de este libro Iván Rodríguez (@Twittboy), director de operaciones de Pirendo y experto en Twitter.

Además de prudencia y sentido común (las dos claves fundamentales a la hora de utilizar cualquier red social, no sólo Twitter), se puede dar también una serie de consejos que nos ayudarán a conseguir tuits más exitosos y aumentar, casi con toda seguridad, nuestra cuenta de seguidores.

Nueve consejos para triunfar al tuitear

1. **Brevedad.** Los tuits deben ser cortos y concisos, porque así consigues transmitir mejor tus ideas. La longitud ideal se sitúa entre los 70 y los 100 caracteres. Los mensajes que tienen esta extensión logran un 59 por ciento más de retuits. Por el contrario, los más breves son los menos retuiteados: sólo el 16 por ciento de los tuits con menos de 40 caracteres se comparte o se comenta.
2. **Corrección.** Yo diría que este es el consejo fundamental. A pesar de la brevedad que impone la plataforma, escribe con propiedad. No utilices el típico lenguaje de SMS, sin vocales, presta atención a los signos de puntuación y no abuses de las

mayúsculas, que en internet se consideran una elevación de la voz. Comprueba siempre la corrección ortográfica de tus mensajes, pocas personas están dispuestas a seguir a otras que no distinguen entre la b y la v o que cometen otras faltas al tuitear.

3. **Incluye enlaces.** Hemos comentado que lo importante en Twitter es «aportar». Si además de tus palabras proporcionas a tus seguidores el enlace a una noticia que te haya resultado interesante, una web que les pueda gustar... estarás ofreciéndoles más valor. Al incluir el enlace, Twitter utiliza automáticamente su acortador de URL para que no ocupes tantos caracteres y puedas añadir tu comentario si lo deseas.
4. **Imágenes y vídeos.** De la misma manera que con los enlaces, al incluir fotografías o contenidos en vídeo adjuntos a tu mensaje, estás proporcionando más valor a las personas que te siguen. Además, según las estadísticas, los tuits que incluyen elementos audiovisuales se comparten un 60 por ciento más que los que no los tienen.
5. **Menciona, responde, retuitea.** Como ya hemos visto, puedes mencionar a usuarios que sean influyentes para obtener su respuesta o su retuit y lograr que tu mensaje se comparta más. También debes responder a otros usuarios y retuitear contenido que te resulte útil para que lo conozcan tus seguidores. Para lograr que otros retuiteen tus mensajes, tú también debes mostrar que estás dispuesto a compartir contenidos de otros. Eso sí, no retuitees por retuitear, hazlo sólo cuando un contenido te parezca relevante.
6. **Sé constante.** No hay un número máximo ni mínimo recomendado de mensajes que se deban enviar al día o a la semana. Tuitea cuando tengas algo que decir, te motive dar alguna respuesta..., y si no se te ocurre nada, no te fuerces a escribir. El criterio que debes seguir es claro: la calidad de lo que se comparte y su relevancia. Tampoco te preocupes

si un día envías muchos mensajes, los tuiteros están acostumbrados a ello, y la mayoría no los leen todos, sólo los que coinciden que pasan por su *timeline* cuando están en la plataforma. Preocúpate sobre todo por aportar valor y, en cierta medida también, porque tu perfil no parezca abandonado. Si alguien lo visita y no has tuiteado desde hace meses, posiblemente no encuentre motivo alguno para seguirte.

7. **Cuándo publicar.** Es muy difícil establecer en qué momento del día hay más posibilidades de que un mensaje sea leído por más usuarios o sea más compartido. No es algo que te deba obsesionar. Hay quienes aseguran que durante los días laborables, en horario de oficina y sobre todo por las mañanas se registra más actividad en Twitter. Otros afirman que es por la noche, cuando los usuarios tienen más tiempo libre y utilizan la red social al mismo tiempo que, por ejemplo, ven la televisión, cuando están más predispuestos a comentar. Esto no es una ciencia exacta, así que, como usuario, lo mejor es que compartas tus contenidos cuando sientas que tienes algo que comentar, o cuando te apetezca responder a otro usuario.
8. **Marca tuits como favoritos.** Si un mensaje compartido por otro usuario te resulta interesante y crees que querrás consultarlo más tarde, quizá porque incluye un enlace que en ese momento no puedes leer, puedes marcarlo como favorito y, desde tu perfil, consultarlo en cualquier momento pulsando sobre la pestaña «Favoritos».
9. ***Hashtags.*** Utiliza los *hashtags* convenientemente. El 20 por ciento de los mensajes que los incluyen son retuiteados. Son, posiblemente, la mayor seña de identidad de Twitter tanto dentro como fuera de la plataforma y sirven para ordenar la conversación. Por su importancia, merecen que les dediquemos un apartado propio, será el siguiente.

«Los mejores tuits comparten momentos significativos, grandes y pequeños. Cita a otros usuarios, comparte fotos de tu mascota, incluye vídeos de hasta 30 segundos directamente desde Twitter en el móvil. Si piensas que es interesante, es probable que para tus seguidores también lo sea. Contenido único, en tiempo real y generado tanto por personas conocidas como por individuos anónimos de cualquier parte del mundo es lo que hace único a Twitter», puntualiza Alex Gibelalde, director de marketing de Twitter España.

4.7. Cómo utilizar los *hashtags*

Como acabamos de comentar, los *hashtags* han transcendido a Twitter y se han convertido en elementos de uso cotidiano fuera de la plataforma de *microblogging*. No hay más que ver cualquier programa de televisión. La mayoría de los espacios ya tienen su *hashtag*, con el que los espectadores pueden unirse a la conversación sobre ellos en Twitter.

Pero a pesar de que se han popularizado enormemente, a muchos usuarios les cuesta todavía utilizar los *hashtags* con corrección. Su uso es altamente recomendable, puesto que incrementan mucho la interacción. De hecho, se calcula que hasta un 20 por ciento de los mensajes que incluyen *hashtag* son retuiteados.

En castellano los traduciríamos como «etiquetas», y con ellos se pone orden a la gran cantidad de contenido que se comparte en Twitter. Al anteponer el símbolo de la almohadilla (#) a una palabra la convertimos en *hashtag*. Así permitimos que un usuario que pulse sobre ella acceda a una página en la que se muestran otros tuits que también la incluyen. Es decir, son tuits de la misma temática.

Los *hahstags* pueden usarse para temas genéricos, como #fútbol, #deporte o #periodismo, pero también para agrupar todos los tuits que los usuarios comparten sobre un determinado acontecimiento (#Olimpiadas2016, #CopadelRey, #Fitur...) o para reunir todos los mensajes que giran en torno a una misma temática. Por ejemplo, tras el asesinato en enero de 2015 de doce personas en el asalto al semanario *Charlie Hebdo* en Francia, los tuiteros comenzaron a utilizar de manera espontánea el *hashtag* #JeSuisCharlie para identificar todos los mensajes relacionados con el suceso, y se convirtió en una muestra de condolencia y solidaridad.

Como podemos ver, utilizar Twitter supone convivir con el uso de los *hashtags*. Pueden ser muy beneficiosos, pero un mal uso de los mismos puede producir el efecto contrario al deseado (aumentar la interacción y ordenar las conversaciones). Veamos unos consejos para optimizar su uso.

Nueve pistas para sacar más partido a los hashtags

1. **Contextualiza.** Incluye un *hashtag* para enmarcar tu contenido dentro de una temática. Ayuda a quienes leen el tuit y sirve para que otras personas interesadas en ella puedan encontrarlos, lo que aportará más visibilidad a tus mensajes. Ejemplo: «Está a punto de comenzar el partido entre el @ realmadrid y la @U_D_Almería #Fútbol #LaLiga» (en este caso, además, estamos realizando menciones de las cuentas oficiales de los equipos).
2. **Utiliza *hashtags* reconocibles.** Antes de crear tu propio *hashtag*, busca en Twitter si los usuarios ya están utilizando alguno sobre este tema. Esto servirá para enmarcar tu mensaje dentro de una conversación ya existente y para que no quede aislado. Si todo el mundo usa el *hashtag* #LaLiga, deberías utilizar ese, porque si pones #LigadeFútbolProf es posible que tenga mucho menos impacto y al pulsar sobre él prácticamente no se arrojen otros resultados.
3. **Emplea *hashtags* oficiales**. En actos y conferencias es ya una práctica común establecer un *hashtag* oficial. Usándolo, lograrás que tus mensajes obtengan mayor visibilidad, ya que podrán llegar a personas que no te siguen pero que buscan el contenido que se publica bajo ese determinado *hashtag*.
4. **Crea tus propios *hashtags*.** Lo expuesto en los anteriores consejos no quiere decir que no nos sintamos libres de crear

nuestros propios *hashtags*. Esto nos será muy útil si estamos organizando un acto o queremos hablar de un determinado tema de actualidad. Si elegimos un *hashtag* adecuado, otros usuarios comenzarán a utilizarlo. Por ejemplo, para organizar la conversación en Twitter en torno a este libro he creado el *hashtag* #ComoTriunfarRRSS.

5. **Brevedad.** Recuerda que los *hashtag* están compuestos por caracteres que se cuentan dentro de los 140 que tienes disponibles al enviar el mensaje, por eso se recomienda concisión y brevedad. #Laligadefutbolprofesional no sería un *hashtag* recomendable, pues nos obligaría a emplear 26 caracteres de los 140 que tenemos, reduciendo el espacio para el mensaje en sí.
6. **Usa mayúsculas y minúsculas.** Cuando escribas un *hashtag* compuesto por dos palabras o más, es conveniente poner en mayúsculas la primera letra de cada palabra, pues así facilitas la identificación y la lectura a los usuarios. Por ejemplo: #CuartoPoder, #RealMadrid.
7. **Utiliza *hashtags* reconocibles.** Si los usuarios que leen tu mensaje no saben a qué hace referencia el *hashtag*, no tiene sentido incluirlo. Imagina un tuit que incluyese el *hashtag* #GASRDAC, ¿quién sabe a qué se refiere?
8. **No abuses de los *hashtags*.** #No #uses #un #hashtag #para #cada #palabra. Utilízalos únicamente cuando sea necesario y puedan aportar valor. En este ejemplo..., ¿qué puede aportar el *hashtag* en la palabra «#para»? Nada. Como norma general, incluye un único *hashtag*, como mucho, dos, en un mismo tuit. Si pones muchos en un mismo mensaje puedes llegar a confundir al usuario o lograr que se canse.
9. **No utilices *hashtags* equívocos.** Si lo que vas a compartir no tiene relación con la temática de las etiquetas más populares en Twitter en un determinado momento, no las incluyas sólo para que la gente que busca por esos términos pueda encontrar tu mensaje. Esto puede enfadar a muchos usuarios e incluso alguno podría denunciarte por *spam*.

4.8. ¿Qué son las tendencias y los *trending topics*?

Las tendencias son los temas más populares del momento en Twitter (también se denominan *trending topics*, término cuyo uso, como el de *hashtag*, ha trascendido más allá de la red de *microblogging*). Se muestran en distintos lugares de Twitter: en la página de inicio del usuario, en el lateral izquierdo de su perfil, en la columna derecha en el área de «Notificaciones» y también en la de «Descubre». A estas dos últimas se accede desde la barra de navegación superior de Twitter.

La compañía determina mediante un algoritmo de funcionamiento «secreto» cuáles son las tendencias del momento, teniendo en cuenta sobre todo que sean temas de los que no se había hablado antes y sobre los que, en un instante determinado, muchos usuarios de la plataforma hayan comenzado a publicar comentarios.

Las tendencias se muestran, por defecto, personalizadas para el usuario. El algoritmo de Twitter tiene en consideración las cuentas que se siguen en la plataforma y la localización geográfica del tuitero para mostrarle los temas más populares en ese momento. El objetivo es ayudarle a descubrir temas de discusión en Twitter que pudieran interesarle.

También puedes ver las tendencias por localización geográfica. Es decir, cuáles son los temas más populares entre los usuarios que residen en una determinada zona. Pulsando sobre el enlace «Cambiar» que se incluye en cualquier caja de tendencias (sea cual sea su ubicación en Twitter) puedes seleccionar que se muestren los *trending topics* mundiales (los diez temas que son tendencia en ese momento en el mundo), los *trending topics* nacionales (en España o en cualquier otro país) y también *los trending topics* en algunas ciudades (en España están disponibles, además de Madrid y Barcelona, una decena más de localizaciones).

Al pulsar sobre uno de esos *trending topics* (que pueden incluir *hashtag* o no, eso depende únicamente de cómo estén usando mayoritariamente los usuarios los términos que son tendencia en ese momento), accederás a un listado cronológico en el que se muestran todos los tuits que incluyen esa frase o etiqueta que es tendencia. Si tú envías un tuit que también la incluya, tu mensaje aparecería en el listado.

Para evitar que algunos usuarios puedan conseguir manipular los listados de *trending topics* (para las marcas, eventos... puede resultar muy beneficioso convertirse en tendencia, por la enorme difusión que eso les supondría si fuera de contenido positivo), Twitter establece una serie de reglas que tratan de controlar cualquier uso fraudulento.

La red de *microblogging* amenaza con excluir su cuenta de las búsquedas en la plataforma (o incluso con llegar a suspenderla) a aquellos usuarios que añadan a sus mensajes temas y etiquetas sin relación para acaparar más atención, o que publiquen tuits con la misma etiqueta de forma repetida sin aportar valor, sólo para tratar de convertirlo en tendencia y aumentar su popularidad.

De la misma manera, también se penaliza mencionar un *trending topic* junto con una solicitud a los usuarios para que sigan tu cuenta, así como con un enlace engañoso o que dirija visitas a tu perfil o tu página web con fines publicitarios.

4.9. Sistema de notificaciones y mensajes directos

No hemos prestado excesiva atención hasta ahora a dos de los enlaces incluidos en la barra de navegación superior de Twitter, el de «Notificaciones» y el de «Mensajes». Ambos son importantes a la hora de sacar el máximo partido a todas las funcionalidades que pone a nuestra disposición la red de *microblogging*.

Al pulsar sobre «Notificaciones» accedes a un *timeline* cronológico en el que se muestran todas las interacciones que los usuarios han tenido contigo: las menciones que te han hecho en sus mensajes (incluyendo @tuusuario), los tuits que has enviado y que han marcado como favoritos, las personas que han comenzado a seguirte... Estos resultados se pueden filtrar para ver los de todas las personas que usan Twitter o sólo los de aquellas personas a las que sigues (la selección se realiza bajo el título «Notificaciones», eligiendo «Todo» o «Personas a las que sigues»).

En la parte izquierda de la pantalla también se puede seleccionar, junto a «Notificaciones» (que se muestra por defecto), la pestaña «Menciones». Al pulsar sobre este enlace, en la parte central se muestran únicamente las menciones que han realizado de tu perfil todos los usuarios de la red o sólo aquellos a los que sigues. Es decir, no se muestran los mensajes que han sido marcados como favoritos o las personas que han comenzado a seguirte.

Por otra parte, en el enlace «Mensajes» de la barra de navegación superior se gestiona el sistema de mensajería directa de la plataforma. También conocidos como DM, los mensajes directos son aquellos que se envían para mantener conversaciones privadas con un solo usuario o, desde enero de 2015,[77] también con grupos de usuarios.

Mientras sólo puedes enviar mensajes directos a aquellos usuarios que te siguen, sí que podrás recibir mensajes de cualquier tuitero al que tú sigas. En el caso de los mensajes de grupo, tan sólo puedes enviárselos a personas que te siguen (selecciona varios nombres de destinatario y con eso ya estarás creando un mensaje grupal), aunque el resto de las personas participantes en la conversación sí pueden invitar a sus seguidores (aunque tú u otros miembros del grupo no los sigáis) y todos estaréis participando en la conversación. Debes tener en cuenta que el número de miembros que como máximo puede tener un mensaje de grupo es de veinte. Pulsando sobre el icono de los tres puntos suspensivos, puedes agregar a nuevas personas, editar el nombre del grupo, desactivar las notificaciones o abandonarlo, si quisieras.

Como curiosidad, puedes compartir fotos, vídeos e incluso un tuit dentro de un mensaje directo (esto te servirá, por ejemplo, si quieres enviarle a un usuario el mensaje que has compartido en el general, o un mensaje interesante que hayas visto con un enlace). Para hacer esto, debes pulsar sobre el icono de los puntos suspensivos situado en

77. http://www.trecebits.com/2015/01/27/twitter-lanza-los-mensajes-directos-a-grupos/

la parte inferior derecha del tuit y en el menú de opciones que aparece, seleccionar «Compartir por mensaje directo». Incluso puedes añadirle un comentario si lo deseas.

Ten en cuenta que los mensajes directos también están sujetos a la misma limitación de caracteres que los tuit, por lo que si quieres enviar un contenido más largo tendrás que dividirlo en varios DM. Hay otra limitación: cada usuario sólo puede enviar mil mensajes directos al día. Alguien que utilice la plataforma sin un fin lucrativo difícilmente superará esta cantidad. También es necesario advertir que enviar DM duplicados a muchos usuarios se puede considerar *spam*. Si esto ocurre, Twitter te penalizará y tendrás que esperar al menos treinta minutos para poder volver a enviar otro mensaje directo.

Por último, a la hora de enviar un mensaje directo cerciórate de que se lo estás enviando al usuario o grupo de usuarios al que se lo querías mandar. Es un error muy común —y causa de importantes discusiones entre amigos o usuarios de la plataforma— enviar un contenido privado sin querer a todos los seguidores al publicar el mensaje de forma abierta en el *timeline*.

4.10. Otras funcionalidades: Listas, atajos de teclado y analíticas

Cada minuto se envían en Twitter más de 433.000 mensajes,[78] lo que supone alrededor de 1.560 millones de tuits al día. Es tal el caudal de información que uno de los principales problemas en la red de *microblogging* es el ruido, entendido como la imposibilidad de escuchar todo aquello que publican los usuarios a los que seguimos.

Para establecer un poco de orden, son útiles las listas de usuarios, porque permiten crear grupos de tuiteros a los que seguimos clasificándolos por algún criterio concreto (geográfico, temas de inte-

78. http://www.trecebits.com/2015/01/22/que-ocurrio-en-internet-durante-un-minuto-en-2014-infografia/

rés que tratan, oficio...). Puedes crear las tuyas o empezar a seguir otras que otras personas hayan configurado ya.

Al acceder a una lista verás únicamente la cronología de actualizaciones que han realizado los miembros de la listas, por lo que es más difícil perderse contenidos. Ten en cuenta que las listas sólo sirven para leer los tuits compartidos por las personas que las integran, y que no hay posibilidad, por ejemplo, de enviar un mensaje a todos los miembros de una lista.

Para crear una lista debes pulsar en el icono de perfil en la barra de navegación superior y en el menú desplegable, pulsar en «Listas». Como ya vimos en el punto 4.5.4 también puedes ir a la página de tu perfil y pulsar en el número de «Listas» que ya tienes creadas.

Con ambas opciones llegas a la página de listas, donde debes pulsar sobre el botón «Crear lista», situado en la parte derecha de la pantalla. Deberás consignar el nombre de la lista (en menos de 25 caracteres y, como curiosidad, no está permitido iniciar el nombre con un número), incluir una pequeña descripción y señalar si quieres que la lista sea privada (sólo para ti) o pública, permitiendo así que cualquier otro tuitero se suscriba a ella.

Para añadir a personas a las listas debes acudir a su perfil y sobre el icono que imita a una tuerca, seleccionar agregar a lista y pulsando marcar todas aquellas listas en las que le quieres incluir. También en el perfil de ese usuario puedes ver sus listas (tanto las que ha creado como aquellas en las que está incluido) y comenzar a seguir aquellas que te interesen. La misma opción tienes en tu propio perfil, donde podrás ver y gestionar todas tus listas creadas y al pulsar en «Miembro de», conocer todas las listas donde otros usuarios te han incluido.

Como curiosidad, debes saber que cada lista tiene una dirección web única. Pulsando sobre el nombre de una lista accedes a la cronología con todas las actualizaciones de los usuarios que la forman y desde esa página, puedes copiar la URL propia de la lista que se encuentra en la barra de direcciones del navegador. Así podrás compartirla con otras personas.

Pulsando sobre el icono de perfil en la barra de navegación de Twitter también llegarás a un apartado que se llama «Atajos de teclado». En realidad, no es más que una página en la que se muestra la manera que tienes de navegar con mayor rapidez por las distintas páginas y funcionalidades de Twitter. Por ejemplo, si pulsas la letra «n» al tener abierto Twitter, se abre una ventana en la que puedes escribir un nuevo tuit. Esto ocurre te encuentres en la parte de Twitter en la que te encuentres.

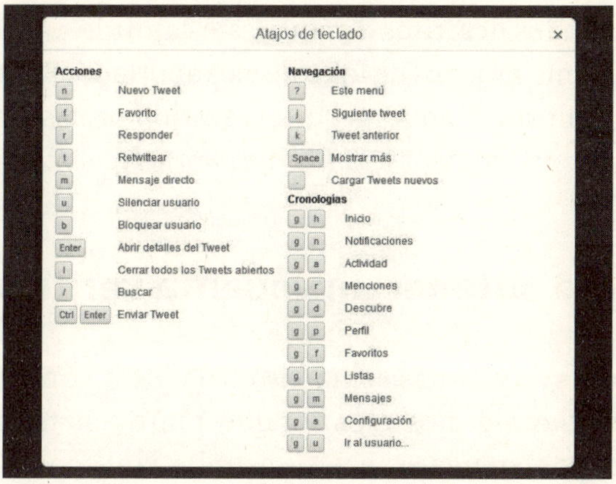

Por último, entre las opciones de ese menú que aparece cuando pulsas tu foto de perfil en la barra de navegación de Twitter también encontrarás la posibilidad de acceder a las estadísticas de tus mensajes. Resulta interesante para conocer el alcance de tu actividad en la red de *microblogging*, ya que te permite ver el número de impresiones de cada tuit (las veces que ha sido mostrado a otros usuarios), las interacciones que ha recibido, la tasa de interacción... Además puedes descargar un informe y exportar estos datos a otras plataformas, como Excel, por ejemplo.

En el apartado de «Seguidores» se ofrece información acerca de las personas que están interesadas en tus publicaciones: países de donde proceden, intereses que manifiestan, género, a quién siguen también en Twitter...

Para un usuario corriente, navegar por estos datos le servirá para satisfacer su curiosidad. Si estuvieses manejando la cuenta corporativa de Twitter de una marca o empresa, toda esta información te resultaría tremendamente valiosa a la hora de fijar tu estrategia en la red de *microblogging*.

Pero no ahondaremos en este libro en el uso corporativo de Twitter ya que esa tarea debe desarrollarla un *community manager* o una persona específicamente formada para ello, aunque si queremos crear una cuenta para nuestro pequeño negocio, nuestro equipo de fútbol o nuestra asociación, los pasos para crearla y configurarla son exactamente iguales a los descritos durante este capítulo para una cuenta personal, así como muchos de los consejos aportados. De todas maneras, para más información respecto a la gestión profesional de las redes sociales, recomendamos leer *El gran libro del community manager*.[79]

4.11. Cómo obtener una cuenta verificada

Cuando uno lleva ya unas semanas en Twitter comienza a darse cuenta de que hay algunos usuarios que, junto a su nombre, bajo la foto de perfil, poseen una especie de estrella azul con un símbolo de un *tick* blanco. Ese icono identifica a quienes poseen una cuenta de Twitter verificada y es una distinción a la que no puede acceder cualquiera.

Generalmente, los usuarios que poseen esa insignia azul son personajes populares a los que Twitter les concede la marca para que el

79. *El gran libro del community manager*, publicado por Gestión 2000 (Grupo Planeta, 2014), y escrito también por Manuel Moreno, autor de *Cómo triunfar en las redes sociales*.

resto de los tuiteros sepan que se encuentran ante su cuenta oficial. Es un modo de verificar la autenticidad de la identidad de los usuarios populares.

Aunque muchos se preguntan cómo pueden hacer para que su cuenta sea verificada, en la actualidad este es un proceso que no se puede solicitar, sino que tiene que ser la compañía, por iniciativa propia, la que lo conceda a quien considere oportuno.

Twitter suele seleccionar a los usuarios más buscados en distintas áreas como la política, la música, la religión, el periodismo o los deportes y les otorga la verificación para que no haya duda sobre la persona que hay detrás del perfil.

Los criterios para conceder la distinción no se conocen de manera exacta, la compañía asegura que los actualiza constantemente y que en el proceso de selección de los usuarios cuenta sobre todo la popularidad y no se valoran otras cuestiones como puede ser el número de usuarios que siguen una cuenta o el número de mensajes que haya enviado el usuario desde que se dio de alta en el servicio.

La compañía pide paciencia a quienes crean que merecen tener una cuenta verificada y asegura que, si cumplen los requisitos, en algún momento se pondrán en contacto con ellos para proporcionarles la insignia. Mientras tanto, les recomienda, como modo alternativo para demostrar la autenticidad de su cuenta, que vinculen su perfil de Twitter con su web oficial a través de la colocación del botón de seguimiento en su página.

El botón de seguimiento es una herramienta que se puede obtener a través de la pestaña «Widgets» en el menú configuración (al que se accede al pulsar sobre la foto de perfil en la barra de navegación superior) y que permite incluir, mediante la inclusión de un código HTML en la página, un botón que indica el número de seguidores de la cuenta y enlaza con ella, invitando a convertirse en *follower* a todo aquel que visita la web.

Este proceso puede no resultar demasiado sencillo para un usuario corriente de internet (que quizá no tenga ni web personal propia) y tampoco garantiza que se vaya a recibir en el futuro la verificación de la cuenta de Twitter.

Por eso, para tratar de confundir a otros usuarios, hay quienes utilizan indebidamente la insignia azul y la colocan dentro de su foto de perfil o en la imagen de cabecera de su cuenta, usando programas de retoque fotográfico como puede ser Photoshop. Esto está expresamente prohibido por Twitter, que suspenderá de manera permanente a cualquier usuario que realice un uso fraudulento del icono de cuenta verificada.

Como curiosidad, al acceder a la cuenta de un usuario verificado, podrás ver su cronología de mensajes compartidos de dos maneras: una que muestra todos los tuits enviados y otra que no incluye las respuestas que da a otros usuarios. Twitter entiende que un personaje popular puede utilizar la cuenta para responder a los muchos comentarios que le envían otros tuiteros y estos mensajes impedirían a los visitantes ver otros de mayor interés.

Por su parte, los propietarios de las cuentas verificadas tienen algunas funcionalidades adicionales habilitadas, como la posibilidad de elegir recibir mensajes directos (MD) de todos los seguidores desde la pestaña de configuración de la cuenta o un apartado de analíticas extendido, que incluye datos y características de sus tuits y la interacción con sus seguidores.

Por último, conviene saber que si un tuitero con cuenta verificada cambia su nombre de usuario en Twitter o «cierra» su cuenta para proteger sus tuits, perderá la insignia que acredita su identidad y deberá esperar a una nueva revisión para volver a recibirla.

4.12. Uso de Twitter desde el teléfono móvil

Cada vez más usuarios utilizan Twitter desde su teléfono o su tableta. El 41 por ciento de los tuiteros españoles entra regularmente a la plataforma a través de su móvil, y el 32 por ciento lo hace desde la tableta, según los datos publicados en la VI Oleada del Observatorio de Redes Sociales de la IAB.[80]

80. VI Oleada del Estudio sobre Redes Sociales de la IAB, enero de 2015. http://www.iabspain.net/wp-content/uploads/downloads/2015/01/Estudio_Anual_Redes_Sociales_2015.pdf

A Twitter puede accederse desde el navegador del teléfono móvil, pero también cuenta con aplicación propia gratuita para Android y para dispositivos iOS (iPhone y iPad). Para descargarlas es necesario poseer conexión a internet y acceder a la tienda de aplicaciones de Google Play o Apple Store. También cuenta con aplicaciones para Windows Phone y otros sistemas operativos móviles.

Una vez instalada la *app* correspondiente en el dispositivo móvil, tan sólo debemos iniciar sesión con nuestro mismo nombre de usuario y contraseña, tal como lo haríamos si estuviéramos usando twitter.com desde el ordenador.

Prácticamente todas las funcionalidades descritas a lo largo de este capítulo están disponibles también en las aplicaciones oficiales de Twitter para móvil y para iPad. Se pueden desarrollar las mismas acciones: escribir y compartir tuits, retuitear, descubrir otros usuarios, enviar mensajes directos..., aunque obviamente la apariencia de los menús y la ubicación de los distintos *widgets* y enlaces cambia para adaptarse a la pantalla de menor tamaño de móviles y tabletas. Sin embargo, la experiencia de usuario a la hora de practicar el *microblogging* es muy similar.

El hecho de utilizar Twitter desde el teléfono móvil también puede suponer enriquecer los mensajes que se comparten, ya que las aplicaciones incorporan una serie de funciones adicionales que no se pueden disfrutar al tuitear desde el escritorio, sobre todo en lo que a contenidos audiovisuales se refiere.

Por ejemplo, cuando quieras publicar un tuit e incluir una fotografía que has tomado con el móvil, tendrás la posibilidad de editarla desde el propio teléfono e incluso aplicarle distintos filtros a la imagen para mejorar su apariencia, como si usaras Instagram. También puedes etiquetar a personas en la foto una vez modificada e incluso establecer el lugar donde ha sido tomada antes de compartirla con todos tus seguidores.

Twitter también permite, desde hace sólo unos meses, grabar vídeo desde su propia *app* móvil.[81] Al ir a escribir un tuit y pulsar

81. http://www.trecebits.com/2015/01/28/twitter-permite-grabar-videos-de-hasta-30-segundos-con-su-app-movil/

sobre el icono de la cámara puedes optar entre tomar una fotografía o un vídeo, que podrás editar antes de ser compartido en forma de tuit. La aplicación permite adjuntar grabaciones de hasta 30 segundos en cada tuit, lo que amplía considerablemente la duración máxima permitida en otras *apps* (Vine permite compartir vídeos de seis segundos como máximo e Instagram, de quince segundos).

Otra de las pequeñas cosas que puedes hacer desde la pantalla táctil del teléfono móvil es mantener pulsado un tuit para que aparezca un menú con opciones para enviarlo por DM, denunciar su contenido o silenciar a su autor, entre otras posibilidades.

4.13. Cómo borrar el perfil de Twitter

Antes de eliminar por completo el perfil de Twitter sería recomendable que descargaras todo tu historial en la red de *microblogging*. Como vimos en el apartado 4.4, pulsando sobre el icono con nuestra foto de perfil que se sitúa en la parte derecha de la barra de navegación superior y accediendo al menú «Configuración», en el apartado «Cuenta» encontrarás esa opción.

Al solicitar el archivo, Twitter recopilará toda la información compartida en la plataforma desde el día en que te inscribiste y te enviará por email un enlace cuando esté lista para su descarga. Esta acción puede tardar un tiempo, incluso horas, si has sido un usuario intensivo de la red de *microblogging*.

Si estás decidido a borrar tu cuenta en Twitter, encontrarás el enlace para solicitarlo justo debajo del que sirve para pedir el archivo con el historial. Al pulsar sobre «Desactivar la cuenta», Twitter avisa expresamente de que conservará los datos del usuario durante treinta días.

Si transcurrido este plazo no se ha solicitado la reactivación de la cuenta (para hacerlo, basta con iniciar sesión de nuevo utilizando el nombre de usuario y contraseña habitual), se elimina permanentemente el perfil.

Podría ser, eso sí, que en los resultados de búsqueda de Google apareciera indexado algún contenido que el usuario hubiera compartido en Twitter. La red de *microblogging* avisa expresamente de que no tiene control sobre esto y para solicitar la eliminación de ese contenido habría que ponerse en contacto directamente con el buscador.

5. Cómo triunfar en LinkedIn

LinkedIn es, con seguridad, la más antigua de todas las redes sociales que utilizamos mayoritariamente en la actualidad. Fue lanzada en mayo de 2003 y, con más de 300 millones de usuarios activos al mes (de ellos, casi 7 millones se encuentran en España), se ha convertido en la red profesional por excelencia. Ni siquiera Viadeo —con fuerte implantación en Francia— ni Xing, que cerró en España a finales de 2010[82] y está muy centrada ahora en el mercado alemán, han conseguido plantarle cara en sus respectivos países, y mucho menos a nivel internacional.

¿Por qué deberíamos abrirnos un perfil profesional en LinkedIn? En primer lugar, porque se trata de una herramienta clave para construir eso que hemos venido a llamar «marca personal» en el segundo capítulo de este libro. Si queremos potenciar la imagen que internet refleja de nosotros como profesionales debemos contar con un perfil en LinkedIn actualizado y bien configurado, ya que puede ser nuestra mejor carta de presentación a modo de currículum vítae.

«LinkedIn nació con el objetivo de crear o ampliar tu red de contactos profesionales, pero ha ido mucho más allá para convertirse también en una herramienta de promoción y búsqueda de trabajo. Hoy día sigue evolucionando y creo que sin importar en qué sector o área te muevas, si quieres ganar visibilidad en tu sector, es una red en la que debes estar y participar», apunta durante una entrevista Ivo Campos, online marketing manager de Augure.

En definitiva, LinkedIn es mucho más que un CV online, como veremos, y se le puede sacar mucho rendimiento a las herramientas y

82. http://www.trecebits.com/2010/12/22/xing-se-reenfoca-y-reduce-el-equipo-en-espana/

funcionalidades que presenta. En los doce años que han transcurrido desde su fundación, se ha posicionado como la principal red social para los negocios y sirve para establecer contacto con profesionales y colegas de profesión que se encuentran en cualquier parte del mundo, así como para buscar formas de colaboración conjunta. Además, miles de responsables de recursos humanos la utilizan cada día para encontrar talento para sus organizaciones.

Según la compañía, existen más de dos millones de ofertas de empleo publicadas en LinkedIn en la actualidad, por lo que si el objetivo de estar en LinkedIn es encontrar un empleo o buscar una nueva oportunidad profesional, resulta básico contar con un perfil de calidad que sea lo más visible posible para otros miembros de la plataforma y que aproveche al máximo las conexiones que se pueden establecer con el resto de los usuarios de la red.

«LinkedIn es el comercial perfecto, ese amigo que te presenta al director general de una empresa o al menos te pega el chivatazo de quién es. Su base de datos, que nadie puede proporcionarte de manera tan sencilla, es su principal fortaleza», señala a lo largo de una entrevista Sandra Domínguez, social media strategist.

5.1. Cómo crear un perfil de LinkedIn

Al acceder a la página de inicio de LinkedIn, la red profesional incita al visitante a abrirse una cuenta destacando que es gratis y que no se tardarán más de dos minutos. Aunque en cierto modo es así y en pocos segundos podrás convertirte en usuario de la red profesional, la realidad es que necesitarás emplear más tiempo para configurar correctamente el perfil, pero es algo que merece la pena. Vayamos por partes.

En este primer paso, LinkedIn sólo te solicitará nombre, apellidos, un correo electrónico y una contraseña. No tiene ningún sentido que en esta red social no uses tu nombre real y optes por un pseudónimo. Recuerda que se trata de una plataforma profesional en la que buscarás oportunidades de negocio o simplemente tu desarrollo como ex-

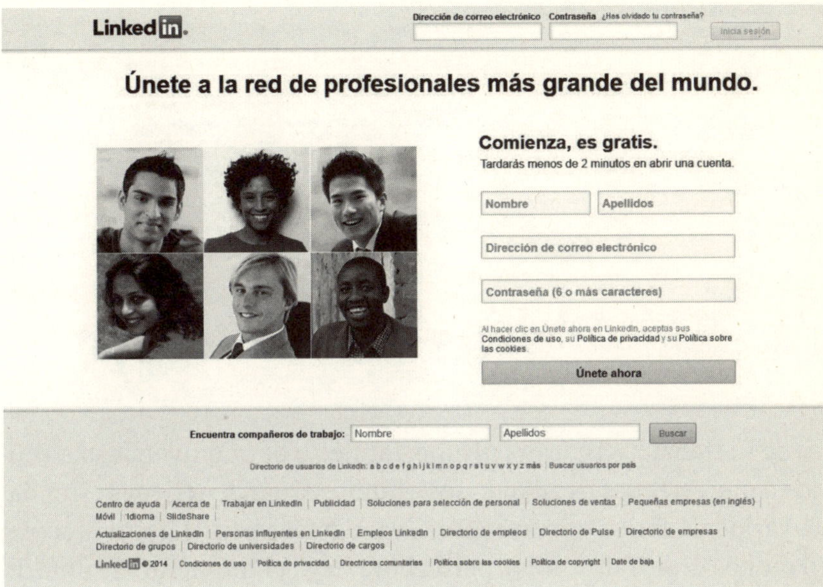

perto en tu sector, por lo que no deberías ocultar tu verdadera identidad, como no lo harías en el encabezado de tu currículum tradicional. Además, si no incluyeras tu nombre verdadero, estarías incumpliendo una condición de uso de la red social, por lo que tu cuenta podría ser cerrada en cualquier momento.

LinkedIn avisa de que al pulsar sobre el botón de «Unirse ahora» ya estás aceptando las Condiciones de Uso y las Políticas sobre Privacidad y *cookies* que tiene la compañía. Como la mayor parte de los usuarios no se detiene a leer esas condiciones, pero conocerlas es más que importante para el buen uso de la plataforma, en el siguiente apartado de este capítulo profundizaremos sobre los puntos y especificaciones a los que se está dando consentimiento al aceptar la creación del perfil. Si no estás de acuerdo con lo que en ellos se expone, lo mejor es no que no te unas a LinkedIn.

Si optas por pulsar el botón de «Unirse ahora», la red profesional te solicita que incluyas tu país y tu código postal, así como la situación laboral en la que te encuentras: si tienes empleo, buscas uno o estás estudiando. Dependiendo de la opción elegida te pedirá los da-

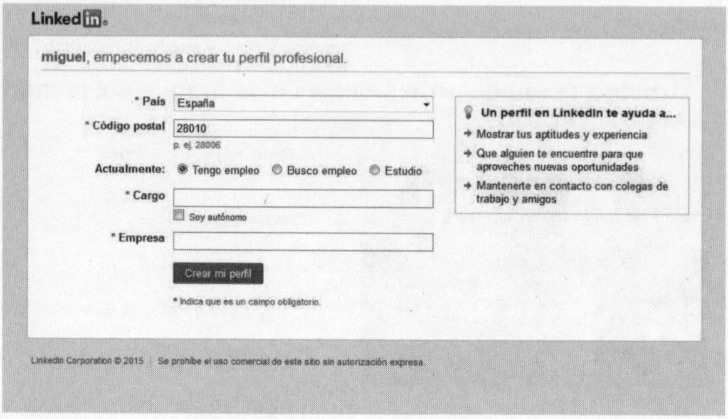

tos de tu trabajo actual, del último empleo o de la universidad o centro en que estás desarrollando tus estudios. Cuando rellenes estos datos ya podrás darle a «Crear cuenta» y tendrás tu perfil (efectivamente, en menos de dos minutos), pero ahora llega el momento de dotarlo de contenido y configurarlo con propiedad.

En el siguiente paso, LinkedIn te solicita añadir tu cuenta de correo electrónico bajo la frase «Amplía tu red en LinkedIn». Esto puede resultar confuso, ya que no queda claro lo que va a ocurrir. Al incluir el email la compañía busca, entre tus contactos, otras personas que se encuentran ya inscritas en LinkedIn y te las sugiere para que conectéis. Antes, este apartado se denominaba «Averigua a quién conoces ya en LinkedIn», pero con el cambio de nombre la intención queda menos clara.

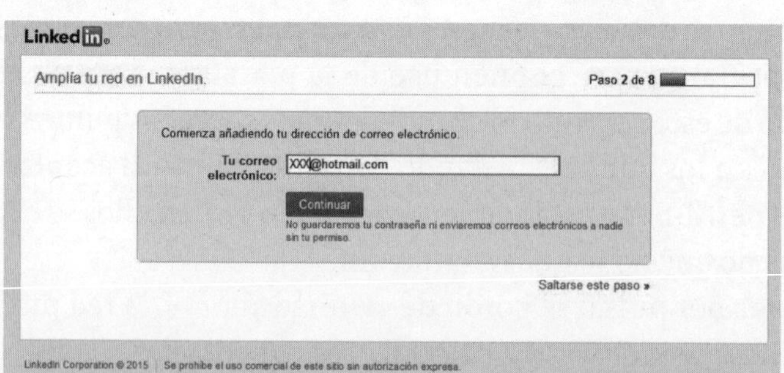

Al introducir la dirección, se solicitan las claves de acceso al email, pero LinkedIn señala claramente que no conservará los datos de la contraseña y asegura que no enviará comunicaciones a los contactos del usuario sin su permiso. De todas maneras, tienes la posibilidad de no incluir tu correo y saltarte esto pulsando sobre el enlace ubicado en la parte inferior, pues no es un paso obligatorio.

LinkedIn te enviará un email a la dirección de correo que incluiste en la primera página para que verifiques tu identidad. Una vez que abras ese correo y pulses sobre el enlace, la red profesional «confirmará» que no eres un robot y podrás continuar configurando tu perfil, no sin antes acceder a una pantalla en la que LinkedIn te recomendará algunos usuarios a los que solicitar contacto. Esta página también se puede ignorar y accederás a otra en la que te solicitará tu número de teléfono (algo que también puedes saltar). Si lo introduces, te enviará un SMS con un enlace para que puedas descargarte su aplicación móvil en todos tus dispositivos.

Antes de poder acceder definitivamente a tu cuenta, LinkedIn te solicitará que elijas entre tener un perfil básico o una cuenta *premium*. La modalidad básica es gratuita y te permite crear el perfil, unirte a grupos y solicitar y buscar empleos. El resto de las funcionalidades estarán limitadas o completamente cerradas, sólo disponibles para quienes se abonen al servicio.

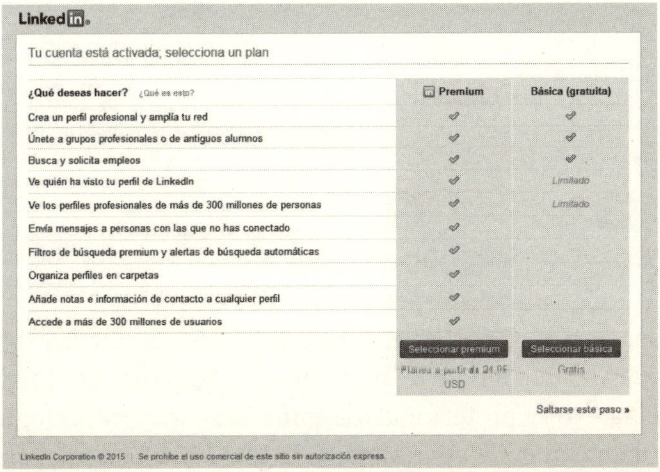

Más adelante, en el apartado 5.9, explicaremos las diferencias entre la cuenta gratuita y las distintas modalidades de pago que existen, pero en este momento —sobre todo si estás accediendo a LinkedIn por primera vez— te recomendaría que crees una cuenta básica, ya que será posible pasarte a una *premium* más tarde si lo consideras necesario.

Una vez decidido el tipo de cuenta con el que quieres comenzar tu andadura en LinkedIn, accederás ya a tu perfil, prácticamente vacío. La red social te hará una serie de preguntas —que aparecerán en la parte superior de la página— para guiarte en su confección.

Así, irá preguntando por la experiencia profesional (para que añadas los cargos que has desempeñado así como el tiempo de duración), las aptitudes y conocimientos, la educación e idiomas..., y te pedirá que subas una fotografía de perfil.

Este aspecto es importante, ya que la fotografía será la primera referencia visual que tendrá de ti quien visite tu perfil, por lo que debe ser cuidada y muy profesional (daremos las claves para elegir la mejor foto de perfil en el apartado 5.3 de este libro). La imagen puede subirse en formato .jpg, .gif o .png, pero no debe superar los 4MB de tamaño.

Introducidos estos datos, LinkedIn te dará la oportunidad de finalizar la creación de la cuenta o de añadir más información con más preguntas sobre proyectos de voluntariado, certificaciones profesionales, premios... Lo recomendable es dar por acabada la sesión y comenzar a configurar cada una de las áreas que componen el perfil. Eso lo veremos también en el capítulo 5.3, pero antes debemos entender qué supone la creación de la cuenta y a qué nos hemos comprometido, porque si no estás de acuerdo, lo mejor será no seguir adelante con tu andadura en esta red social.

5.2. ¿A qué me comprometo al crear un perfil en LinkedIn?

Durante el proceso de creación de una cuenta en LinkedIn, pocos son los usuarios que se detienen a leer las Condiciones de Uso[83] que están aceptando. Sin embargo, conviene que antes de avanzar tengas claro lo que supone proporcionar tus datos al servicio en el que te vas a inscribir y cuáles son las Políticas de Privacidad de la plataforma.

Puedes leer estos documentos desde el enlace situado en la propia página inicial de la red social y, además, en cualquier momento podrás acceder a ellos a través de los links que se encuentran en el *footer* (la parte inferior) de toda página de LinkedIn.

Al inscribirte en la red social estás aceptando sus Condiciones de Uso, así como sus Políticas de Privacidad (donde se detalla cómo recibe, almacena y comparte tu información personal). Como deja bien claro LinkedIn, estás suscribiendo un acuerdo jurídicamente vinculante al aceptar las condiciones, así que conviene, al menos, tenerlas en cuenta.

Si no quieres que tu cuenta sea cerrada, debes asegurarte de cumplir con los requisitos para crear un perfil, que son los siguientes:

83. https://www.linkedin.com/legal/user-agreement

- **Tener la edad mínima exigida para poder abrir un perfil.** Esta es de catorce años en España, Estados Unidos, Canadá, Alemania, Australia y Corea del Sur, mientras que en el resto de los países es de trece años. Sólo hay dos excepciones más, en la República Popular China se fija en dieciocho años, mientras que en los Países Bajos es de dieciséis. La plataforma indica expresamente que los niños menores de trece años no pueden utilizar el servicio.
- **Sólo puedes tener una cuenta y en ella debe figurar tu nombre verdadero.** Este es un requisito que no muchos usuarios conocen, pero únicamente puedes contar con un perfil profesional y la inclusión de pseudónimos o nombres no reconocibles en él implica la eliminación de la cuenta y la prohibición del uso de la plataforma.
- **No haber sido inhabilitado por LinkedIn para el uso de sus servicios** como consecuencia de un uso incorrecto anterior al haber incumplido las condiciones de uso de la herramienta. El usuario se compromete a usar la red social de manera profesional.

LinkedIn también señala de forma expresa, como obligaciones del usuario, escoger una contraseña difícilmente reconocible, no compartir su perfil con nadie, y cumplir la legislación vigente dentro de la plataforma, así como estar al corriente de los pagos si se opta por contratar servicios *premium*. La red profesional también indica que el usuario acepta mediante el uso de la plataforma recibir comunicaciones por correo o a través del teléfono móvil y reconoce que la información que comparta podrían verla otras personas.

Además, al abrir un perfil, estás adquiriendo —aunque no lo sepas— un compromiso con la compañía, en el que te comprometes a no llevar a cabo ninguna de las cuarenta y cuatro prácticas que LinkedIn no permite durante el uso de sus servicios. Básicamente son prácticas deshonestas o poco profesionales (como la inclusión del número de teléfono en el campo «cargo» para que todo el mundo tenga acceso a él), o la creación de un perfil para otra persona sin su consentimiento, acosar a otros usuarios o mentir en las informaciones que se comparten. Se pueden consultar todas en el apartado 8 de las Condiciones de Uso de LinkedIn, aunque si usas la red social con coherencia y sentido común no tendrías por qué estar contraviniendo ninguna.

5.2.1. ¿De quién es el contenido que comparto en LinkedIn?

La plataforma es muy clara en sus Condiciones de Uso: «Tú eres el propietario de todo el contenido, los comentarios y los datos personales que nos proporciones, pero también nos otorgas una licencia no exclusiva respecto a dicha información». Hay que ahondar en la letra pequeña para conocer a qué se refiere esa licencia: «Un derecho mundial, transferible y sujeto a sublicencia para usar, copiar, modificar, distribuir, publicar y tratar información y contenidos que nos proporciones a través de nuestros servicios sin ningún consentimiento adicional, notificación o compensación para ti o un tercero».

En otras palabras: tú eres el dueño de la información que compartes, pero estás dando permiso a LinkedIn para que la utilice como quiera. Eso deberías tenerlo en cuenta a la hora de proporcionar cualquier información que no quisieras que la plataforma pudiese utilizar.

De todas maneras, LinkedIn señala: «Respetaremos las decisiones que tomes sobre quién podrá ver tu información y contenido».

La compañía también elude cualquier responsabilidad con respecto al contenido o información de otras personas que puedas utilizar en la red social. «Lo haces por tu propia cuenta y riesgo —señala—. Te comprometes a suministrarnos únicamente la información y el contenido sobre los que tengas derecho y a que la información de tu perfil de LinkedIn será veraz», puntualiza.

También conviene que sepas que LinkedIn se reserva el derecho a limitar el modo en que te conectas a sus servicios y utilizas su plataforma, así como a cambiar las Condiciones de Uso tal y como considere adecuado.

5.2.2. ¿Cuál es la política de privacidad de LinkedIn?

LinkedIn, como hemos visto en sus Condiciones de Uso, se reserva el derecho a poder introducir modificaciones en su Política de Privacidad[84] cuando lo considere necesario, aunque siempre avisará a los miembros de la red de manera oportuna. De todas formas, es recomendable visitar periódicamente la sección en la que se encuentra o consultarla cuando surja alguna duda a través del enlace ubicado en el *footer* de cualquier página en la red.

En la Política de Privacidad se establece claramente que la misión de LinkedIn consiste en poner en contacto a profesionales de todo el mundo para que sean más productivos y tengan más éxito en el ámbito laboral.

La compañía asegura que su prioridad absoluta son sus miembros y que protegerá sus datos mediante algo tan abstracto como «técnicas estándar» de la industria. En este sentido, señala que sólo proporcionará tu información a terceros con tu consentimiento o en la medida necesaria para mantener las funciones y funcionalidades de LinkedIn. También lo hará cuando considere que se exige por ley y cuando sea necesario para cumplir con las condiciones de uso, la propiedad o la seguridad de LinkedIn, sus miembros y el público general.

LinkedIn reconoce que recaba información del usuario cuando usa sus servicios para ofrecerle una experiencia «personalizada y relevante» y lo hace en todo momento, desde el primer segundo en que se abre la cuenta y añade los primeros datos personales, al incluir su cargo, estudios y aptitudes, al sincronizar contenido fuera de LinkedIn como la agenda de direcciones de correo electrónico, al usar la cuenta de LinkedIn para inscribirse en otros sitios...

84. https://www.linkedin.com/legal/privacy-policy

La plataforma puede mostrarte publicidad segmentada dependiendo de los sitios que has visitado y usa *cookies* o tecnología similar en sitios web de terceros para obtener más información sobre tus intereses. Así, consigue segmentar anuncios y personalizar sus servicios a no ser que revoques esta posibilidad expresamente marcando la opción de autoexclusión.[85] Al hacerlo, LinkedIn no compartirá ya tus datos personales con anunciantes, redes de publicidad, editoriales ni terceros.

5.3. Cómo rellenar el perfil de LinkedIn

Una vez que has creado tu cuenta y conoces a lo que te comprometes, debes configurarla adecuadamente para obtener una mayor repercusión en la plataforma y poder sacarle el máximo partido.

En primer lugar, en la barra de navegación de LinkedIn encontrarás la pestaña «Perfil» y, dentro de ella, la opción «Editar perfil». Al pulsar sobre ella irás a la zona de edición de tu cuenta (en la que nos encontrábamos justo al finalizar su creación, en el apartado 5.1).

Ahí la primera opción que verás será la de añadir un fondo personalizado a la cabecera del perfil, que debe ser una imagen representativa de tu carrera, tu formación, tu sector profesional..., que pese menos de 4 MB y que tenga una resolución de 1.400 x 425 píxeles (es el tamaño recomendado para que quede bien ajustada). LinkedIn incorporó esta funcionalidad en 2014, imitando a otras redes como Facebook y Twitter, para permitir que los usuarios personalicen más su perfil y eso les haga destacar más sobre el resto.

Como se puede ver en la foto, tan sólo es necesario acercar el cursor al nombre para que aparezca un símbolo de un lápiz. Esto quiere decir que podemos ir editando cada uno de esos campos, empezando por tu nombre. Justo debajo de él, podrás editar tu titular profesional. Es importante ser conciso y claro, porque será la primera referencia

85. https://www.linkedin.com/settings/?tab=account&modal=nsettings-enhanced-advertising

profesional que los demás tendrán de ti. Lo más recomendable es incluir el cargo y área de especialización. Por ejemplo: «Biólogo. Director del Centro de Investigación de Málaga».

Puedes apostar por algo más creativo, pero siempre sin llegar a caer en el ridículo. Imagina que ahora mismo estás buscando empleo en el área comercial. Podrías decir en este apartado: «Experto en vender lo que sea necesario», pero no incluir un «Te vendo hasta a tu abuela», llevando el ejemplo hasta el extremo.

En esta misma área podrás editar tu ubicación y tu sector. También es el momento de seleccionar tu foto de perfil, algo que debes considerar de vital importancia, ya que tu imagen habla de ti más casi que el contenido de tu perfil. De hecho, las cuentas que poseen una buena fotografía de perfil multiplican por siete las posibilidades de ser visitadas por otros usuarios, por eso debes seguir las siguientes recomendaciones para escoger la mejor posible:

Siete consejos para elegir la foto de perfil en LinkedIn

1. **Sube una foto con calidad.** La imagen que escojas debe verse con total nitidez. Generalmente se mostrará en un tamaño de 150 x 150 píxeles, pero si alguien pulsa sobre ella se verá ampliada a 500 x 500 píxeles, por lo que asegúrate de subir una imagen con calidad suficiente como para que se vea bien en cualquier tamaño. Descarta cualquier imagen que se vea borrosa, aunque sea mínimamente. LinkedIn permite subir fotografías de hasta 4 MB de peso.
2. **Elige el enfoque adecuado.** Recuerda que estás escogiendo una fotografía para una red profesional, por lo que debe ser una imagen tipo carnet, de primer plano, donde se muestren la cara, el cuello y los hombros y con la que se transmita profesionalidad. Se desaconsejan las imágenes de medio o cuerpo entero o aquellas en las que se está realizando una actividad. El rostro, la sonrisa, debe transmitir cercanía, calma y serenidad. Tu imagen debe proporcionar de ti la misma sensación que intentas dar cuando estás en una reunión con tu jefe o con un cliente. Profesionalidad, en otras palabras.
3. **Selecciona un fondo neutro.** Evita las imágenes que tengan un fondo que pueda distraer. Lo mejor es tener uno neutro, con colores claros, porque así resaltará tu imagen, la del profesional. No deben aparecer junto a ti niños, mascotas o cualquier objeto que distraiga la atención.
4. **No descuides el vestuario.** Aunque prácticamente no se aprecie en la foto, vístete para ella como si acudieses a una entrevista de trabajo, teniendo en cuenta las peculiaridades de tu sector profesional. Hay ámbitos en los que se suele vestir de traje (por ejemplo, en el sector financiero), mientras que para profesiones más liberales o creativas bastará con una americana o incluso una camisa. Para las mujeres, una vestimenta formal junto con algún complemento pequeño a modo de detalle puede ser una buena opción.

5. **Apuesta por la sencillez.** Elige ropa de colores que te favorezcan, pero sin que resulten excesivamente llamativos. De la misma manera, no uses complementos muy grandes ni, en el caso de las mujeres, un maquillaje excesivo.
6. **Elige una imagen actual.** De la misma manera que tu perfil debe estar actualizado al día, tu fotografía debe ser una imagen tomada recientemente. No hay peor sensación que la de conocer a una persona que no tiene nada que ver con la imagen que hemos visto en su perfil.
7. **Sé constante con tu imagen.** Intenta utilizar la misma imagen —o similar— en LinkedIn y en otras redes sociales afines. Por ejemplo, si la fotografía que utilizas en Twitter cumple con las características descritas, usarla en ambas redes es buena idea, puesto que refuerza tu marca personal y hace que seas más reconocible. Tener fotografías muy distintas en varias redes de acceso público solamente sirve para desconcertar a quien visita tus perfiles.

Junto a la fotografía de perfil, y justo debajo de tu ubicación y sector, verás que hay dos enlaces que te permiten añadir tu trayectoria profesional y académica. Al pulsar sobre el primero podrás ir detallando cada uno de los puestos de trabajo que has realizado en tu vida laboral, incluyendo nombre de la empresa, cargo, ubicación, fechas en las que desempeñaste la labor y una descripción de las tareas realizadas. Esta debe ser concisa y clara, describiendo la experiencia y habilidades como lo harías si tuvieras que explicárselo a alguien que acabas de conocer.

No hace falta que señales todas: lo mejor es destacar las más relevantes, aquellas que puedan llamar la atención de otro profesional o un reclutador. Indica cada uno de tus logros en distintos renglones, para hacer más fácil la lectura. Ni que decir tiene que los datos deben corresponderse con la realidad, para cumplir con las condiciones de uso de la plataforma pero también para evitar el ridículo que supondría ir a una entrevista de trabajo y que se descubra que la experiencia descrita en LinkedIn es falsa.

Algo que pocos usuarios hacen y que puede lograr que tu perfil destaque sobre el resto es utilizar la posibilidad de añadir enlaces o fotografías a cada experiencia profesional. Si incluyes links a trabajos o presentaciones que has realizado, así como imágenes de charlas impartidas o un momento representativo de tu desempeño laboral estarás aportando más información que el 90 por ciento de los miembros de la red profesional.

Cada vez que completes una experiencia profesional guarda la información y pulsa sobre «Añadir puesto de trabajo» tantas veces como necesites para incluir todos los empleos que has desempeñado a lo largo de tu carrera.

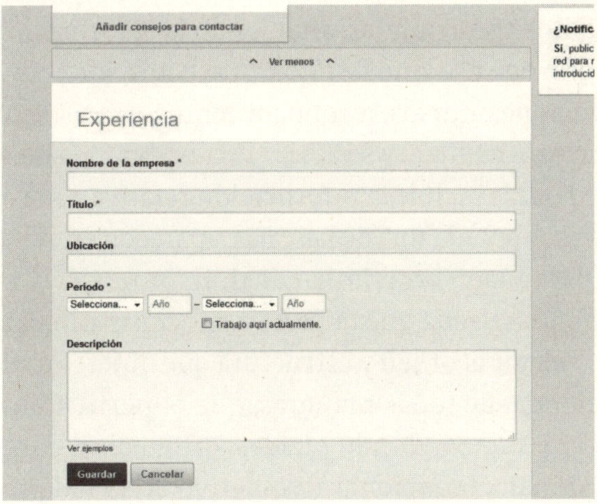

Cuando acabes de introducirlos todos, puedes pulsar sobre el enlace «Añadir educación» que ya hemos visto en la cabecera del perfil. Aquí, de la misma manera que antes, respetando la verdad y sin caer en la tentación de falsear datos, tendrás que rellenar los apartados correspondientes al historial educativo y tu formación, centros en los que has estudiado, titulaciones, etc. Cada vez que completes uno, recuerda guardar la información e ir incluyendo tantos bloques como necesites pulsando en «Añadir educación».

Por otra parte, en la cabecera del perfil también encontrarás el enlace para editar tu URL (es decir, la dirección web que identificará a tu perfil y que podrás compartir en tu currículum vítae o en la firma de tus correos electrónicos). Al pulsar sobre «Editar», accederás a una página en cuya parte derecha podrás escoger tu nueva URL. Por defecto, LinkedIn proporciona una con diez números y letras aleatorias. Lo más idóneo sería cambiarla por es.linkedin.com/in/nombredeusuario o nombreyapellido. El nombre que elijas puede tener entre cinco y 30 caracteres, sólo números y letras, sin espacios. Lo mejor es escoger uno breve para que sea recordado con mayor facilidad. Quizá tengas que probar varias combinaciones, pues puede que haya otro miembro de la red que ya haya elegido esa URL.

En la parte central de la página se encuentran unos módulos, identificados con colores, que se pueden añadir al perfil para que puedas ir configurándolo según quieras, añadiendo la información que consideres oportuno en cada uno de ellos: proyectos, idiomas, publicaciones, organizaciones, cursos, reconocimientos... Tan sólo debes pulsar sobre el enlace «Añadir...» y se abrirá una nueva caja de edición en el perfil donde podrás incluir la información relativa a ese bloque. Al situar el cursor sobre cada una de las cajas, aparecen en la parte superior los botones para añadir otra similar, incluir fotografías u otro material audiovisual o una flecha que te permitirá arrastrarlo para cambiarlo de posición y elegir el orden y estructura que quieres darle a tu perfil.

Se recomienda, de todas maneras, que el perfil comience con el módulo de «Extracto», donde puedes aprovechar para describirte como profesional y mencionar tu objetivo en la red profesional. Se puede acompañar de fotografías y enlaces, pero lo importante es ser directo. Utiliza el extracto para llamar la atención de los lectores, piensa que sólo dispones de unos segundos para ello.

No escatimes tiempo en dejar tu perfil perfectamente organizado y actualízalo también ante cada cambio relevante en tu vida laboral. No lo hagas sólo cuando te incorpores a un nuevo empleo, adquiere también la rutina de poner tu perfil al día cuando desarrolles una nueva habilidad profesional, realices un curso formativo o se añadan responsabilidades a tu puesto de trabajo habitual.

En la columna derecha verás el nivel de eficacia de tu perfil, que no es más que un indicador de lo completo que se encuentra en cuanto a información e interacción con otros usuarios. También se muestra un enlace para ver las personas que han visitado tu perfil. De la misma manera, recuerda que cualquier persona cuyo perfil mires sabrá que lo has hecho, a no ser que hayas seleccionado de manera expresa «No dejar rastro» en la configuración de la privacidad de tu cuenta, algo que veremos cómo hacer en el siguiente apartado.

Por último, en esta columna se muestra la posibilidad de activar o desactivar la opción de que cada vez que incluyas una modificación en tu perfil se publique una actualización para notificar el cambio a tus contactos.

5.4. Cómo configurar la privacidad del perfil de LinkedIn

Una vez que has introducido toda la información que quieres incluir en tu perfil, debes configurar sus ajustes de privacidad. En la esquina superior derecha de la red profesional se encuentra un icono muy pequeño con tu fotografía. Tendrás que situar el cursor sobre él cada vez que durante el uso de la plataforma quieras establecer una nueva configuración en tu perfil.

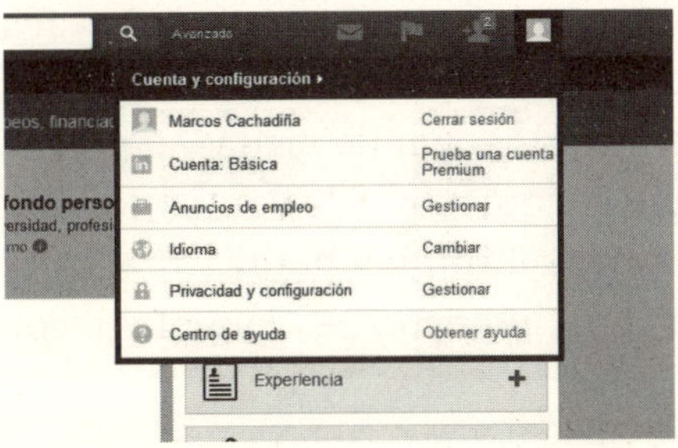

Haciéndolo verás que se desplegará un menú de opciones en el que podrás escoger cerrar tu sesión en LinkedIn, actualizar la cuenta a *premium*, gestionar anuncios de empleo (esta opción sólo te resultará útil si has publicado o quieres publicar uno buscando nuevo personal para tu empresa), cambiar el idioma en el que usas la plataforma o gestionar la configuración y privacidad de la cuenta.

Pulsando sobre este apartado irás a la página de configuración del perfil,[86] en la que tendrás una especie de tablero informativo con datos relevantes y cuatro pestañas laterales que te permitirán ir configurando los distintos ajustes de la cuenta.

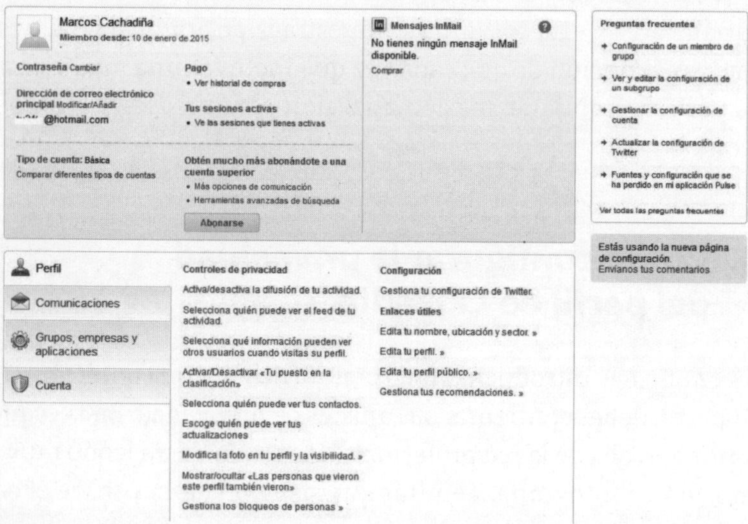

En el apartado «Perfil» podrás activar o desactivar la difusión de tu actividad, seleccionar quién puede ver tus publicaciones (si todos los usuarios, tus contactos, tu red o sólo tú), elegir la información que pueden ver otros usuarios cuando visitas su perfil (es decir, si dejas rastro o no), establecer quién puede ver tus contactos, gestionar los bloqueos de personas... También podrás añadir tu información de Twitter, editar tu perfil público y gestionar las recomendaciones, entre otras cosas.

Dentro del área de «Comunicaciones» podrás seleccionar la frecuencia y la forma en que quieres que LinkedIn te envíe notificacio-

86. https://www.linkedin.com/settings/

nes, así como los motivos por los que deseas que lo haga y por cuáles no. Puedes establecer también quién puede enviarte invitaciones o el tipo de mensajes que aceptas recibir.

En «Grupos, empresas y aplicaciones» puedes gestionar todo lo referente a los grupos (actividad, visualización, correos y comunicaciones), las empresas a las que sigues y las aplicaciones que estás utilizando.

Por último, en el apartado de «Cuenta» se pueden controlar los niveles de privacidad, modificar la foto de perfil, seleccionar el idioma, añadir cuentas de correo y números de teléfono...

Conviene tener muy presente esta página, puesto que tendrás que acceder a ella cada vez que quieras modificar algo de la configuración de tu perfil o de la manera en que te relacionas con el resto de los usuarios de la red social.

Si accedes a tu perfil (pulsando sobre «Perfil» en la barra de navegación de LinkedIn), y pulsas sobre «Ver perfil como» podrás visualizar la manera en que lo ven tanto tus contactos como cualquier persona que llega a él. Así podrás controlar en todo momento la información que se está mostrando.

5.5. Cómo gestionar y hacer crecer tu red de contactos

Una red profesional como LinkedIn adquiere sentido si conformas una buena red de contactos con los que interactuar e intercambiar experiencias y oportunidades y que a su vez te permita conocer a otros profesionales.

Si durante la creación del perfil has incluido tu dirección de correo, LinkedIn buscará entre tus contactos de email aquellos usuarios que ya se encuentran en la plataforma y te recomendará que les envíes una solicitud de contacto.

Además de esto, lo primero que debes hacer es buscar en la herramienta a tus amigos, compañeros de trabajo, colegas de sector, clientes, proveedores... con los que tienes una relación profesional para enviarles tú una solicitud de contacto. En otras palabras, debes trasladar lo que sería tu red profesional en la vida real a LinkedIn. Para encontrar a esas personas con las que ya tienes relación, utiliza el buscador de la plataforma e introduce su nombre o su correo electrónico, filtrando la búsqueda por «gente» (utilizando el menú desplegable de la parte izquierda del buscador).

Puedes repetir la misma búsqueda con palabras clave, por ejemplo «periodistas» o «economistas» y buscar por «gente» para encontrar colegas de profesión. En la página de resultados podrás filtrarlos por ubicación, relación, empresa actual, sector... para dar con aquellos profesionales con los que te interesa contactar. Recuerda que también puedes buscar por «empresas» para seguir las páginas corporativas de las compañías cuya información te interese o en las que te gustaría trabajar.

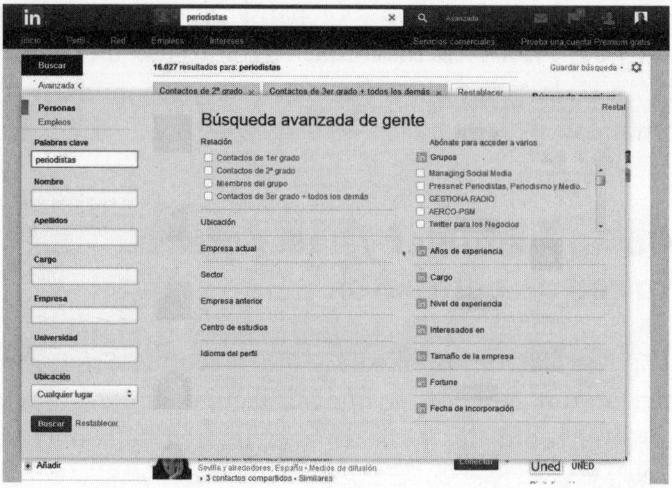

También puedes usar la búsqueda avanzada, accediendo a ella mediante el enlace que hay junto a la caja del buscador. Ahí podrás realizar búsquedas de usuarios por palabras clave, sector, empresa, universidad..., las combinaciones son múltiples.

Algo que hay que tener en cuenta es que en esta red, al igual que en Facebook y a diferencia de Twitter, para poder seguir las actualizaciones de estado de otro usuario y poder interactuar, ambos deben aceptarse como contactos. Al hacerlo, también podrán enviarse mensajes privados y ver sus perfiles completos.

A los usuarios con los que ya tienes una relación de confianza muy estrecha en la vida real basta con que les envíes una solicitud pulsando el botón «Conectar» (ya sea el que aparece en la página de resultados o en la cabecera de su perfil), eligiendo entre las opciones que proporciona LinkedIn cuál es la relación que os une (si sois amigos, compañeros, etcétera).

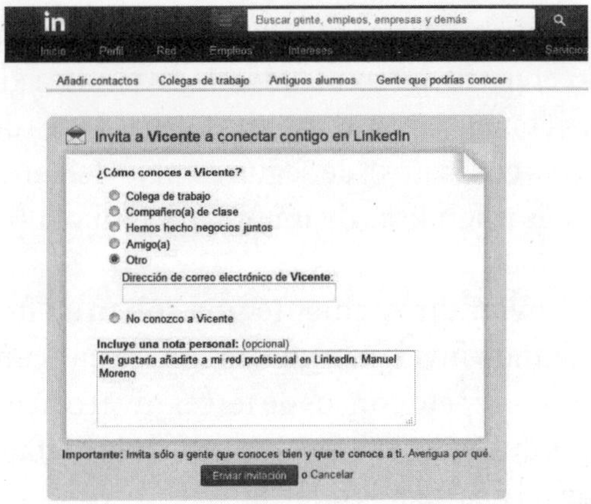

Este paso es importante para la red profesional, que exige a los usuarios que sólo contacten con gente a la que conocen bien y permite enviar invitaciones a colegas de trabajo, de clase y socios de negocios sin necesidad de que se proporcione su dirección de correo. Para otros vínculos, la red social exigirá incluir el email de la persona a la que se quiere enviar una solicitud de contacto para verificar que realmente hay una relación estrecha con ella.

Ten en cuenta que los destinatarios de tus invitaciones pueden indicar que no te conocen. Si son muchos los que responden esto, LinkedIn te penalizará y te obligará a incluir una dirección de correo electrónico cada vez que envíes una invitación.

Además de remitir la solicitud de contacto, LinkedIn da la oportunidad de incluir un mensaje de presentación. Como decíamos, quizá no sea necesario incluir un mensaje personalizado a las personas con las que tienes un trato diario o una relación especial para que te acepten. Sin embargo, si vas a contactar con profesionales con los que tuviste relación de manera esporádica, que puede ser que no se acuerden de ti, o con personas a las que te gustaría acceder porque has asistido a una charla suya, has leído su libro o alguien te las ha recomendado, debes aprovechar este espacio para presentarte e indicar por qué deberían aceptarte como contacto, indicando la relación que os une. Así evitarás que la persona te marque como «Desconocido» y rechace tu solicitud.

Cuando LinkedIn muestra los resultados de tu búsqueda, o cuando estás visitando el perfil de un usuario, la red indica el grado de relación que tienes con él. Junto al nombre, señala si es de primer nivel (es decir, si ya sois contactos), de segundo nivel (si tenéis un contacto en común), si sois miembros de un mismo grupo o si sois contactos de tercer nivel o más.

Sólo podrás enviar directamente una solicitud de amistad a los contactos de segundo nivel y a aquellos con los que compartes grupo. Poder ponerte en contacto con los de tercer nivel o más es una funcionalidad *premium* que requiere ser abonado de la plataforma, algo que explicaremos en el apartado 5.9.

A los contactos de segundo nivel puedes enviarles la solicitud de contacto directamente, pero también tienes la opción de pedir a otro de los contactos que tenéis en común que os presente. En este caso, se recomienda redactar un pequeño texto en el que debes explicar a tu contacto por qué quieres que te presente a la otra persona, cuál sería tu intención, darle las gracias y, también, darle la opción a que no lo haga si no se siente cómodo. Desde luego, si consigues que alguien que ya tiene tu confianza te introduzca a otro contacto, será mucho más fácil que este acepte tu solicitud.

Como vemos, en ocasiones realizarás una solicitud de contacto a personas que ya no se acuerdan de que tuvieron alguna relación lejana contigo, o a profesionales con quienes quisieras entablar una conversación (bien a través de la presentación de un amigo o porque sois miembros de un grupo) y a quienes no has saludado nunca en la vida real. A la hora de enviar estas solicitudes deberías tener en cuenta una serie de consejos:

Cinco claves a la hora de enviar una solicitud de contacto

1. **Sé amable y cortés.** Recuerda que la persona a la que envías la invitación puede que no se acuerde de ti. Preséntate y agradécele que atienda tu solicitud.
2. **Sé claro y honesto.** Explica el motivo de tu solicitud. Si es únicamente permanecer en contacto después de un encuentro personal, explícalo así. Si estás interesado en tener una reunión o presentar un servicio, también señálalo. No hay nada peor que pedir contacto de forma amistosa y enviar una presentación comercial tan pronto como se ha aceptado. El destinatario puede llegar a sentirse engañado y eliminarte como contacto.
3. **Sé paciente.** La persona a la que escribes puede estar muy ocupada, por lo que si no responde a tu solicitud no se la vuelvas a enviar en distintas ocasiones. Algunas personas están online permanentemente, otras pueden consultar su perfil una vez a la semana. No atosigues.
4. **Sé directo.** La otra persona no tendrá mucho tiempo. Si decide abrir tu petición, explícale en sólo unos segundos por qué debería aceptar tu solicitud de amistad.
5. **Ofrece algo a cambio.** Además de recibir, tienes que estar dispuesto a dar. Estás pidiendo ayuda, tiempo, contactos..., ofrece lo que puedas proporcionar también al destinatario y muéstrate siempre dispuesto a colaborar.

En la barra de navegación principal, junto a la pestaña de «Perfil» que ya vimos anteriormente, encontrarás otro enlace llamado «Red». No lo pierdas de vista porque te servirá para gestionar tu base de contactos en la red social. Al pulsar sobre él podrás ir al área de «Contactos», donde verás un listado con todos los miembros de la red social con los que tienes relación. Puedes hacer búsquedas y filtrarlos por las conversaciones más recientes mantenidas con ellos, por su nombre, por fecha de inicio de la relación...

Desde esta página podrás etiquetar a los usuarios para ordenarlos (por ejemplo, «compañeros de trabajo», «enfermeros», etc.), enviarles un mensaje y si pulsas sobre el enlace «Más» («More», todavía en inglés en algunos perfiles aunque se esté usando la red social en castellano) podrás «esconder» el perfil para que no se te muestren actualizaciones de ese usuario o «eliminar» la conexión con esa persona en la plataforma.

Por cierto, cuando alguien te envíe una solicitud de contacto, aparecerá un número 1 en la esquina superior derecha de la red social, donde se encuentra la barra de notificaciones, sobre el icono que representa a una persona. Pulsando sobre él tendrás la posibilidad de aceptarlo o rechazarlo (sin que se entere de que ha sido rechazado) o incluso indicar que no le conoces.

5.5.1. Cuidado de la red de contactos y recomendaciones

Un usuario vale en LinkedIn lo que vale su red de contactos. Lo que las personas con las que tienes conexión en la plataforma puedan decir de ti a otras es fundamental a la hora de crear tu marca personal y tu reputación en internet.

Además, como en la vida real, las conexiones, las relaciones en la red, hay que cuidarlas. No basta sólo con aglutinar un número muy alto de usuarios, en LinkedIn las relaciones no computan al peso, sino que lo hacen por la calidad de los contactos, por el valor que te aportan y lo que tú puedes aportarles. Para eso, es necesario mantener una relación periódica con ellos para que la conexión sea provechosa —ya sea a través de mensajes internos en la plataforma, mediante las interacciones que se pueden desarrollar en los grupos o como respuesta a sus publicaciones— y no se convierta en un número más.

Dirígete siempre a tus contactos con respeto y la máxima educación, con prudencia a la hora de realizar peticiones y favores, con sentido común al comentar sus publicaciones y mostrándote siempre dispuesto al diálogo y a colaborar.

Lo recomendable es mantener una relación directa con cada uno de ellos y estar al día de sus informaciones y progresos profesionales gracias al *timeline* de actualizaciones. Interactúa cuando lo consideres necesario... y mantén una relación cálida, cordial y profesional como harías en la vida real.

Si la relación se convierte en unidireccional, en la que sólo una de las partes saca —o intenta sacar— provecho de la otra, la conexión tenderá a desaparecer y la parte «damnificada» acabará, antes o después, eliminando el contacto. Esto es lo que sucede cuando se reciben numerosas peticiones de favores y ayudas, comunicaciones comerciales no solicitadas o correos que puedan considerarse *spam* (en los que únicamente se comparten los logros, o las necesidades empresariales...). Cuando el contacto es fluido y la relación es eminentemente profesional, el beneficio es obvio para ambas partes.

«Es fundamental pensar cómo vas a ser de utilidad a tus contactos. No se trata sólo de ser visible, sino de ser relevante. Ayudar a tu mercado a hacer las cosas mejor es la manera más decisiva de dejar huella. Nos olvidamos que LinkedIn es una red profesional y una herramienta de *networking*, donde lo importante es dar antes de pedir o, mejor dicho, dar muchas veces antes de pedir una sola vez. Hay que cambiar el chip: para sacar partido de tu red profesional, has de pensar primero en cómo puedes ayudar tú a tus contactos a ser mejores», recomienda Pedro de Vicente, consejero delegado de la empresa Exprimiendo LinkedIn, en una entrevista mantenida durante la elaboración de este libro.

La máxima expresión de la buena relación con un contacto dentro de la plataforma es la recomendación. LinkedIn dispone de un sistema de recomendaciones complejo pero que resulta muy útil a la hora de reconocer el trabajo, buen hacer y profesionalidad de los demás. Cuando un usuario recomienda a otro, su comentario pasa a formar parte de su perfil en LinkedIn y estará a la vista del resto de los miembros de la red.

Un perfil que cuente con recomendaciones es hasta diez veces más valorado por los reclutadores y proporciona más credibilidad a quien lo visita. Cuando estás viendo el perfil de un usuario, junto a la posibilidad de «Enviar un mensaje» se muestra una flecha desplegable. Ahí encontrarás la opción de escribir una recomendación sobre él, teniendo en cuenta que, si la acepta, se mostrará públicamente en su perfil con tu nombre y cargo como firma, y se indicará cuál ha sido vuestra relación profesional (supervisor en tal empresa, becario durante tal otra experiencia laboral...).

También en la parte inferior del perfil, donde se muestran las recomendaciones que ha recibido por parte de otros usuarios, podrás incluir la tuya. Como en el caso anterior, tu contacto tendrá derecho a aceptar que se muestre públicamente o no.

Si no quieres esperar a que otros usuarios te recomienden de manera proactiva al visitar tu perfil, porque consideren que así lo mereces, puedes pasar tú a la acción y enviar una solicitud a tus contactos de primer nivel para que te recomienden. Puedes hacerlo cuando acabas un proyecto de colaboración con ellos, has finalizado una relación laboral o consideras que tienes suficiente confianza como para que el contacto pueda emitir una valoración de tu profesionalidad sin sentirse en un incómodo compromiso.

Jamás debes solicitar una recomendación a alguien con quien no has trabajado directamente o a quien no conoces, y siempre debes enviar el mensaje de la manera más respetuosa posible, pidiendo la recomendación pero dejando al usuario libertad para no hacerla si no lo desea.

Puedes realizar una petición desde el apartado «Pedir» del área de «Recomendaciones».[87] También puedes acceder a esta página desde tu perfil, pulsando sobre el botón «Gestionar» que se encuentra en el bloque de recomendaciones que han hecho sobre ti otros usuarios. En esta sección podrás controlar tanto las escritas para otros usuarios como las que has solicitado tú.

87. https://www.linkedin.com/recs/

5.5.2. Envío de mensajes

LinkedIn posee un servicio que permite enviar mensajes entre dos usuarios que se hayan aceptado como contactos. Funciona exactamente igual que un sistema de correo electrónico y se puede poner en marcha desde el perfil del usuario que será destinatario del mensaje pulsando sobre el botón «Enviar mensaje».

En la esquina superior derecha de cualquier página de la red social se encuentra la barra de notificaciones, donde se halla un icono de una carta. Sobre ella aparecerá un número que indica al número de correos que tienes sin leer (si los hubiera). Pulsando sobre el icono se accede al centro de mensajes, desde el que se pueden enviar nuevos, ver los enviados, archivar los recibidos o buscar en el historial. Como decimos, funciona igual que cualquier otro sistema de correo (con algunas limitaciones, porque, por ejemplo, no permite escribir borradores), por lo que su uso no debe implicar mayor complicación.

5.5.3. Eliminación de un contacto

Durante muchos años, los usuarios de la red profesional se han quejado de lo complicado que resultaba eliminar la conexión con otros contactos. LinkedIn se resistía a facilitar la tarea, pero en el último rediseño de la plataforma mejoró el acceso a esta posibilidad.

Como hemos visto anteriormente, existe un panel desde el que podemos gestionar todos nuestros contactos, al que se accede desde la pestaña «Red» en la barra de navegación principal de LinkedIn. Allí basta con buscar el usuario en cuestión, y en el apartado «Más» («More») encontrarás la posibilidad de eliminar la conexión.

Otra manera mucho más sencilla es acudir directamente al perfil del usuario cuya conexión quieres desechar y pulsar sobre el menú desplegable que se encuentra junto al botón grande que indica «Mandar un mensaje». Ahí encontrarás distintas opciones, entre

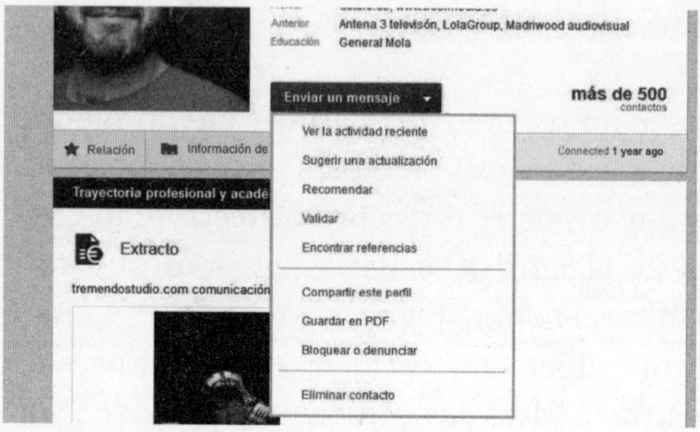

las que se halla la de bloquear al usuario y la de eliminar la conexión.

5.6. ¿Qué publicar en LinkedIn?

Una vez que has creado tu perfil y has establecido tu base de contactos (cuya gestión y mantenimiento nunca dejarás de realizar), el uso cotidiano de LinkedIn girará en torno a tu *feed* de actualizaciones, que se publica en la página de inicio de LinkedIn, aquella a la que llegas al ingresar en la plataforma con tu usuario y contraseña o, una vez registrado, al pulsar sobre el logotipo de LinkedIn que se muestra en la parte superior izquierda de cualquier página de la red profesional.

Este *feed* funciona de manera muy similar al de otras redes sociales como Facebook. En este caso, lo que hace es mostrar, en riguroso orden cronológico, las actualizaciones de las personas con las que estás conectado en LinkedIn: sus publicaciones, sus cambios de fotografía, sus nuevos trabajos... En todas ellas podrás dar a «Me gusta» o dejar un comentario. Además, cuando sean enlaces o noticias compartidas, también podrás recomendárselas a tus contactos y compartirlas con ellos en tu *timeline*. Si quieres dejar de recibir notificaciones de un usuario determinado, puedes solicitarlo colocando el cursor en la esquina superior derecha de su actualización, donde aparecerá «Ocultar».

En la parte superior del *feed* se ubica un bloque en el que se muestra tu perfil, el número de personas que lo han visitado recientemente y la clasificación del perfil en los últimos quince días.

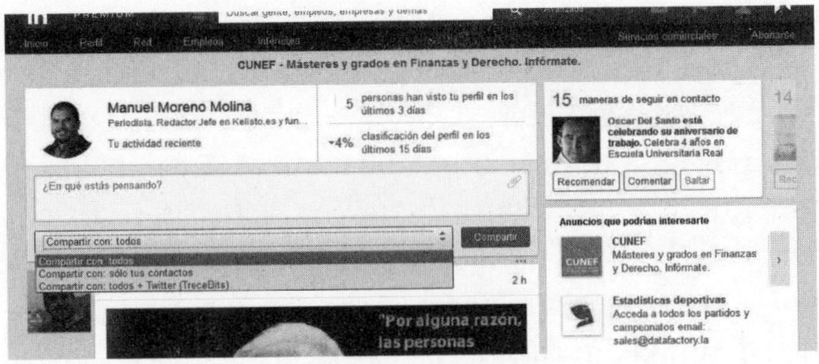

Bajo esta área se encuentra la caja de actualización de estado, en la que puedes publicar tus comentarios y compartir fotografías o noticias de actualidad que creas que puedan interesar a las personas con las que tienes relación. Puedes elegir que tu publicación sea compartida con «todos» o sólo con tus contactos.

Debes publicar con sentido común para no resultar cansino y, al mismo tiempo, compartir contenidos de calidad que aporten valor a los demás y les inciten a comentar e interactuar. Sin embargo, más de la mitad de los usuarios de LinkedIn nunca publica nada en su perfil. La mayor parte de ellos se limita a observar lo que escriben los demás y muchos aseguran que no lo hacen porque no saben qué publicar. Aquí van algunas pistas para que eso no te ocurra:

Seis consejos para publicar contenido en LinkedIn

1. **Calidad.** Es la máxima fundamental. En LinkedIn hay que compartir contenidos, fotografías, enlaces... que aporten valor profesional. Los usuarios de la plataforma quieren leer sobre todo noticias de su sector. Si compartes informaciones que te interesen como profesional, posiblemente logres captar la atención de muchos de tus contactos.

2. **Brevedad.** Los usuarios de LinkedIn no tienen mucho tiempo, por lo que no debes cansarles con textos largos. Piensa que igual que triunfan los enlaces con noticias interesantes, también funcionan mejor los contenidos breves. No te enrolles al actualizar tu estado aunque la plataforma te permita usar hasta 500 caracteres.
3. **Alcance.** Las publicaciones que realices llegarán, aproximadamente, al 20 por ciento de tus contactos. El resto, posiblemente, no las vean porque se pierden en su *timeline* cronológico antes de que puedan leerlas. Y eso contando con que entren a LinkedIn con cierta regularidad.
4. **Horario.** LinkedIn es una red profesional, por lo que la mayor parte de los usuarios la utilizan como herramienta durante sus horas de trabajo. Es por esto que las publicaciones que se realizan durante las mañanas y, sobre todo, de lunes a jueves, suelen obtener más repercusión y más interacciones por parte de otros miembros de la red.
5. **Periodicidad.** Depende de la calidad del contenido que vayas a compartir. Si publicas actualizaciones de estado interesantes, podrías publicar varias al día, aunque lo recomendable es que el ritmo sea algo menor. De todas formas, debes publicar de forma constante, para que cuando alguien visite tu perfil vea que eres un usuario activo de la plataforma. Consejo: hazlo como mínimo un par de veces a la semana.
6. **Privacidad.** Por defecto, todo contenido que compartas en LinkedIn será público. En la barra que se sitúa debajo de la caja de actualización se puede seleccionar si el mensaje será público o se compartirá sólo con los contactos. Si durante la configuración se ha añadido otra red social al perfil, por ejemplo Twitter, se puede escoger que el mensaje se publique en las dos plataformas a la vez.

En la página del *feed* de actualizaciones también puedes acceder al perfil de otras personas que LinkedIn te recomienda como contactos que podrías conocer. También en la columna derecha se incluyen algunas informaciones que la red considera que pueden interesarte, como el cambio de trabajo de uno de tus contactos, para ayudarte a que mantengas una relación fluida con ellos y puedas comentar sus novedades.

Por último, conviene recordar que en la barra de notificaciones de la esquina superior derecha de la red social, sobre el icono que imita una bandera, a veces aparecerán números que muestran las novedades que han tenido lugar en LinkedIn y que se supone que son de relevancia para ti. Por ejemplo, si una persona nueva ha visitado tu perfil o si tienes un nuevo contacto que haya aceptado tu solicitud, se te notificará ahí.

Además, en el icono que imita a una silueta con un símbolo + se te notificará cada vez que una persona te haya enviado una solicitud de contacto en LinkedIn.

5.7. Cómo sacar partido a los grupos en LinkedIn

Otra manera que tienes de interactuar con profesionales de tu entorno y sector, así como de fomentar tu marca personal, es participar activamente en los grupos de LinkedIn. Esto es muy recomendable sobre todo porque te proporciona visibilidad y te posiciona como experto.

Como en la vida real, en LinkedIn se han creado numerosos grupos de usuarios en torno a intereses comunes, empresas, profesiones, ideologías... Para encontrar aquellos grupos en los que te gustaría estar presente y participar, tan sólo debes utilizar el buscador y en el menú de la izquierda seleccionar «Grupos». El buscador arrojará un listado de ellos y podrás ver su descripción y el número de usuarios que los integran. También si es posible unirse a ellos de manera libre o si es necesario pedir autorización.

Cuando solicites el acceso (o te unas al grupo directamente) podrás elegir que el grupo se muestre en tu perfil o no, si permites que otros miembros del grupo se relacionen contigo, etc. Una vez aceptada tu petición para entrar en el grupo (o hayas entrado a él si es de acceso libre), debes integrarte participando en las conversaciones activas o iniciando un nuevo debate, algo que podrás hacer mediante el envío de un comentario a través de la barra de actualización del grupo.

Cuanto más participativo seas, más podrás interactuar con los demás miembros y darte a conocer, estableciendo posiblemente relaciones de amistad con algunos de ellos y generando posibilidades de colaboración. Dentro del grupo se pueden gestionar promociones, empleos..., y sería lo más parecido a la evolución de un foro tradicional de cuantos existen en internet pero ubicado dentro de LinkedIn. Hay miles de ellos y de muy diferentes temáticas.

En la barra de navegación principal se encuentra la pestaña «Intereses», y bajo el menú desplegable se puede acceder a «Grupos», que te lleva al gestor de los mismos, una pantalla en la que se muestra un *timeline* con la última actividad de los grupos a los que perteneces. Aquí, además, pulsando sobre el botón que se sitúa en la columna derecha podrás crear tu propio grupo —abierto o sólo para miembros— si no has encontrado uno que se ajuste plenamente a lo que necesitas. El proceso de creación es tan sencillo como rellenar un formulario tras hacer clic sobre «Crear un grupo». Una vez constituido, tendrás que invitar a miembros y dar el grupo a conocer para que comience a tener actividad.

Para acceder a un listado en el que se muestren todos los grupos en los que estás inscrito debes pulsar, en la parte derecha de la página de «Grupos», el icono que imita a una tuerca. Ahí podrás reordenarlos o modificar las diferentes opciones de configuración de cada uno de ellos (si quieres que su logotipo se muestre en tu perfil, la periodicidad de los correos con notificaciones con novedades del grupo, etcétera).

Cinco consejos para sacar más partido a los grupos de linkedIn

1. **Márcate objetivos.** Piensa para qué quieres unirte a los grupos (si lo que deseas es buscar clientes, incrementar el número de personas con las que tienes relación, posicionarte como experto) e identifica aquellos que te ayudarán a lograr esa meta.
2. **Valora la actividad.** Apúntate en grupos activos, en los que los miembros ya estén desarrollando conversaciones y llevando a cabo proyectos. Serán los que te aporten valor y en los que más puedas aprender de sus miembros.
3. **Conoce el grupo.** Una vez que hayas sido aceptado, analiza cuáles son las conversaciones que generan más interacciones, los temas que interesan y los miembros más activos. Esto te dará pistas sobre cómo debe ser tu participación dentro del grupo. Intégrate adaptándote a la manera de funcionar de cada grupo.
4. **Participa.** Dedica tiempo cada día a participar en los grupos que más te interesan, habla y debate con sus miembros, comparte contenidos... Poco a poco se establecerán relaciones de confianza con otros usuarios y tu popularidad aumentará.
5. **Crea tu grupo.** Si no encuentras grupos que se ajustan a tus necesidades o si deseas ganar más influencia dentro de la red, puedes crear tu propio grupo. Comprueba que no haya otros grupos con temáticas similares y diferénciate en la medida de lo posible del resto. Piensa que tendrás que dedicarle cierto tiempo a moderar los debates y a participar en ellos para que el grupo sea atractivo para otros usuarios, así como para promocionarlo en LinkedIn y en otras redes para darlo a conocer y que más personas se unan a él.

En el menú de «Intereses» de la barra principal de navegación también podrás acceder a «Empresas», una sección en la que verás un listado de todos los perfiles corporativos de compañías que sigues, así como un *timeline* con las últimas actualizaciones que se han producido en ellos.

Otro de los apartados bajo el menú «Intereses» te lleva a «Pulse», que era una aplicación para leer noticias que LinkedIn compró en marzo de 2013[88] y que ha sido adaptado en la red social como un espacio en el que se muestran las noticias más importantes que ha compartido tu red de contactos. «Pulse» se ha tratado de establecer como un «diario online» en el que gracias a las interacciones de los usuarios se publican las noticias más relevantes del día. La idea es buena, aunque la ejecución no ha tenido demasiado éxito.

Por último, también bajo «Intereses» se encuentra «Educación», el acceso que lleva a las páginas de universidad. Es una especie de «LinkedIn para universitarios» dentro de la red profesional general, donde cada centro educativo puede tener su propia página y los estudiantes pueden crearse perfiles específicos para ellos, donde tienen acceso a ofertas de becas y primeros empleos, así como la posibilidad de contactar con antiguos compañeros de clase.

5.8. Cómo buscar empleo utilizando LinkedIn

Más de la mitad de los usuarios de las redes sociales en todo el mundo (55 por ciento) reconoce que uno de los motivos por los que está presente en ellas es para buscar un empleo. En España, a consecuencia de la delicada situación laboral del país y también por el nivel de habilidades tecnológicas que tiene su población, el porcentaje de quienes tienen este objetivo se eleva hasta el 69 por ciento de los usuarios, 14 puntos por encima de la media, según los datos publicados en el Informe #SocialRecruiting, Búsqueda de Empleo y Reputación Digital en la Era 3.0 elaborado por Adecco a finales de 2014.[89]

LinkedIn es, con diferencia, la red más utilizada para buscar trabajo a nivel internacional y nuevamente en España su uso está mucho

88. http://www.trecebits.com/2013/04/12/linkedin-compra-pulse-por-90-millones-de-dolares/
89. http://www.adecco.es/_data/NotasPrensa/pdf/606.pdf

más extendido que en el resto de los países. Mientras que la media mundial se coloca en torno al 35,4 por ciento, la tasa de uso de LinkedIn al buscar trabajo sube hasta el 64,1 por ciento en España.

Además, ocho de cada diez reclutadores y responsables de recursos humanos utiliza las redes sociales en sus labores de búsqueda y selección de personal, ya sea para publicar un anuncio y encontrar posibles candidatos o para monitorizar la actividad online de los aspirantes a un puesto de trabajo. De ellos, prácticamente el 98 por ciento señala que usa LinkedIn como herramienta principal.

Estos datos demuestran la importancia que tiene la red profesional a la hora de encontrar un nuevo puesto de trabajo. Optimizar el perfil y tenerlo debidamente cumplimentado, explicando tus fortalezas y tu historia profesional sin exageraciones ni mentiras, es primordial.

Junto a esto, y como hemos analizado a lo largo de este capítulo, contar con una red de contactos cuidada, rica y en constante actualización, así como participar en grupos profesionales, aumentará tu visibilidad en la plataforma y te ayudará a crear una imagen profesional consolidada.

A ello contribuirá también la obtención de recomendaciones de personas que puedan avalar tu compromiso y el desempeño de tu trabajo. Los usuarios que poseen recomendaciones positivas en su perfil tienen el doble de posibilidades de ser contactados por un *headhunter* (un buscatalentos) en LinkedIn.

De hecho, el 80 por ciento de los responsables de selección señala que se deja guiar por los comentarios positivos que un candidato pueda tener en su cuenta de LinkedIn, y que concede también mucha importancia a quién es la persona que le ha escrito la recomendación, valorando cuál es su relación con el usuario y también su propia reputación profesional.

Como habrás podido comprobar a lo largo de este capítulo, LinkedIn es mucho más que un currículum vítae 2.0, y buscar trabajo es, como sabes, un trabajo en sí. Por eso debes ser consciente de que crear y configurar un perfil adecuado y tratar de encontrar una oportunidad laboral en la plataforma es una tarea que requiere la inversión de mucho tiempo y esfuerzo.

Vamos a proporcionar una serie de pistas que te ayudarán en esta labor, algunas las habremos mencionado ya de pasada, otras no, pero lo más importante es que apliques cada una de ellas de manera honesta y, sobre todo, con tesón y dedicación.

Diecisiete consejos para buscar empleo de manera eficaz en LinkedIn

1. **Rellena tu perfil de forma exhaustiva.** La mejor manera de optimizar el perfil a la hora de buscar un empleo es incluir en él la mayor cantidad de información relevante, tanto en la parte de la experiencia profesional como en la referente a aptitudes y habilidades. Son muchos los usuarios que no completan estos apartados y si tu lo haces, te diferenciarás de los demás.
   Detalla los puestos que has ocupado en cada empresa en la que has estado y tus logros profesionales. Jamás mientas y si decides «ocultar» alguna información o algún empleo en el que no te sentiste cómodo, ten en cuenta que posiblemente en la entrevista personal te pregunten por esos «vacíos» en tu historia profesional. No te olvides de incluir una buena fotografía, siguiendo los consejos que dábamos en el apartado 5.3 de este capítulo.
   No muchos usuarios rellenan la información relativa a la educación en el colegio e instituto. Es cierto que profesionalmente pueden no aportar demasiado, pero estos datos te permitirán contactar con otros usuarios que coincidieron contigo en épocas pasadas —posiblemente LinkedIn te los recomiende como «gente a la que podrías conocer»— y puede que un día resulten clave a la hora de acceder a un nuevo empleo o que te presenten a profesionales relevantes. Nunca se sabe.
   Enriquece tu perfil con fotografías de tus trabajos, presentaciones, documentos, premios concedidos... No te dejes en el tintero nada con lo que podrías destacar entre otros candidatos ante los ojos de un reclutador.

2. **Haz que tu perfil se «posicione».** Necesitas que cuando un reclutador busque en LinkedIn un profesional como tú, te encuentre. Por eso hay que ponérselo fácil y rellenar tu perfil siguiendo unas pautas que te hagan aparecer bien posicionado entre los resultados que arroja el buscador de la red profesional. Algunos consejos:
   - Piensa cuáles serían esas palabras clave por las que te gustaría que te encontraran (por ejemplo, «periodista» o «sanitario»...) y úsalas de manera natural en tu perfil.
   - No olvides incluir esas palabras clave en el título de tu perfil. Piensa que será lo primero que vean los usuarios cuando les aparezcas entre los resultados de su búsqueda, o cuando interactúes con ellos.
   - Solicita a las personas con las que tengas confianza que añadan esas palabras clave en tus recomendaciones.
   - Incluye las ciudades en las que has trabajado y en la que resides, pues eso hará que aparezcas en las búsquedas por localización con más facilidad.
3. **Configura la privacidad del perfil.** Si estás dispuesto a que cualquier reclutador te encuentre, lo mejor es que dejes tu perfil de LinkedIn abierto. Así todo usuario podrá acceder a la información que has incluido en él. Existe la posibilidad de ocultar algunas características de tu perfil, como tu *feed* de actividad, tus contactos... Incluso puedes hacer que lo único que pueda ver quien te encuentre sea tu nombre y tus apellidos, pero esto no es lo más recomendable si lo que quieres es obtener visibilidad y que se te conozca.
4. **Personaliza la URL de tu perfil.** Será más reconocible y más fácil de recordar. Ten en cuenta que se mostrará en buscadores como Google o Yahoo!, por lo que lo más recomendable es incluir tu nombre y apellidos. Si esa combinación ya está registrada por otro usuario o quieres diferenciarte, también podrías incluir, por ejemplo, la profesión.
5. **Cumplimenta la información de contacto.** Aporta todas

las formas posibles de encontrarte. Aunque tus contactos podrán enviarte un mensaje a través de la plataforma, facilita a quien no sea contacto la manera de llegar a ti, por si acaso. Incluir un email, el usuario de Twitter o un número de teléfono en el apartado del perfil destinado a estos datos personales, es altamente beneficioso, sobre todo si estás buscando empleo.

6. **Exprime el buscador de LinkedIn.** El buscador es posiblemente una de las mejores herramientas de las que dispone la red profesional, sobre todo si se le saca partido utilizando el selector de tipos de búsqueda que se encuentra a la izquierda de la caja y que te permitirá refinar la búsqueda para encontrar resultados por personas, empresas, puestos de trabajo... También conviene utilizar la búsqueda avanzada (se encuentra a la derecha de la caja de búsqueda) y permite filtrar los resultados por numerosos campos (ubicación, sector, compañía, etcétera).
   Algo que muchos usuarios de la red profesional no conocen es que se pueden guardar las búsquedas (para hacerlo hay que pulsar sobre el enlace que se ubica en la parte superior derecha de la pantalla donde aparecen los resultados de la búsqueda), lo que permitirá acceder posteriormente a ellas y, volviéndolas a ejecutar, encontrar nuevos resultados. También se puede configurar que llegue una alerta diaria o semanal a tu correo electrónico con los nuevos resultados que se fueran incorporando desde la última búsqueda. Todo esto es muy útil, sobre todo si llevas a cabo búsquedas muy segmentadas en las que se aplican numerosos parámetros y filtros.
7. **Apuesta por la calidad de tu red de contactos.** Aumenta en la medida de lo posible tu número de contactos, pero hazlo siempre con gente de confianza, que conozcas o con quien hayas tenido una relación profesional. No sirve de nada sumar contactos, es mejor generar una red de calidad,

basada en el conocimiento. Posiblemente recibas solicitudes de muchas personas que no conozcas. Añade sólo a aquellas con las que creas que puedes desarrollar alguna relación en la red o con las que tengas intereses y objetivos comunes. No olvides los consejos que dimos en el apartado 5.5 de este libro.

8. **Sigue a las empresas que te interesan.** Identifica aquellas compañías en las que te gustaría trabajar o las que son relevantes en tu sector para estar al tanto de su actividad. Para encontrarlas, a estas y a otras que quizá no conozcas pero que pudieran ser relevantes, utiliza el buscador. Al hacerlo, verás que en los resultados de búsqueda se indica incluso si alguno de tus contactos trabaja en ellas, lo que podría abrirte las puertas en caso de necesitar una recomendación. Al seguir a la compañía en LinkedIn, te enterarás de cuando pongan en marcha procesos de selección.
9. **Conoce dónde trabajan tus contactos.** Realiza una búsqueda de empresas filtrando por tus contactos actuales. Así sabrás en cuáles de ellas tienes más contactos y, por lo tanto, más posibilidades de que quizá surja una oportunidad en el futuro. Sigue sus perfiles corporativos si te interesan.
10. **Busca las compañías que usan LinkedIn para reclutar.** Filtra por empresas que tengan ofertas de empleo activas en la plataforma, aunque no sean de tu sector. Esto te dará una idea de qué compañías usan LinkedIn cuando tienen un proceso de selección abierto. Si sigues a las que te puedan interesar, si en un algún momento buscaran un perfil como el tuyo, posiblemente lo harían a través de LinkedIn y te enterarías.
11. **Aprovecha las ventajas de los grupos.** Como ya hemos visto, los grupos te permiten estar al día de novedades de tu sector, debatir con otros expertos, mostrar tus fortalezas, mejorar tu marca personal... Busca aquellos que te interesen y sé un usuario activo en ellos para posicionarte entre los profe-

sionales que los integran y conocer a muchos de ellos haciendo *networking*. Ten presentes los consejos sobre gestión de grupos que dimos en el apartado 5.7.

12. **Consigue recomendaciones.** Ya sea de forma natural o porque se lo pidas a determinados contactos con los que tengas confianza y una relación profesional especial, logra cuantas más recomendaciones positivas mejor, pues aportarán credibilidad a tu perfil. No solicites recomendaciones a quien no conoces o a personas que no puedan aportar una valoración certera de tu trabajo. Coleccionar recomendaciones porque sí en el perfil se nota y es contraproducente.
13. **Pide que te validen las aptitudes.** LinkedIn permite incluir en tu perfil una serie de aptitudes a modo de palabras clave. Otros usuarios serán encargados de «validar» esas aptitudes que se supone que tienes, y la información se mostrará en el perfil (por ejemplo, 25 usuarios validaron tu «capacidad comercial»). Solicita a tus contactos que validen las aptitudes por las que consideran que destacas. Una buena forma de hacerlo es validando tú las suyas primero.
14. **Da a conocer tus objetivos.** Si no te importa que tu red de contactos sepa que estás buscando un empleo, no te preocupes por mencionarlo en tu perfil (pero en el apartado extracto, no en el título del mismo, ya que es lo que aparece en los resultados de búsqueda). Coméntaselo también a tus contactos más allegados y a aquellas personas que consideres que podrían llegar a ayudarte en la labor de búsqueda. Incluso puedes publicar una actualización comentándolo, sobre todo si acabas de quedarte sin trabajo, para dar a conocer tu nueva situación entre las personas que te aprecian laboralmente. De ahí podría surgir una nueva oportunidad.
15. **Si no quieres que sepan que estás buscando empleo, oculta tu actividad.** Es posible que no desees dar pistas a tu jefe o a otros contactos que tengas en la red profesional sobre el hecho de que deseas cambiar de trabajo. Si se dan cuenta de

que has estado mejorando tu fotografía, has incluido nuevos datos en tu perfil o estás siguiendo a empresas con procesos de selección abiertos, sabrán de tu inquietud laboral.

Para que nadie de tu red sepa tus movimientos en un momento dado, desactiva la opción «Difusión de tu actividad», que se ubica dentro de los controles de privacidad en el área «Cuenta y configuración» a la que puedes acceder pulsando sobre el icono con tu imagen que se encuentra en la parte superior de la pantalla. Cuando finalices de hacer los cambios, recuerda volver a permitir que tu actividad se difunda entre tus contactos.

16. **No temas porque otros sepan que has visto su perfil.** En la configuración de la privacidad existe la posibilidad de no dejar rastro cuando visitas el perfil de otros usuarios (quizá ahora que estás buscando empleo mires el de reclutadores o el de personas que trabajan en el mismo departamento de la empresa en la que te gustaría desarrollar tu carrera profesional) pero, realmente, esto no es necesario. LinkedIn es una red social profesional, por lo que permitir que los demás te vean es mostrar una especie de interés sobre ellos o sobre su labor. Tiene más consecuencias positivas que, por supuesto, negativas.
17. **Aprovecha las funciones *premium* de LinkedIn.** Quizá te convenga realizar una pequeña inversión y convertirte en miembro *premium* de LinkedIn para tener acceso a más herramientas y funcionalidades ahora que estás buscando empleo. En el siguiente apartado te explicamos las opciones que existen y cuándo conviene suscribirse a ellas.

En la barra de navegación superior de tu cuenta encontrarás el área «Empleos», desde la que podrás buscar los puestos de trabajo que las compañías estén ofertando en LinkedIn. Posees un buscador en el que puedes introducir palabras clave como el oficio o la posición que desarrollas para encontrar ofertas activas que incluyan esos conceptos. LinkedIn también te recomienda en esta página procesos de selección que podrían interesarte en función de la información académica y profesional que has compartido en tu perfil. Si alguno te interesa, tan sólo debes pulsar sobre él para ver más información y tendrás también la posibilidad de solicitarlo directamente desde la plataforma.

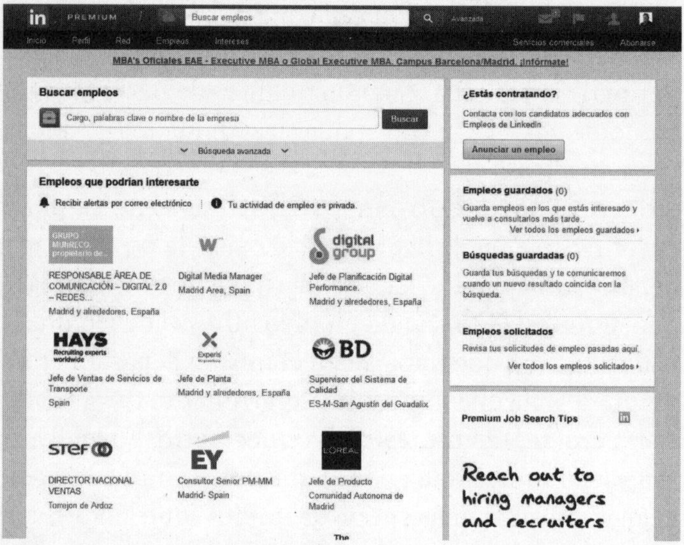

Dentro del área «Empleos que podrían interesarte» también verás un enlace con el que podrás configurar distintas alertas para recibir una notificación en tu correo electrónico cuando se anuncie un nuevo trabajo que cumpla con los criterios que selecciones. Además, en la columna de la derecha tendrás acceso a todos los empleos que hayas guardado al visualizar una oferta, a tus búsquedas guardadas y a un histórico de candidaturas enviadas a otros procesos de selección, desde el que podrás seguir su evolución.

Recuerda que, como indica expresamente LinkedIn, toda la actividad que desarrolles en el área de «empleos» es privada y no se comparte con el resto de los contactos. Así puedes ver ofertas de empleo o solicitar puestos de trabajo con total discreción, sin que nadie de tu red se entere.

5.9. ¿Qué son las cuentas *premium*?

Las funcionalidades y herramientas de LinkedIn sobre las que hemos estado hablando en este capítulo son, hasta ahora, totalmente gratuitas para cualquier usuario. Sin embargo, la red profesional pone a disposición de sus miembros cuatro planes «de pago» que les proporcionan algunas habilidades y herramientas específicas a la hora de utilizar la red profesional con un fin determinado.

Si quieres convertirte en un usuario *premium* debes pulsar sobre el icono con tu imagen (en la esquina superior derecha del perfil) y seleccionar en «Cuenta» la opción «Probar una cuenta *premium*».

En todos los casos, LinkedIn te facilita la posibilidad de tener un perfil *premium* de forma gratuita durante un mes. Aunque, ojo, para tener acceso tendrás que proporcionar tus datos de facturación (una tarjeta de crédito). Cierto es que no se te pasará ningún cargo en los primeros treinta días de uso, pero posteriormente la cuenta se renovará de manera automática al final del mes gratis. Por eso, si no deseas continuar con él, es importante cancelar el plan a través de linkedin.com/settings en cualquier momento antes de que se renueve la cuenta.

¿Qué planes existen? LinkedIn posee cuatro planes distintos, dependiendo del uso que se le vaya a dar a la red profesional:

- **Job Seeker.** Este plan está pensado específicamente para quienes quieren encontrar un trabajo en la plataforma y sirve para destacar más en los resultados de búsqueda, ponerse en contacto con responsables de contratación e incluso realizar comparaciones con otros candidatos.
  Tiene un coste de 21,99 euros al mes (después del mes de prueba) y permite, además, enviar tres mensajes InMail (aquellos que se mandan a usuarios de los que no se es contacto en la plataforma), conocer quién ha visto tu perfil en los últimos noventa días y saber cómo te encontró y te muestra como candidato destacado dentro de las listas de personas que han solicitado un empleo.
- **Business Plus.** Se trata de un plan pensado para quienes que quieran impulsar su vida profesional encontrando a personas

específicas o mejorar su marca personal. Por 44,99 euros al mes permite enviar diez mensajes InMail, realizar búsquedas ilimitadas de gente en la red hasta contactos de tercer grado, saber quién ha visitado tu perfil en los últimos noventa días y tener acceso a los filtros de búsqueda *premium* para que sea más sencillo dar con cualquier usuario.

- **Sales Plus.** Este plan está orientado a satisfacer las necesidades de quienes quieren usar LinkedIn como canal de ventas y aumentar su negocio. Por 44,99 euros al mes permite enviar diez mensajes InMail, crear listas de *leads* y contactos, recibir recomendaciones de posibles clientes, cuatro filtros *premium* de búsqueda y posibilidad de saber quién ha visitado el perfil en los últimos noventa días.
- **Recruiter Lite.** Este es el plan para los responsables de selección de personal que quieren encontrar candidatos en LinkedIn. Cuesta 89,99 euros al mes y permite veinticinco mensajes InMail y da acceso a una serie de herramientas específicas para profesionales de los recursos humanos.

5.10. Creación de perfiles corporativos en LinkedIn

Aunque no interesará a todos los lectores de este libro, puesto que serán sobre todo *community managers* o gestores de las redes sociales quienes se encarguen de crear cuentas de empresa, y sobre su gestión y optimización ya profundizamos en *El gran libro del community manager*,[90] puede que autónomos y pequeños empresarios que lean *Cómo triunfar en las redes sociales* quieran que su negocio tenga presencia en LinkedIn y deseen saber cómo comenzar. Por eso proporcionaremos unas pinceladas básicas en este apartado.

90. *El gran libro del community manager*, Manuel Moreno, Gestión 2000 (Grupo Planeta), enero de 2014.

Para crear una página para una pyme hay que ir a la pestaña «Intereses» en la barra de navegación principal de LinkedIn y pulsar en la opción «Empresa». En la columna de la derecha se encuentra el apartado «Crea una página de empresa». Al pulsar sobre «Crear» habrá que añadir el nombre de la compañía y la dirección de correo electrónico corporativa del usuario (tiene que ser un dominio válido con el nombre de la compañía, ya que no se permiten correos de Hotmail, Gmail, Yahoo! ni cualquier otro proveedor). Allí se enviará un email de comprobación que habrá que confirmar para continuar con el proceso de creación.

Una vez confirmado, se deberán incluir los datos identificativos de la compañía (nombre, sector, número de empleados, página web...) donde incluir palabras clave es algo muy recomendable, puesto que, al igual que con los perfiles personales, esto ayudará a posicionar en los resultados de búsqueda. En la descripción de la compañía se debe ser muy conciso. Además, se recomienda personalizar el perfil siguiendo la imagen corporativa de la marca, con un logotipo en el icono y con la inclusión de una imagen de cabecera.

Gestionar la presencia de una marca no es una cuestión baladí que deba tomarse a la ligera. Requiere una planificación previa, un desarrollo de actividades y una medición posterior para la obtención de resultados y la consecución de objetivos. Por eso, siempre que sea posible, estas tareas deberían ser realizadas por un profesional formado convenientemente en la creación y mantenimiento de perfiles sociales.

5.11. Cómo desactivar y eliminar una cuenta en LinkedIn

Una cosa útil que debes saber si decides dar de baja tu perfil en LinkedIn es que existe la posibilidad de solicitar la descarga de un archivo en el que se incluye toda la información compartida y actividad realizada en LinkedIn hasta ese momento.

Para pedirlo debes acceder a las opciones de la cuenta pulsando sobre el icono con tu foto en la esquina superior derecha del perfil y acceder al apartado «Privacidad y configuración». Ahí, en el apartado «Cuenta» se debe pulsar «Solicita el archivo con el historial de tus datos», enlace que aparece en la columna central de la pantalla. LinkedIn tardará unas setenta y dos horas en recopilar toda la información de tu actividad en la red profesional, y cuando tenga el archivo listo te enviará un correo electrónico para que puedas proceder a su descarga.

El archivo tiene toda la información almacenada en LinkedIn y la única manera de acceder a ella es descargándolo. En él se incluye todo el historial de la cuenta, desde la primera invitación que alguien te envió para unirte a la red social hasta la última vez que accediste.

Antes de dar de baja el perfil, no está de más recopilar toda esa información que ha generado la cuenta. Si definitivamente decides eliminar tu presencia en LinkedIn, tendrás que acceder también a la página de configuración del perfil, pulsando sobre el icono con tu imagen en la esquina superior derecha, y ahí hacer clic en «Privacidad y configuración». En el área «Cuenta» de esa página, aparecerá, en la columna central, el enlace para cerrar la cuenta. Tan sólo hay que seguir los pasos que se indican para que el perfil quede eliminado.

6. Cómo triunfar en Google+

A pesar de que en el ámbito de la tecnología en general, y de las redes sociales en particular, es bastante complicado guardar un secreto sin que circulen todo tipo de rumores antes del lanzamiento de un nuevo producto o servicio, Google+ llegó por sorpresa a finales de junio de 2011.[91]

Pocos fuera del entorno de la compañía con sede en Mountain View se esperaban que Google lanzase una nueva red social en aquel momento, después del fracaso que habían supuesto anteriores proyectos sociales de la firma, como Google Buzz o Google Wave.

Mucho ha evolucionado Google+ desde entonces, ha sufrido numerosos cambios de diseño, estructura e incluso concepto, y ha hecho del servicio de almacenamiento de fotografías y, sobre todo, de los *hangouts* (que en español se traduciría como «garito») las señas de identidad de la plataforma, que ya ni siquiera debería ser considerada una red social propiamente dicha.

O quizá sí, porque elementos sociales reúne todos los posibles: crear un perfil, seguir a otros usuarios, establecer grupos y realizar publicaciones..., pero lo cierto es que es más una capa social en la que se integran todos los productos de la compañía que una red social al uso.

Aunque todavía muchos se refieren a Google+ como «el pueblo fantasma», dado que registra un índice de actividad menor que otras plataformas sociales, la realidad es que es la segunda plataforma social con más usuarios registrados del mundo, sólo superada por Facebook. En total, Google+ tiene ya más de mil millones de usuarios registrados, aunque activos (que entren a la red social al menos una vez cada treinta

91. http://www.trecebits.com/2011/06/28/%C2%A1asi-es-google-la-red-social-de-google/

días) son unos 550 millones según la compañía, cifra que tampoco está nada mal.

El problema no es sólo el menor número de interacciones, sino cómo ha logrado Google estas cantidades de usuarios. Desde su lanzamiento, Google+ se ha convertido en una especie de paraguas que alberga todos los servicios de Google. Por ejemplo, para poder acceder a Google Maps, YouTube o Gmail es necesario haber iniciado sesión en Google, lo que de manera automática implica tener también perfil en Google+, algo que muchos usuarios ni siquiera saben (y por eso los índices de uso caen estrepitosamente).

Según comenta Isabel Salazar, responsable de marketing de producto de Google+, durante una entrevista mantenida para la elaboración de este libro, ese «paraguas» social es una ventaja a la hora de elegir una red social. «La integración con otros productos de Google y el hecho de que Google+ sea una plataforma que carece de publicidad, lo que la convierte en la más limpia y visual de cara al usuario, son dos de los principales motivos por los que un usuario debería plantearse estar presente en una red social como Google+», señala.

El propio Larry Page, fundador de Google, reconoce que «sin Google+, los usuarios no tendrían una experiencia completa de los productos de Google». Por ejemplo, para poder dejar comentarios en YouTube, hay que estar registrado en Google, lo que implica situarse también bajo el techo integrador de Google+ al iniciar sesión.

Tras unos primeros años intensos en cuanto a cambios, mejoras y modificaciones, en los últimos meses Google ha realizado menos desarrollos y lanzamientos para Google+ que de costumbre. La red social ha entrado en una especie de letargo, lo que unido a la eliminación de algunas de sus características (como dejar de tener en cuenta la autoría de periodistas y blogueros con perfil en Google+ a la hora de indexar sus textos en el buscador)[92] y, sobre todo, a la marcha de Vic Gundora,[93] considerado el padre de la plataforma, que abandonó

92. http://www.trecebits.com/2014/08/29/google-elimina-definitivamente-el-autor-de-sus-resultados-de-busqueda/

93. http://www.trecebits.com/2014/04/25/el-jefe-de-google-se-marcha-de-la-compania/

la compañía en abril de 2014, han hecho a algunos pensar que Google abandonaba —como ya hiciera con Wave o Buzz— su proyecto social.

Además, su nuevo director general, Bradley Holowitz, ya ha dejado ver que posiblemente en pocos meses el producto que hasta hoy conocemos como Google+ puede que sea dividido en dos productos distintos: Google Photos y Google Streams,[94] lo que implicaría la separación definitiva de las aplicaciones fotográficas de la red social propiamente dicha. A la fecha de cierre de la edición de este libro no existe una confirmación oficial de la compañía de que vaya a producirse este cambio ni cómo afectaría al servicio.

Lo que no tiene sentido, dados los números que se manejan, es pensar que Google abandonará Google+ por completo. A pesar de los posibles cambios que puedan producirse en el futuro, hoy día al internauta le resultará interesante tener presencia en Google+ por varios motivos: el principal será aprovechar todas las funcionalidades del resto de los productos de Google, pero también merece la pena estar en la red social para poder acceder a los *hangouts* (aunque también ya se pueda desde el servicio de correo o la plataforma de vídeos), a la organización de contactos mediante círculos y a la gran capacidad de su sistema de almacenamiento de fotografías.

También Google+ es la red social a la que suelen llegar quienes abandonan Facebook molestos por las políticas de privacidad o simplemente porque sienten rechazo hacia la plataforma o antipatía hacia su fundador, Mark Zuckerberg. Al final, Google+ es la única alternativa similar que existe con gran implantación en todo el mundo, aunque también hay que reconocer que, a priori, su complejidad puede parecer mayor. Por eso conviene leer este capítulo con detenimiento y, quizá, tener el ordenador delante para comprender mejor los secretos de esta red social.

94. http://www.trecebits.com/2015/03/02/llega-el-fin-de-google-tal-y-como-lo-conocemos/

6.1. Cómo crear un perfil en Google+

Como decía, si ya eres usuario de cualquier servicio de Google (Gmail, Drive, YouTube, Google Maps...) lo eres también —aunque no lo sepas— de Google+, por lo que para acceder a la capa social tan sólo tienes que iniciar sesión de forma normal con tu usuario y contraseña y pulsar, en la esquina superior derecha de la pantalla, sobre el enlace que lleva tu nombre precedido por el signo +.

Si todavía no tienes una cuenta de Google, entonces sí que deberás registrarte en la plataforma. Para ello sólo tienes que pulsar sobre el botón de «Iniciar sesión» en la página principal de Google o de cualquiera de sus productos y crear una nueva cuenta, para lo que deberás rellenar un simple formulario de acceso. También puedes hacerlo desde la siguiente URL directa: https://accounts.google.com/SignUp.

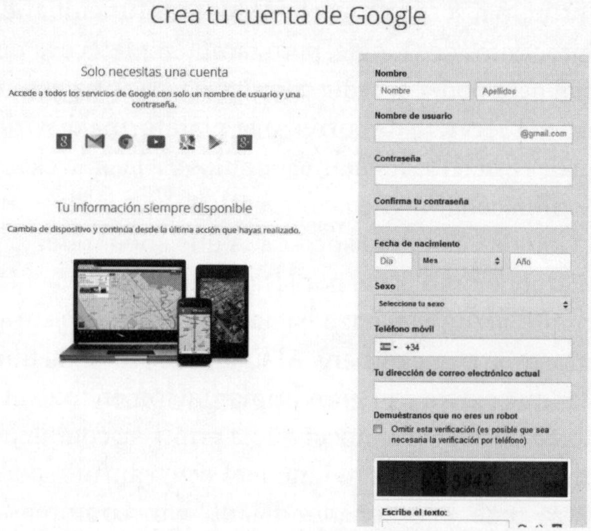

Como puedes ver en la imagen, al crear la cuenta, después de introducir tu nombre y apellidos se te pedirá un identificador para lo que, desde ese momento, será tu cuenta de correo de Gmail y nombre de usuario cuando vayas a iniciar sesión en cualquier producto de Google. Tendrás que elegir también una contraseña, introducir tu fecha de nacimiento, sexo y número de teléfono móvil. Todo ello está asociado a tu nuevo perfil en Google, no en Google+, recuérdalo bien.

De la misma manera, una vez introducida toda la información tendrás que marcar la casilla en la que aceptas las Condiciones del Servicio[95] y la Política de Privacidad de Google.[96] Con este sencillo paso ya tendrás en tu mano la llave que te proporciona acceso a toda la gama de productos de la firma de Mountain View.

Google te pedirá ahora crear un perfil público para poder usar Google+ plenamente. Se da la opción de elegir ya la foto de perfil de la cuenta, que se puede tomar desde la misma cámara web del ordenador o subirla desde los archivos almacenados en el equipo.

Una vez hecho esto (paso que te puedes saltar), Google+ te propone que añadas a la gente que conoces (buscándola por nombre, dirección de correo, centro de estudios, lugar de trabajo...).

También puedes importar las direcciones que tienes guardadas en servicios como Yahoo! o Hotmail. Además, Google+ te recomendará personajes famosos, marcas y temas que te podría interesar seguir.

La idea es que comiences tu andadura en la capa social de la compañía ya con contactos, así, cuando accedas a la página de inicio de tu perfil en el siguiente paso, ya habría contenido, pues se mostraría el *feed* con las actualizaciones de estado y enlaces compartidos por las personas que ya has empezado a seguir en la plataforma. Tocaría ahora editar y configurar el perfil (lo haremos en el apartado 6.3), pero antes, sepamos a qué cláusulas hemos dado nuestro consentimiento al abrir una cuenta en la plataforma de Google.

6.2. ¿A qué me comprometo al crear un perfil en Google+?

En realidad, como ya hemos comentado, no puedes crearte una cuenta en Google+ como tal, sino que lo que debes hacer para tener acceso

95. https://www.google.es/intl/es/policies/terms/regional.html
96. https://www.google.es/intl/es/policies/privacy/?fg=1

a esta plataforma social es abrir una cuenta de Google. Es por eso que debes aceptar las Condiciones del Servicio[97] y la Política de Privacidad[98] de Google, pues son los dos documentos que dan cobertura «legal» a todos los servicios que utilicemos de la compañía.

Es más que posible que al darte de alta no te pares a leer estos dos archivos, aunque deberías para conocer en profundidad las condiciones del «contrato» que estás suscribiendo con la firma del buscador, por eso vamos a realizar un pequeño repaso por sus puntos más importantes, para que al menos te quede claro a qué te estás comprometiendo y qué estás aceptando sin rechistar.

En primer lugar, Google recuerda al usuario que las Condiciones de Uso son de obligado cumplimiento para todo aquel que desee utilizar sus servicios. Por otro lado, la firma declina cualquier responsabilidad sobre el contenido que se esté mostrando en sus productos y que no le pertenezca (es decir, fotografías que puedas subir a Google+ o, yendo más allá, imaginemos, vídeos que cargues en YouTube), pero eso sí, se reserva el derecho a eliminarlo o negarse a publicarlo si considerase que infringe sus políticas de uso.

«Algunos de nuestros servicios te permiten subir, enviar, almacenar o recibir contenido. Si lo haces, seguirás siendo el titular de los derechos de propiedad intelectual que tengas sobre ese contenido. En pocas palabras, lo que te pertenece, tuyo es», reconoce literalmente la compañía con respecto a uno de los temas más polémicos a los que se enfrenta siempre toda red social: la propiedad de los contenidos subidos. Otra cosa es que se le esté dando licencia para utilizarlos como desee por el mero hecho de subirlos a la plataforma.

Eso sí, en cuanto a la protección de la privacidad, salvaguarda que si el usuario utiliza sus servicios es porque está de acuerdo con la forma en que se tratan los datos personales que comparte. Google admite que además de esa información también conserva datos que obtiene con respecto al uso que se realiza de sus servicios (es decir, de las búsquedas, la subida de fotografías...).

97. https://www.google.es/intl/es/policies/terms/regional.html
98. https://www.google.es/intl/es/policies/privacy/

La compañía tampoco esconde que monitoriza el contenido que se comparte en la red social, en su plataforma de vídeos o incluso en los correos electrónicos que se envían a través de Gmail, para poder ofrecer ofertas, resultados de búsqueda relevantes para el usuario o anuncios personalizados según sus intereses. Eso sí, el contenido se escanea de manera automática pero no se lee ni se tiene conocimiento de lo que se comunica, asegura.

Además se guarda información sobre los equipos desde los que se están utilizando los servicios de Google (modelo del ordenador, tableta o teléfono móvil, sistema operativo utilizado, navegador...) y también se archivan datos como la dirección IP del servicio, la ubicación del usuario, los puntos wifi empleados e incluso las búsquedas que se hayan realizado.

Además de estos dos documentos genéricos, existen unas políticas y principios propios de Google+ que el usuario también se compromete a seguir al utilizar el servicio, aunque no lo haga de manera expresa. En ellos se establece que:

- No se admite contenido que justifique o promocione la violencia contra otras personas por su raza u origen étnico, religión, discapacidad, sexo, edad, nacionalidad, orientación o identidad sexual...
- El usuario no distribuirá información personal ni confidencial de otros (por ejemplo, el número PIN de su tarjeta o su DNI).
- No se accederá a las cuentas de otros usuarios sin su permiso. Es decir, no se suplantará la identidad de otros miembros de la plataforma.
- No se admitirá contenido que constituya explotación infantil o abuso de menores. Tampoco contenido que contenga desnudos, actos sexuales explícitos...
- No se permite el acoso a otros usuarios ni la distribución de imágenes de violencia.
- No se podrá enviar *spam*, convocatorias masivas o contenido comercial indeseado.
- La fotografía del perfil no puede incluir contenido para adultos u ofensivo.

- No está permitido organizar concursos directamente en Google+ salvo aprobación previa por parte de la compañía.
- Se deben aplicar las restricciones geográficas y de edad correspondientes a cada contenido. Hay herramientas de segmentación que deben usarse cuando el contenido verse sobre temas como el alcohol, las apuestas, el tabaco, las armas...
- Se debe notificar inmediatamente a Google cualquier infracción de las leyes de la plataforma de la que se sea testigo.

6.3. Configuración del perfil y ajustes de privacidad

Si acabas de crear la cuenta de Google, una vez que has completado todos los pasos descritos en el punto 6.1 accederás al *feed* de actualizaciones de tu perfil, en la página de inicio, donde verás la información y enlaces compartidos por quienes sean ya tus contactos en la plataforma o las marcas y páginas corporativas que has empezado a seguir al crearte la cuenta.

Si estás utilizando cualquier otro producto de la compañía, puedes acceder a tu perfil de Google+ si haces clic sobre el enlace con tu nombre, precedido por el signo +, que se encuentra en la esquina superior derecha de cualquier página de un servicio de Google. También puedes hacerlo directamente a través de la URL de la plataforma, tecleando en la barra de direcciones del navegador http://plus.google.com.

Sea como sea, es el turno de editar y configurar el perfil, algo que, como iremos viendo, no es del todo intuitivo en esta plataforma con multitud de accesos y enlaces distintos. Por eso conviene ir paso a paso para no perderse y hacerse con las peculiaridades de esta red social.

Debes fijarte en que justo debajo del logotipo de Google+, en la esquina superior izquierda de la pantalla, se encuentra un botón llamado «Inicio», que te lleva al menú de opciones de tu cuenta. Te vendrá bien tenerlo presente en todo momento cuando uses esta plataforma social.

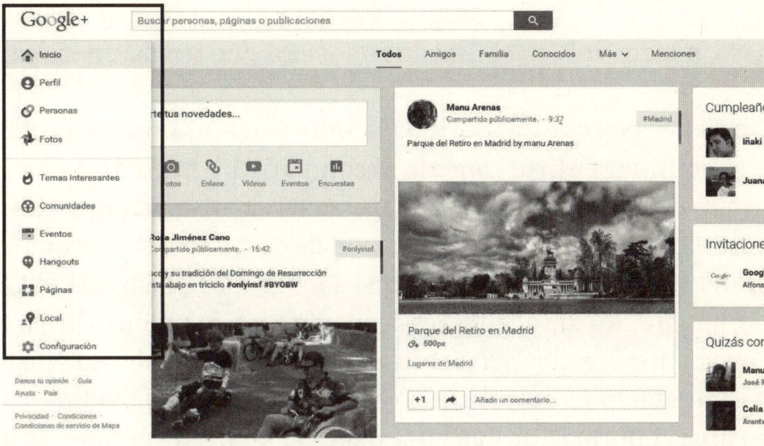

Al pulsar el botón «Inicio» se abre un desplegable de opciones y la primera de ella es «Perfil», desde donde accederás a tu espacio personal y podrás comenzar a configurarlo. Si hasta ahora no has incluido una foto de perfil, es el momento de hacerlo pulsando sobre el icono de la cámara y escogiendo una imagen de, al menos, 270 x 270 píxeles, que será recortada automáticamente en formato circular. Al subirla, tendrás la oportunidad de editarla y encuadrarla según prefieras. Se recomienda que sea una imagen en la que se te vea la cara y estés mirando de frente, para que se te pueda identificar mejor.

También puedes seleccionar la imagen de cabecera de tu perfil. Google incluye una por defecto con sus colores corporativos, pero se debe cambiar pulsando sobre ella y eligiendo otros de los modelos que propone la compañía o, mejor aún, subiendo una foto desde tu ordenador. El único requisito: debe ser una imagen de gran tamaño. Sus medidas ideales son 2.120 x 1.192 píxeles.

Justo debajo de la imagen se encuentra una barra de navegación cuyo primer apartado es «Sobre mí». Al pulsar sobre él, accederás a una página en la que puedes introducir toda la información personal que quieras compartir en la red social, dividida por áreas.

Pulsando en el enlace «Editar» que se sitúa bajo cada área, podrás ir incluyendo datos como los referentes al trabajo, estudios, localizaciones..., así como la información más básica (género, lo que se busca en la red social, fecha de cumpleaños...). También, en el área de «Personas», puedes volver a buscar a conocidos que tengas en la red social.

No tienes por qué añadir toda la información, sino sólo aquella que te permita sentirte cómodo al compartirla. Además, para cada dato que añadas puedes seleccionar el nivel de privacidad que desees. Puedes elegir que sea una información de dominio público, que sólo la vean tu círculos (es como se llama a los grupos de amigos en Google+), los círculos ampliados (es decir, círculos de tus círculos) o elegir una configuración personalizada para, por ejemplo, que lo puedan ver tus círculos más algunos contactos que desees añadir.

La única información que no se puede ocultar es el nombre, la foto de perfil y la foto de portada, que son siempre públicos.

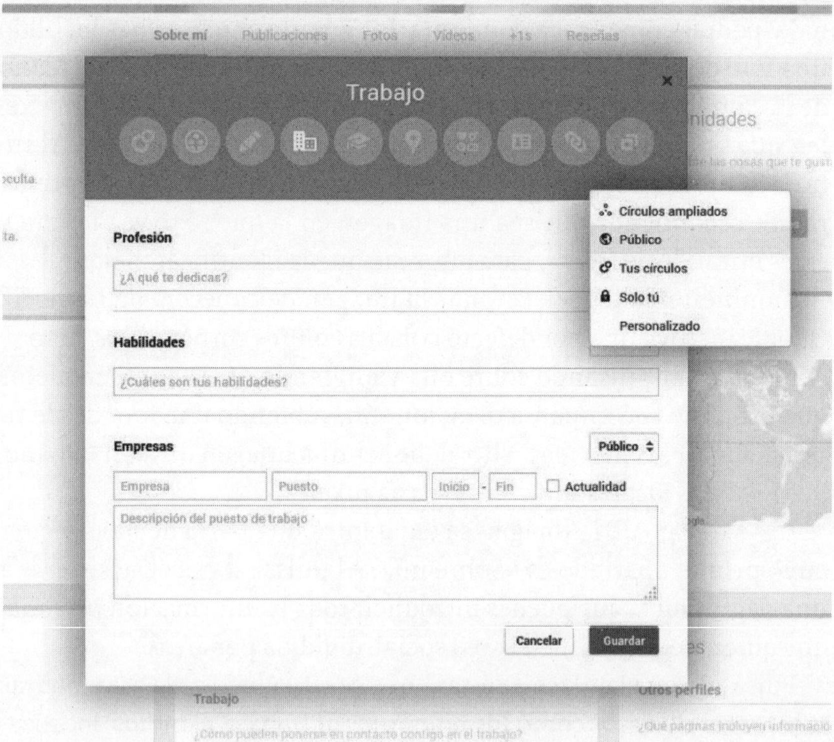

Al completar la información de cada área puedes cerrar el desplegable y volver a la página «Sobre mí» para seleccionar otra, o directamente puedes utilizar la parte de arriba del desplegable, donde se muestran el resto de las áreas cuya información puedes incluir.

En la barra de navegación superior de la página, junto a tu nombre, puedes ver en todo momento una opción que te permite acceder a tu perfil como propietario pero también comprobar cómo ve tu perfil el público en general o cómo lo ve un usuario determinado. Así puedes controlar siempre la eficacia de las opciones de privacidad que vas seleccionando para los datos personales que incluyes en tu perfil.

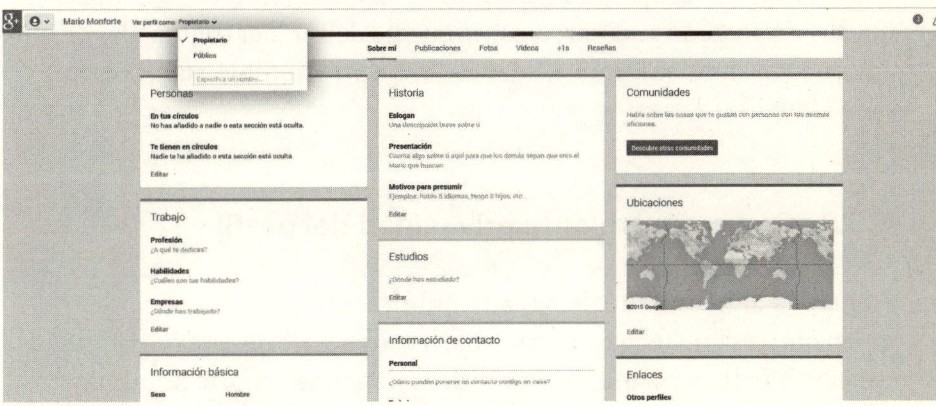

6.3.1. Obtención de una URL personalizada para el perfil

En Google+ se puede (y se debe) obtener una URL personalizada para el perfil, que haga que la dirección web de la cuenta sea más fácil de recordar para otros usuarios (al estilo google.com/+ManuelMoreno). Para crearla debes ir a la sección «Enlaces» dentro de la página «Sobre mí» y hacer clic en «Obtener URL». Google te mostrará algunos nombres que puedes elegir. Debes tener en cuenta que la URL personalizada sólo se puede crear una vez y posteriormente no se puede cambiar, por lo que has de pensar bien el nombre que deseas utilizar (y comprobar que no esté siendo usado por otro usuario). Posiblemente tengas que usar otras letras o números para conseguir una URL que no esté ya en uso.

Hecho esto, acepta las Condiciones de Uso de la URL. Es posible que Google te pida verificar tu cuenta mediante tu número de teléfono móvil y, para ello, te mandará un código por SMS que deberás introducir en la pantalla y dar a «Verificar». Si estás seguro de que quieres que esa sea tu URL, pulsa sobre «Confirmar la selección».

Ten en cuenta que no todo el mundo puede tener su URL personalizada desde el primer momento, ya que hay que cumplir unos requisitos previos: debes tener diez seguidores o más (es decir, personas que te han añadido a sus círculos), la cuenta debe tener treinta días de antigüedad como mínimo y, además, es imprescindible que el perfil posea foto.

6.3.2. Cómo controlar la privacidad del perfil

Aunque a la hora de realizar cada publicación puedes seleccionar quién quieres que tenga acceso a ella, hay una serie de características generales de tu perfil que debes configurar para asegurarte de que disfrutas del nivel de privacidad que deseas en todo momento en Google+.

Al pulsar el botón de «Inicio» uno de los últimos apartados que encontrarás será el de «Configuración», lugar en el que podrás ver quién puede interactuar contigo y tus publicaciones. Una de las primeras cosas que puedes hacer es ajustar la configuración de las notificaciones; es decir, cómo quieres que Google+ te avise cuando sucede algo que puede ser de tu interés: por correo o por teléfono. En el área de notificaciones puedes ir abriendo cada sección (publicaciones, círculos, fotos, *hangouts*, eventos, comunidades, encuestas...) e ir marcando o desmarcando los tipos de notificaciones que quieras recibir: email, SMS, notificaciones *push*...

En este apartado de privacidad también puedes administrar las aplicaciones y el registro de actividades, señalando quién puede ver tus actividades de Google y los círculos que se incluyen cuando seleccionas «Tus círculos» al compartir una publicación. No tienen por qué ser todos por defecto, tú eliges cuáles se mostrarán dentro de ese «Tus círculos».

Asimismo, si seleccionas la casilla «Permitir que otras personas encuentren mi perfil en los resultados de búsqueda», los motores de búsqueda como Google (y otros como Bing o Yahoo!) indexarán tanto tu perfil como el contenido que sea público, y podrán mostrárselo a los usuarios cuando realicen búsquedas relacionadas contigo. Si no deseas que esta opción esté disponible tan sólo debes desmarcarla.

También podrás configurar la posibilidad de mostrar la ubicación geográfica de forma predeterminada en los álbumes de vídeos y fotos compartidos, o cambiarla para que sea distinta en cada álbum. Es posible que quieras permitir a tus contactos que puedan descargarse tus contenidos audiovisuales y quizá haya algunas fotos que no quieras que puedan hacerlo. Esto es algo que también podrás seleccionar en este apartado, como establecer que cuando subas a la red social tus imágenes se redimensionen o no, quedando a tamaño completo.

Hay algunas opciones más que te permiten configurar la ubicación del perfil y añadir *hashtags* relacionados con tus publicaciones. Por último, no está de más echar un vistazo al Centro de Seguridad de Google+,[99] un área que la compañía pone a disposición de jóvenes, padres y educadores para que aprendan a utilizar la plataforma de forma inteligente y divertida. En ella se dan lecciones sobre reputación digital, privacidad y lucha contra el acoso, entre otros aspectos.

6.4. Primeras publicaciones

Junto al apartado «Sobre mí» de tu perfil, se encuentra «Publicaciones», donde se muestran las últimas actualizaciones de estado que has realizado y se da la oportunidad de publicar una nueva (esto se puede hacer desde la caja de actualizaciones que se muestra en cualquier página de la red social).

99. https://www.google.com/intl/es/+/safety/

La caja de actualización permite seleccionar el tipo de contenido que vas a publicar (texto, fotografías, enlaces, vídeos, un evento, una encuesta...) y con quién quieres compartirlo: si es un contenido público, que sólo pueden ver algunos círculos, determinadas personas... Google lleva a cabo algunas medidas preventivas para ayudarte a preservar tu privacidad. «Cuando un usuario quiera compartir un post de forma pública, aparecerá de forma automática un aviso que le indicará qué supone esto y le preguntará si está seguro de querer publicarlo de esta manera», apunta Irene Salazar, responsable de marketing de producto de Google+ en España, a quien entrevistamos para la elaboración de este libro.

Nuevamente, seleccionando cómo quieres ver tu perfil (si como propietario o como un usuario concreto) en la barra de navegación superior de la página, podrás comprobar que sólo tiene acceso a tus publicaciones quienes quieres que lo tengan.

También se puede compartir el contenido con otras personas añadiendo una dirección de correo electrónico en el apartado «para» de la caja de actualización. Si lo haces, la persona recibirá un email en el que aparece el contenido y un enlace. Hay que tener en cuenta que si la persona reenvía el contenido a otra, esa podría verlo aunque tú originariamente no lo hayas querido compartir con ella.

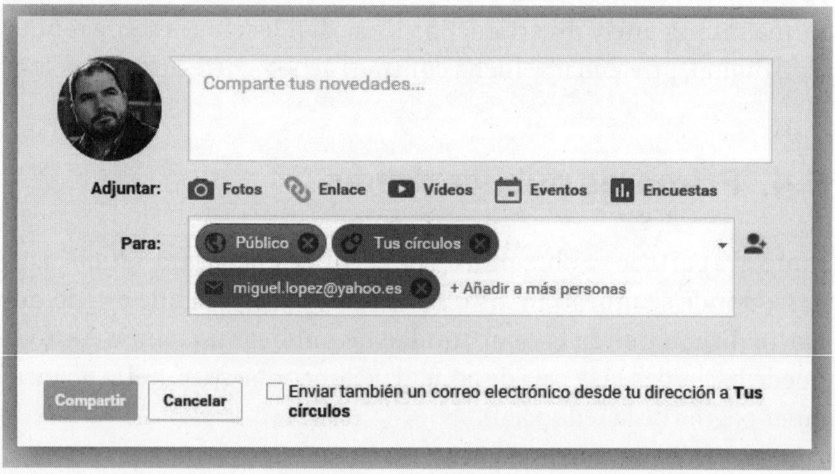

En Google+, como en Facebook, también puedes etiquetar a otros usuarios en tus publicaciones para mencionarles y así llamar su atención sobre lo que acabas de escribir o compartir. Para hacerlo, tienes que incluir el símbolo + delante de su nombre. Esto sólo es válido para usuarios a los que estés siguiendo (y los hayas incluido en alguno de tus círculos).

Otra cosa que puedes hacer en Google+ (y, sin embargo, no en Facebook) es fijar una publicación en la parte superior de la pestaña «Publicaciones». Debe ser un contenido que hayas compartido de forma pública y sólo se puede fijar uno, para darle la mayor importancia y que se vea al principio del perfil. Tan sólo debes ir a la publicación que quieras y, en la esquina superior derecha de esta, hacer clic sobre el icono de la flecha hacia abajo. Allí aparecerá la opción «Fijar la publicación». Para quitarla, repetirías los mismos pasos y pulsarías sobre «Dejar de fijar la publicación».

Junto a «Sobre mí» y «Publicaciones», en la barra de navegación que se sitúa bajo la fotografía, se encuentra un enlace que lleva a todas las fotos y vídeos que has subido a la plataforma, así como a los «+1» que has dado. En Google+, en lugar de «Me gusta» como en Facebook, se denomina «+1» cuando recomiendas lo que otro usuario ha publicado, «te gusta» o estás de acuerdo con ello. En este enlace tendrías acceso a todas las publicaciones que te han gustado recientemente.

6.5. Añadir contactos en Google+ y organizarlos en círculos

Volvamos al menú «Inicio» para seguir configurando nuestra cuenta en Google+. Al pulsar sobre el botón, justo debajo de «Perfil» el segundo apartado es «Personas», área que utilizarás para, si todavía no lo has hecho, buscar a tus amigos, conocidos y compañeros de trabajo que tengan perfil en Google+ y con los que quieras estar en contacto usando la plataforma.

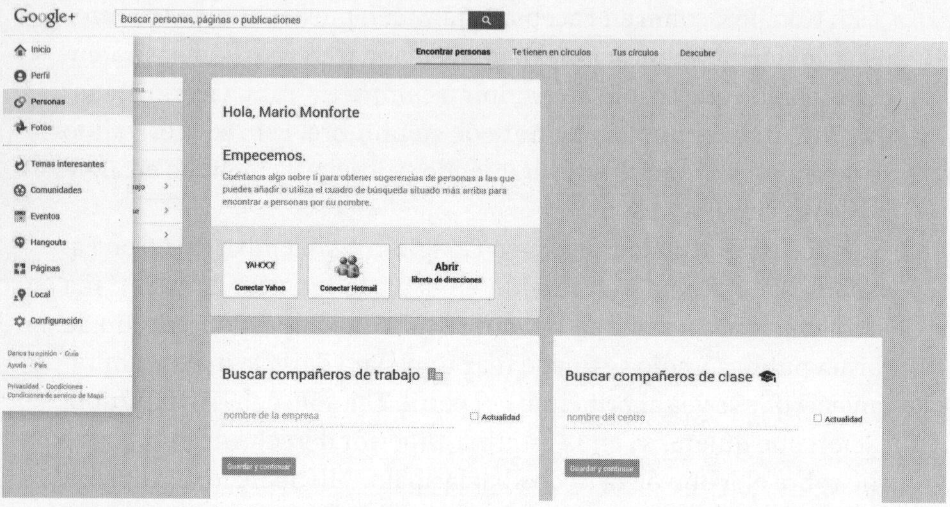

«Personas» se divide en cuatro secciones a las que se accede a través de una barra de navegación que se muestra en la parte superior de la pantalla. La primera, la que vemos en la imagen, se denomina «Encontrar personas», y en ella Google+ te volverá a solicitar que busques tanto a personas que ya conoces por su nombre como a compañeros de clase y de trabajo por medio del nombre del colegio, instituto, universidad o empresa. Por eso te solicitaba todos estos datos durante la configuración del perfil, para poder clasificarte y que así le fuera más sencillo mostrar tu perfil a otros usuarios que quizá te conozcan.

Cuando encuentres a alguien con quien quieras conectar, tan sólo debes añadirlo a uno de tus círculos, no es necesario enviarle una solicitud de amistad y esperar a que la acepte. Sí recibirá una notificación que le comunica que le has añadido, aunque no se señala el nombre del círculo al que le has añadido. Por defecto, Google proporciona los círculos «Amigos», «Familia», «Conocidos» y «Siguiendo», pero puedes agregar los que desees y ordenarlos como gustes.

A partir de este momento, esa persona podrá ver todo lo que hayas compartido anteriormente con el círculo. Si te añade a ti a sus círculos, las publicaciones que compartas con ella aparecerán en su página de inicio, si no, no. Por cierto, como límite, puedes añadir hasta 5.000 perfiles y páginas en todos tus círculos y debes saber que sus nombres y fotografías se mostrarán en tu perfil a no ser que indiques expresamente lo contrario en tu configuración de privacidad.

Además de realizar la búsqueda como tal de las personas que conoces, también puedes conectar tu cuenta con servicios de correo como Hotmail, Yahoo! o incluso la libreta de direcciones guardada en tu ordenador para que Google+ pueda acceder con más facilidad a tus contactos, comprobar quiénes tienen perfil y proponerte que les sigas. Para Google+, si faltan interacciones entre los individuos que integran la plataforma todos los esfuerzos son pocos a la hora de conectar a los usuarios entre sí.

Junto a «Encontrar personas» se incluye «Te tienen en círculos», donde se incluye a todas las personas que te han añadido a sus redes; «Tus círculos», que muestra los grupos en los que has ordenado a las personas a las que te has conectado en la red social; y, por último, «Descubre», donde Google+ te realiza recomendaciones de grupos y personas que podrías estar interesado en seguir. Puedes filtrarlos por distintas categorías.

Si por algún motivo en lugar de añadir contactos lo que quieres es bloquear a un usuario para que no pueda ponerse en contacto contigo a través de Google+, puedes solicitarlo a la plataforma y tu petición será atendida en un plazo de 24 horas. Tan sólo debes usar la barra de búsqueda, encontrar a la persona que quieres bloquear y entrar en su perfil. Pulsando en el icono de una flecha hacia abajo que hay junto a su nombre se abrirá un menú en el que encontrarás la opción para bloquearle. Una vez atendida la solicitud, ni tú podrás formar parte de sus círculos ni él de los tuyos. Tampoco podrá ver nada de lo que publiques y ni siquiera podrá mencionarte.

6.6. Fotos, temas interesantes, comunidades, eventos y local

Como decíamos, desentrañar los entresijos de Google+ no es sencillo y es recomendable seguir un orden a la hora de familiarizarse con sus características y funcionalidades. Por eso iremos mencionando cada una de las áreas del menú de «Inicio» para terminar de configurar el perfil.

En el área de «Fotos» puedes acceder a todas las fotografías que has subido a la plataforma, añadir nuevas e incluso sincronizar la cuenta con tu dispositivo móvil. Si lo haces y te descargas la aplicación móvil de la plataforma para iOS o Android, Google+ realizará de manera automática una copia de seguridad de las fotos y vídeos que tomes con el teléfono para que queden guardadas en la plataforma. Después podrás compartirlas o no, pero las imágenes se conservarán de forma segura para que si ocurre algún problema con el móvil no se pierdan.

La copia de seguridad automática utiliza tu almacenamiento en Google Drive (una especie de disco duro virtual de la compañía) para que puedas acceder a todos tus álbumes de fotos desde la nube; es decir, utilizando cualquier dispositivo con conexión a internet en cualquier lugar. Guardándolas ahí, no estarías además ocupando espacio del disco duro de tu ordenador. Las fotos y vídeos se conservan a tamaño completo de forma predeterminada, a no ser que en el apartado «Tus preferencias de la copia de seguridad automática» elijas tamaño estándar.

En el área de fotografías también podrás etiquetar a personas que aparezcan en las fotos, crear distintos álbumes, añadir efectos a las fotografías... e incluso crear una «historia» con ellas elaborando una presentación a modo de pase de diapositivas, en la que también puedes añadir música y efectos.

Como vemos, el área de fotografía es uno de los puntos fuertes de Google+, que también permite crear álbumes de fotos y vídeos de manera sencilla. Tan sólo habría que situar el cursor sobre las imágenes que se quieran añadir a un álbum e ir seleccionándolas. Dándole a «Copiar» se incluirían en un álbum nuevo o se integrarían en uno existente, según prefieras.

A cada álbum se le puede dar un nombre o cambiarle la foto de portada situando el cursor sobre la foto y haciendo clic en «Portada del álbum». A cada foto también se le puede añadir un título y hacer su icono de vista previa más grande o más pequeño.

Como decíamos al principio, es más que posible que Google acabe convirtiendo el área de fotografías de Google+ en Google Photos, un producto independiente de su red social.

Volviendo al menú «Inicio», en el área de «Publicaciones interesantes» Google+ realiza una selección de los temas que más se están compartiendo o comentando en la red social. Sería una especie de *trending topics*, publicaciones del momento con las que la compañía quiere llamar la atención del usuario e invitarle a comentar e interactuar.

En el área de «Comunidades» puedes encontrar grupos de usuarios que comparten tus mismos intereses y unirte a ellos. Hay comunidades abiertas y otras que requieren que se solicite el acceso y se deba obtener una aprobación para poder ser miembro.

En la esquina superior derecha encontrarás el acceso a «Buscar comunidades». Tan sólo debes teclear lo que quieras buscar en el cuadro de búsqueda y aparecerán grupos relacionados con esa temática. Al unirte, generalmente puedes elegir si quieres recibir notificaciones de la comunidad o no. Y si no encuentras ninguna que se ajuste a tus intereses, puedes crear tu propia comunidad.

En Google+, los «eventos» funcionan de una manera similar a los de Facebook. Puedes crear cuantos quieras e invitar a tus amigos a unirse seleccionando un tema, una hora, un día y una ubicación. En el menú «Opciones del evento» puedes indicar si los invitados pueden invitar a su vez a otras personas e incluso añadir enlaces a otros sitios web, información sobre el tráfico...

Los invitados recibirán una notificación, verán una publicación en su página de inicio de Google+ y el evento se añadirá tanto a su página de eventos como a su Google Calendar, incluso se puede hacer un seguimiento en tiempo real de las confirmaciones de participación. No es necesario que tus invitados utilicen Google+, ya que cualquier persona que invites podrá ver el evento y responder a la invitación sin necesidad de registrarse en la red social.

Además, los eventos se configuran como espacios colaborativos en los que se suben y almacenan todas las fotos de las personas que participan en ellos. Gracias al llamado «Modo fiesta» esto puede hacerse incluso en tiempo real. A los eventos también puede añadírseles la celebración de un *hangout*. Esta funcionalidad de Google+ es tan importante que merece que le dediquemos un apartado, será el 6.8.

La red social de Google también dispone de un servicio llamado Google+ Local que sirve para ayudar a los usuarios a compartir y descubrir nuevos lugares, cines, restaurantes, cafeterías... Es como una guía que proporciona información de distintos establecimientos y negocios basándose en las recomendaciones y reseñas de otros usuarios que pueden estar o no en tus círculos.

Al acceder a Local a través del menú «Inicio» o en http://plus.google.com/local, se abre una página con sitios que ya has visitado, así como un buscador en la parte superior donde puedes encontrar cualquier hotel, restaurante cercano o en cualquier localidad.

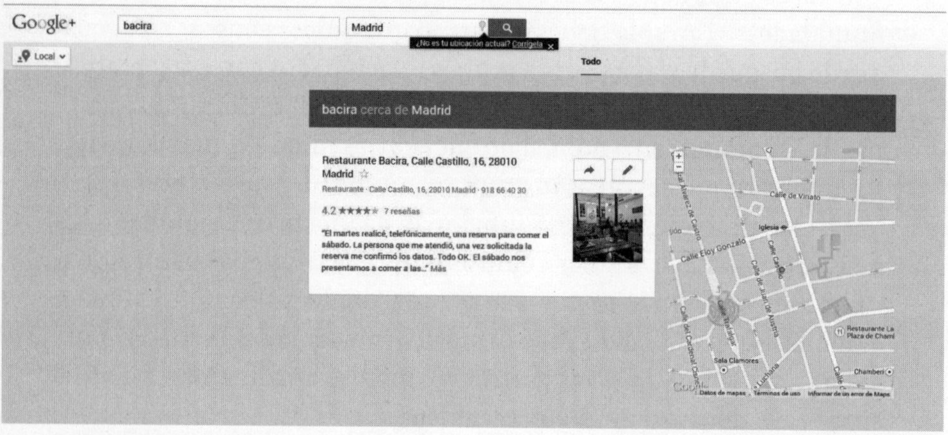

En los resultados de búsqueda se ofrecen fichas de los distintos establecimientos con su dirección, horario, teléfono de contacto... y un sistema de puntuación otorgado por los usuarios que puntúa de una a cinco estrellas, así como un enlace a las reseñas y comentarios que otros miembros han dejado en la página corporativa del establecimiento en Google+. También un mapa de ubicación, fotografías, vídeos... y todo tipo de materiales que se hayan compartido sobre el lugar.

6.7. El *feed* de actualizaciones

Es posible que estés sorprendido por el alto número de herramientas y funcionalidades que tiene Google+. Lo que hemos hecho hasta ahora ha sido repasarlas y configurar el perfil, pero no hemos echado un vistazo a la parte del *feed* de actualizaciones.

Como en Facebook, en Google+ existe un área en la que vemos las publicaciones de los usuarios a los que seguimos, a la que accedemos cuando ingresamos en la plataforma o cuando pulsamos sobre el enlace de nuestro nombre precedido por el signo + que se encuentra en la esquina superior de cualquier página de un producto de Google.

En esta página «de inicio», lo primero que encontrarás será la barra de navegación superior de Google, donde se sitúa el buscador, tu nombre, el acceso a otros productos de la compañía (indicado con un icono de nueve cuadrados pequeños), el número de notificaciones que tienes y el acceso a tu cuenta.

Bajo la barra, se halla el menú de navegación de Google+, con el botón de inicio en la parte derecha y con una serie de enlaces, a modo de pestañas, que te indican las actualizaciones que vas a visualizar por orden cronológico (las de todos los contactos, las del círculo de familiares, las del círculo de los amigos, las del círculo de conocidos...). Por último, en la parte derecha de la barra, se incluyen dos iconos: uno que dirige a la funcionalidad de «Añadir más personas» y otro a los *hangouts*.

Ordenada la página en tres columnas, lo primero que te encuentras es la caja de actualización de estado, en la que puedes compartir un texto, una fotografía, un enlace... de la forma que ya vimos en el apartado 6.4. Después se muestran los distintos contenidos que han compartido las personas a las que sigues, ordenados cronológicamente. Podrás hacerles «+1» si te gustan o estás de acuerdo con ellos, o también dejar un comentario. Si pasas el cursor por la esquina superior derecha de la publicación, aparecerá un icono en forma de flecha hacia abajo. Si lo pulsas, se mostrará una serie de opciones.

En «Ver la actividad de esta publicación», el contenido se girará para mostrar un resumen de las personas que le han dado a «+1» o que lo han compartido. En los siguientes apartados podrás obtener una URL específica para que puedas compartir la publicación, enviársela a alguien por correo electrónico... y obtener un código para poder embeberla en un blog u otra página web. También se puede silenciar la publicación, denunciarla por *spam* o eliminar al autor de los círculos para no seguir viendo sus actualizaciones.

Junto a las publicaciones de las personas a las que sigues, en este *feed* de actualizaciones general también verás contenidos que serían «temas interesantes y recomendados» (aquellos que Google+ considera que te pueden llamar la atención) y que se identifican como tales, actualizaciones de las comunidades a las que perteneces (que también se señalan como tales) y actualizaciones de otros usuarios que no están en tus círculos pero a las que alguien que sigues ha hecho «+1» (siempre que su configuración fuese pública o disponible para compartir con círculos de los círculos).

Además, también se intercalan módulos con recomendaciones de otros usuarios a los que seguir, invitaciones a comunidades o consejos para terminar de completar la información personal que has incluido en tu cuenta.

Se trata de una página que se actualiza constantemente. Si aparece una burbuja con un número en su parte izquierda es que se ha producido alguna nueva publicación que se debería mostrar. Pulsando sobre ella, el *feed* de actualizaciones se refresca y se muestra el nuevo contenido. Además, si haces *scroll* con el ratón hacia abajo hasta el final de la página se cargan más publicaciones de manera indefinida.

6.8. Qué son los *hangouts* y cómo sacarles partido

Hemos estado hablando en varias ocasiones a lo largo del capítulo de los *hangouts* de Google, posiblemente la seña diferencial de esta plataforma y una herramienta muy útil, a la que conviene dedicarle un apartado específico para aprender a sacarle el máximo partido.

En un principio, los *hangouts* nacieron como una funcionalidad específica de Google+, aunque hoy día ya pueden usarse desde otros productos de la compañía, como Gmail o YouTube (aunque en algunos de ellos no están disponibles todas las funciones que sí pueden disfrutarse desde la red social). Sirven para enviar mensajes a modo de chat o por SMS y hacer videollamadas con varias personas desde diversos dispositivos. Por ejemplo, puedes iniciar la conversación desde el ordenador y continuarla en tu teléfono móvil.

Los *hangouts* permiten hablar cara a cara con hasta nueve personas mediante la realización de una videollamada y mantener charlas en grupo con hasta cien personas.

6.8.1. Cómo iniciar un *hangout*

Para iniciar una conversación con un usuario, debes pulsar desde cualquier página de Google+ en el icono de *hangout* (una especie de bocadillo de cómic con dos comillas dentro) que se encuentra en la parte superior derecha de la pantalla, justo debajo del área de notificaciones y el icono de tu fotografía de perfil.

Esto abrirá una columna en la parte derecha de la pantalla en la que se mostrará la lista de conversaciones mantenidas, ordenada cronológicamente, y un buscador. Si buscas el nombre de la persona con la que te quieres comunicar y pulsas sobre él, se abrirá una especie de ventana de chat, a través de la cual podéis enviaros mensajes, emoticonos... En la parte superior hay un icono para iniciar una videollamada o para añadir a más personas a la conversación.

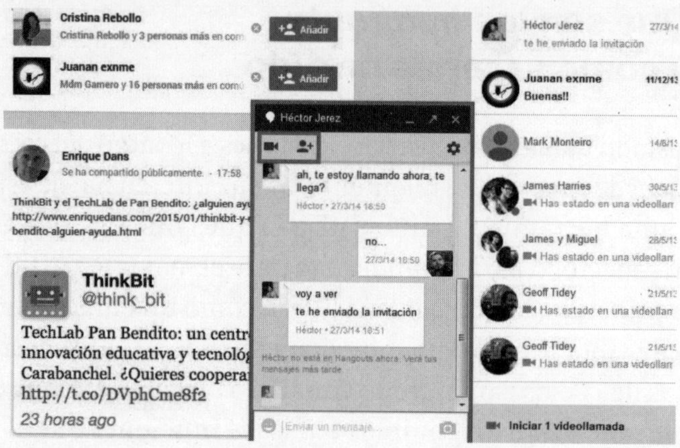

Pulsando sobre el botón de la cámara se pueden enviar fotografías, y si pones el cursor sobre ella aparece un icono de un lápiz. Si haces clic sobre él, podrás dibujar un mensaje y compartirlo con la persona con la que mantienes el *hangout*.

Hasta aquí, *hangout* funciona casi como el chat de cualquier otra plataforma social. Sin embargo, su valor añadido se encuentra en la posibilidad de realizar videollamadas usando el micrófono y la cámara web del ordenador o de cualquier otro dispositivo (tableta, teléfono móvil...). Si tienes unos auriculares, puedes usarlos para escuchar a tu interlocutor, y si estos poseen el micrófono incorporado, mucho mejor.

Debes asegurarte de que has descargado en tu ordenador la última versión del complemento de *hangout* para realizar videollamadas.[100] Además, como requisitos técnicos, tu ordenador deberá tener al menos un procesador de doble núcleo de 2 GHz y una conexión a internet de al menos 1 MB de subida y bajada.

100. Esto lo puedes hacer desde el siguiente enlace: https://www.google.com/tools/dlpage/hangoutplugin

Si ya lo tienes instalado, sólo debes pulsar sobre el icono de la videollamada y se abrirá una nueva ventana en la que podrás ver a tu interlocutor tan pronto como acepte la llamada. En esta nueva ventana verás un cuadro con un enlace para compartir. Es como la URL de la videollamada y podrás enviárselo al interlocutor para que se una o a cualquier otra persona para que también se conecte.

Aunque ya esté empezada, durante la videollamada se puede añadir a otras personas (hasta nueve más). Tan sólo tienes que hacer clic en el icono para invitar a personas (una especie de personaje con un símbolo +), buscar el nombre de la persona a la que quieres invitar y hacer clic en «Añadir personas» para mandarle una invitación.

Si durante la videollamada colocas el cursor con el ratón en la parte superior central de la pantalla aparecerán las distintas opciones de la llamada, que te permitirán, entre otras cosas, desactivar el vídeo o quitar el sonido.

Durante la realización del *hangout* con videollamada se suele mostrar la imagen de la persona que está hablando en cada momento, aunque si tú eres quien lo has organizado puedes configurarlo para que la gente sólo vea a la persona que tú elijas. Para ello, debes pulsar sobre el menú desplegable (icono de una flecha hacia abajo) y seleccionar la miniatura de la foto de la persona que elijas y hacer clic en «Mostrarme a todos». La otra persona verá una barra verde que le indica que está «transmitiendo». Si quiere dejar de ser la persona que se muestra, sólo tiene que darle a «Detener».

Por otra parte, si acercas el cursor a la parte izquierda de la pantalla podrás ver las aplicaciones disponibles, como la que posibilita compartir el escritorio con los interlocutores, que es una de las más útiles. Al pulsar sobre ella puedes elegir si compartir tu escritorio o cualquiera de las ventanas que tengas abiertas con el resto de los participantes en la videollamada.

Otra de las aplicaciones, «Escritorio remoto», permite que tengas acceso a los ordenadores de otros usuarios (por ejemplo, para que puedas resolver un problema que la otra persona tenga, como hacen muchos servicios técnicos informáticos hoy día). Al hacer clic sobre esa posibilidad, el otro participante recibirá una invitación para que confirme si da acceso de forma remota a su equipo.

Existe la posibilidad de bloquear a una persona en *hangout*, pero si lo haces, la estarías bloqueando también para otros productos de Google, como Gmail o Google+. De la misma manera, no puedes mantener *hangouts* con cualquier persona que hayas bloqueado en cualquier otro producto de Google.

Para bloquear a alguien tan sólo debes hacer clic en el icono de la tuerca (en la esquina superior derecha de la ventanita en la que mantienes la conversación con él) y pulsar en «Bloquear usuario». La persona no recibe notificación alguna (a no ser que estuvieras manteniendo una videollamada en ese momento con ella), pero sí se dará cuenta de que ya no puede interactuar contigo como antes.

6.8.2. Configuración de los *hangouts*

Cuando pulsas sobre el icono de los *hangouts* en la esquina superior derecha de cualquier página de Google+, se abre el listado de conversaciones recientes y en la parte superior del listado hay una flecha que al pulsarla te permite gestionar las opciones de configuración de las conversaciones, las notificaciones y las invitaciones.

Hay distintos ajustes que se pueden realizar para que tu experiencia con *hangouts* sea lo más satisfactoria posible. Por ejemplo, se pueden silenciar temporalmente (durante una hora, ocho horas o dos días como máximo) las notificaciones, los sonidos para los mensajes entrantes o cuando se recibe una llamada de teléfono.

También ahí se puede ver una lista de las conversaciones archivadas y que no figuran en la lista de conversaciones recientes, ver un histórico de las invitaciones recibidas, ver las personas bloqueadas y personalizar la configuración de las invitaciones (por ejemplo, para que las personas incluidas en determinados círculos no puedan iniciar una conversación contigo directamente y tengan que solicitar una autorización).

En la configuración también puedes establecer una frase que defina tu estado de ánimo. Si quieres poner un estado «temporal», que dure sólo 24 horas (para decir cómo te encuentras hoy), puedes hacerlo en la caja que indica «Define tu estado de ánimo actual». Pasado el tiempo establecido, se volverá a mostrar el mensaje que tenías anteriormente.

Asimismo, puedes seleccionar que se muestre el dispositivo con el que estás conectado en cada momento (si es teléfono, tableta u ordenador) y también elegir si deseas que se sepa cuando estás ocupado en una videollamada o una llamada telefónica. También puedes acceder aquí para cerrar tu sesión de *hangout* y que los demás usuarios no te vean como conectado y disponible en ese momento.

Por otra parte, también puedes configurar la conversación con una persona determinada (o para una conversación en grupo). Para ello, debes pulsar en el icono de la tuerca dentro de la ventana del *hangout* que mantienes con ella (la ventana de chat). Ahí puedes quitar las notificaciones sonoras y emergentes, dado que siempre están activadas por defecto, así como desactivar la opción de que la conversación se guarde en tu historial.

De la misma manera, puedes dar por archivada la conversación (y desaparecerá de la lista de *hangouts*, sólo estará disponible en el área de configuración, en el apartado de conversaciones archivadas), eliminarla o incluso bloquear a esa persona. Elegidos los cambios que desees, sólo tienes que pulsar en «Guardar».

6.8.3. *Hangouts* en directo

Como hemos visto, sólo pueden participar al mismo tiempo en una videollamada la persona que la organiza y nueve contactos más. Sin embargo, existe otra posibilidad para realizar emisiones en directo para más de diez personas y audiencias más grandes: los llamados «Hangouts en directo», una de las funcionalidades más interesantes y diferenciadoras de la plataforma en la actualidad.

Los «Hangouts en directo» pueden utilizarse para emitir conferencias en *streaming*, debates, charlas y encuentros con seguidores o incluso actuaciones musicales en directo. Para poder llevarlos a cabo es necesario contar con un canal de YouTube (te explicaremos cómo hacerlo en el apartado 8.6 de este libro) y un perfil de Google+ conectado a YouTube (los nuevos canales de YouTube se vinculan por defecto, al reconocer el mismo usuario, si no, puedes hacerlo tú mismo en la configuración de la cuenta del canal). Además, a nivel técnico son necesarios los mismos requisitos que para realizar una videollamada normal.

Para iniciar un *hangout* en directo, en el menú inicio, al pulsar en el área de «Hangouts» verás que una de las secciones disponibles en la barra superior es «Hangouts en directo». Deberás elegir un nombre, darle una descripción a tu evento y establecer la hora de inicio.

También debes seleccionar las personas a las que harás llegar tu emisión. Si quieres llegar a todo el que lo desee, sin restricciones, deberás señalar «Público» (si quieres que sea de uso restringido, déjalo «Oculto»). Si incluyes tus círculos o personas que te interesen, te aseguras de que reciban una invitación para la emisión. Ya sólo quedaría darle a «Compartir» para dejar listo el *hangout* en directo y se habrá creado un evento con la retransmisión, en la que podrás participar tú y hasta nueve personas emisoras más, aunque siempre el administrador es el que controla lo que se está transmitiendo. Puedes realizar retransmisiones de hasta ocho horas ininterrumpidas.

No hay límite de espectadores. Desde la página del evento, podrás enviar más invitaciones y copiar la URL directa de la retransmisión para hacérsela llegar a los posibles espectadores. Los usuarios que accedan al evento verán una cuenta atrás hasta el inicio de la emisión. Puedes subir fotografías o vídeos que quieras que se muestren a los usuarios mientras esperan. También podrías elaborar un tráiler y subirlo.

En la página del evento, si activas la opción de recopilar preguntas antes del inicio, los visitantes podrán ir dejando sus cuestiones para que sean respondidas durante la retransmisión. Cuando llegue el momento, pulsa en «Iniciar emisión» para comenzar el *hangout* en directo. Verás que en la parte superior de la pantalla hay un mensaje que dice «Emitiendo» y podrás ver el número de personas que hay conectadas. Ten cuidado de no emitir contenidos con los que puedas vulnerar las leyes de propiedad intelectual (por ejemplo, una canción de fondo con derechos de autor).

Una vez que la emisión en directo haya finalizado, el vídeo se publicará dentro del canal de YouTube del usuario y también en la página de inicio de Google+. Desde ambos lugares se podrá editar el vídeo y cualquier persona podrá ver la versión editada.

6.9. Creación de una página de empresa en Google+

Aunque la creación de una página corporativa en Google+ y su gestión es una tarea que debería dejarse en manos de un profesional de *social media*, conviene saber que existe la posibilidad de hacerlo, sobre todo por si eres propietario de una pequeña empresa y no cuentas con la posibilidad de contratar a un *community manager*.

No profundizaremos en la planificación y desarrollo de la estrategia que una marca o una pequeña empresa debe llevar a cabo en Google+, pero sí que proporcionaremos unas líneas básicas generales para que quien quiera crear un perfil corporativo pueda hacerlo.

Al pulsar el botón de «Inicio» en Google+, debes ir hasta «Páginas» y hacer clic. Una vez ahí, pulsa sobre «Obtener una página». Lo primero que tendrás que hacer es seleccionar el tipo de empresa: escaparate (restaurantes, tiendas, hoteles), servicios (fontaneros, taxis...) o marca (si es para un grupo musical, un club social...). En los dos primeros casos se te solicitará que incluyas la dirección del negocio para darlo de alta también en Google Business, mientras que en el tercero accederás a un formulario en el que tendrás que añadir el nombre, la dirección web de la marca y el tipo de página que se va a crear (ocio, comunidad, otros...).

Una vez creada tu página podrás editarla añadiéndole una foto de perfil y una imagen de cabecera e ir rellenando cada uno de los apartados en los que se divide la cuenta (información de contacto, descripción, etc.), como en un perfil normal. Para adquirir conceptos básicos de cómo gestionarla, qué contenidos compartir y cómo se le puede sacar el máximo partido te recomiendo que le eches un vistazo a *El gran libro del community manager*.[101]

101. *El gran libro del community manager*, Editorial Gestión 2000 (Grupo Planeta, 2014). Su autor es Manuel Moreno, autor de *Cómo triunfar en las redes sociales*.

6.10. Consejos para sacar más partido a Google+

Si decides apostar por utilizar Google+, lo primero que debes tener claro es que es una plataforma distinta a Facebook, Twitter o Instagram. Esto quiere decir, sobre todo, que tendrás que dedicar tiempo a configurar tu perfil de forma exhaustiva y, regularmente, acceder a la plataforma para interactuar con tus contactos y hacer nuevos. Pero sobre todo, que debes compartir contenidos en esta red social que no estés publicando ya en otras plataformas.

Si Google+ sólo te sirve para replicar el contenido de tus tuits o las fotografías que subes a Instagram, a poca gente le va a resultar interesante añadirte a sus círculos, puesto que quizá ya te sigan en Twitter o Instagram y lo único que les estarías aportando serían publicaciones duplicadas. Posiblemente te consideren un *spammer* (persona que únicamente comparte contenidos promocionales, publicitarios o simplemente molestos con sus contactos en las redes sociales o por correo electrónico).

Para que esto no ocurra y para que puedas sacar más partido a tu experiencia en Google+, además de tener en cuenta todo lo que hemos ido comentando a lo largo de este capítulo, échale un vistazo a los siguientes consejos:

Trece consejos para obtener mayor rendimiento en Google+

1. **Plantéate un objetivo.** ¿Para qué quieres utilizar realmente Google+? Si ya eres usuario de Facebook —donde estás en contacto con tus amigos— y de Twitter —donde te informas e interactúas con profesionales y personas relevantes a las que sigues—, quizá lo primero sea pensar qué uso vas a darle a Google+ y qué quieres conseguir de la plataforma. Si buscas posicionarte profesionalmente, hacerte más visible en internet o simplemente organizar tus contactos virtuales mediante el

sistema de círculos utilizarás la herramienta de forma diferente en cada caso. Búscale un sentido a tu presencia en Google+.

2. **Da una buena impresión.** Google indexa el contenido de los perfiles de Google+ y estos pueden aparecer cuando un internauta introduce tu nombre en el buscador de Google para saber más de ti. Ese usuario de internet puede ser un amigo de la infancia del que hace mucho que no sabes o la persona que ha recibido tu currículum para un proceso de selección, por lo que si tienes abierto perfil en Google+ (que será así si ya usas cualquier otro servicio de Google como YouTube o Gmail), debes preocuparte por, al menos, causarle una buena impresión si accede a él.

   Esto quiere decir que deberías tener una buena fotografía tanto de perfil como de cabecera, y haber cumplimentado los datos básicos del perfil. Si además has invertido tiempo en configurar sus opciones de privacidad, te asegurarás de que la persona que llega hasta él sólo accede a la información que quieres mostrar a un visitante ocasional. En otras palabras: convierte tu perfil en Google+ en tu tarjeta de visita ante posibles resultados de búsqueda en Google.
3. **Contenido novedoso.** Google+ es una red social distinta a otras, por lo que replicar en ella los contenidos que has creado para otras plataformas no tiene mucho sentido. El contenido que compartas debe ser único, interesante y aportar valor real a las personas que te han añadido a sus círculos.
4. **Contenido de calidad.** Google valora el contenido de calidad en internet a la hora de ofrecer resultados de búsqueda. En su red social utiliza el mismo criterio, por lo que si publicas contenido actualizado regularmente y además este gusta a tus seguidores, ganarás popularidad en la red social.
5. **Edita tus publicaciones.** Quizá no lo sepas, pero puedes poner negritas y subrayados en tus actualizaciones de estado. Para poner una palabra en negrita debes escribirla entre asteriscos (es decir, *esto aparecerá en negrita*). Para ponerla en cursiva,

entre guiones bajos (_esto aparecería en cursiva_), y para que aparezca tachada, entre guiones normales (-esto aparecerá tachado-). Es una curiosidad, pero enriquecerá tus publicaciones.

6. **Administra tus círculos.** Así tendrás el control de manera consciente sobre qué publicaciones se muestran en tu *feed* de actualizaciones y de quién son. De la misma manera, selecciona con quién te gustaría compartir las tuyas (si deseas que sean públicas o sólo visibles para algunos usuarios) configurando correctamente las opciones de privacidad de tu perfil.
7. **Periodicidad en la publicación.** No hay reglas para definir cada cuánto tiempo conviene que publiques en una red social. Todo depende de la motivación que tengas para compartir algo con las personas que te tienen en sus círculos: un pensamiento, una fotografía, un vídeo... Debes realizar una actualización mínima para que cuando alguien acceda al perfil no considere que está desactualizado y olvidado.
8. **Interactuar con los usuarios.** Aunque a veces cueste entenderla como tal, Google+ es una red social en la que el objetivo principal es estar en contacto con el resto de los miembros. Interactuar con las personas que has incluido en tus círculos, comentar sus publicaciones, dar a «+1»... invitará a otros a hacerlo también con las tuyas, y esto te proporcionará mayor relevancia dentro de la plataforma.
9. **Haz uso de las comunidades.** Aprovecha para contactar con otros usuarios interesados en lo mismo que tú, personas con tus mismas aficiones... Únete a comunidades públicas o crea las tuyas propias. Colabora de forma activa en ellas y date a conocer para ganar popularidad y relevancia.
10. **Utiliza *hashtags* y notificaciones.** Aunque la mayor parte de los usuarios no lo sabe, Google+ imitó hace tiempo a Twitter y le copió una de sus funcionalidades más relevantes: los *hashtags*, que en la red social de Google también se pueden utilizar como etiquetas para ordenar el contenido relevante. Además se puede mencionar a usuarios a los que pueda interesarles la pu-

blicación nombrándoles con el símbolo + delante de su nombre de usuario. Así recibirán una notificación que les alertará de que les has mencionado y acudirán a ver lo que has publicado.

11. **Fotografías.** Como hemos visto, una de las mejores funcionalidades que proporciona Google+ es su sistema de almacenamiento de fotografías, que permite subir imágenes de gran calidad, ordenarlas y tenerlas disponibles desde cualquier dispositivo. Hay muchos usuarios que ya utilizan Google+ como repositorio personal de imágenes, como su álbum digital y, a la vez, puede servir como una copia de seguridad de las imágenes que tienes almacenadas en otros lugares, por ejemplo, en el disco duro de tu ordenador.
12. ***Hangouts.*** Es otra de las herramientas *estrella* que proporciona Google+. Aprovecha las posibilidades de comunicación con otros usuarios que brinda o incluso atrévete a realizar un *hangout* en directo si tienes algo importante que comunicar y quieres potenciar tu marca personal.
13. **Aprovecha los *gif*.** Los *gif* son esas pequeñas imágenes en movimiento que se popularizaron en internet a finales de la década de 1990 y que ahora vuelven a estar de moda. Cualquier usuario puede crearlas tomando, por ejemplo, cinco fotos consecutivas con su teléfono móvil y utilizando una de las muchas *apps* que existen para dar formato a los *gif*. Google+ es la única red social que los admite como foto de perfil.

6.11. Cómo eliminar el perfil de Google+

Aunque no muchas personas lo sepan, puedes eliminar tu perfil de Google+ sin que ello afecte al resto de los servicios que utilizas en Google. Sin embargo, mientras que la creación del perfil es automática si usas cualquiera de las aplicaciones de la compañía de Mountain View, la eliminación del perfil debe ser proactiva; es decir, debes llevarla a cabo tú.

Antes de borrar de manera definitiva el perfil de Google+ quizá quieras recuperar toda la información vertida en él. La propia compañía te da la oportunidad de hacerlo usando otra de sus aplicaciones: Google Takeout.[102]

Accediendo a este servicio solicitas a Google que te proporcione una copia de seguridad de toda la información que tienes en sus productos (Calendar, Google+, Correo, Blogger, YouTube, Google Libros...). Se puede solicitar la recuperación de la información servicio a servicio o todos a la vez mediante la descarga de un archivo comprimido .zip (necesitarás un programa como Winzip o cualquiera de los descompresores de archivos que puedes encontrar gratis en internet para poder extraerlos). Si los archivos son de un tamaño mayor de 2 GB, Google los dividirá en varios .zip.

Como el proceso de obtención de todos los archivos puede ser largo, también puedes pedir a Google que te envíe un enlace a tu correo electrónico cuando haya compilado toda la información. Así podrás descargarlo cuando quieras y desde el dispositivo que quieras en el plazo de una semana.

Si no quieres usar más el perfil de Google+, puedes borrarlo en cualquier momento. Para ello, tienes que acceder a la dirección http://plus.google.com/downgrade y registrarte con tu nombre y contraseña.

Si eliminas tu perfil de Google+ puedes seguir usando el resto de los servicios de Google en los que estés registrado, pero no podrás volver a acceder a la red social. Si quisieras hacerlo más adelante, tendrías que volver a crear un perfil, ya que el borrado es permanente.

Al eliminar la cuenta de Google+ desaparecen los círculos (aunque las personas continuarán formando parte de tus contactos de Google Talk o Gmail), los +1 que hayas realizado, las publicaciones y comentarios publicados, así como la información de tu perfil. Por el contrario, no se eliminarán las comunidades que hayas creado si hay más miembros en ellas (podrán continuar utilizándolas) y tus fotografías tampoco desaparecerán de los archivos de Google: podrás seguir con-

102. https://www.google.com/settings/takeout

sultándolas a través de los álbumes de Picasa[103] (otro de los servicios de la compañía).

Si además de eliminar tu perfil de Google+ lo que quieres es eliminar directamente tu cuenta de Google se te dará de baja de todos los servicios que están asociados a ella. Para hacer esto tendrá que acceder a la página de configuración de tu cuenta de Google, y en «Administración de cuentas» pulsar sobre «Eliminar la cuenta de Google y los datos».

103. https://picasaweb.google.com/lh/myphotos

7. Cómo triunfar en Pinterest

Pinterest fue creada a finales de 2009, aunque durante su primer año de vida no logró mucha popularidad. Sin embargo, la revista norteamericana *Time* la seleccionó como uno de los cincuenta mejores sitios web en 2011, lo que le proporcionó un impulso tal que llegó a superar los 10 millones de usuarios a finales de ese año, convirtiéndose en la red social de mayor crecimiento de la historia hasta ese momento.

Desde entonces, ninguna otra plataforma ha irrumpido con tanta fuerza en el escenario de las redes sociales, por eso se le continúa considerando como «el último *boom* social». En la actualidad posee más de cien millones de usuarios en todo el mundo (aproximadamente el 80 por ciento de ellos son mujeres, aunque poco a poco parece que más hombres se van animando a utilizar la herramienta).

La esencia de Pinterest es muy sencilla: los usuarios ordenan y clasifican imágenes y vídeos (tanto creaciones propias como fotografías que se encuentran alojadas en otras páginas web) en distintos tableros, a los que se les da un nombre para que otros usuarios a los que pudiera interesarles la misma temática los sigan y estén al tanto de cada nueva imagen que se añada en ellos. Para entender con rapidez qué es Pinterest, lo mejor es imaginarse un conjunto de tablones de anuncios temáticos en los que se cuelgan fotografías y vídeos con una chincheta.

Las fotografías compartidas en cada uno de los tableros enlazan al lugar donde se encuentran publicadas originalmente, por eso Pinterest es una de las plataformas que más tráfico envía a otras páginas web, más incluso que Twitter. Sólo Google y Facebook la superan, por el momento.

«Pinterest es una herramienta que te permite descubrir y recopilar nuevas ideas. La gente la utiliza como si fuera el botón de "guardar" de internet para conservar aquellos contenidos que les interesan: artículos que les apetece leer, lugares que desean visitar..., y con todos esos datos estamos construyendo el motor de descubrimiento online más grande del mundo», establece Mithya Srinivasan, responsable de comunicación de Pinterest, a lo largo de una entrevista mantenida durante la escritura de este libro.

Esta plataforma también puede utilizarse, además de como catálogo para descubrir nuevas imágenes y buscar información gráfica de otros usuarios, para dar difusión a nuestras creaciones a través de las fotografías. Esto hace que sea una plataforma muy apreciada por cocineros, modistas, decoradores, diseñadores..., a los que sirve de trampolín para dar a conocer sus trabajos. También permite a las tiendas online dar más visibilidad a los productos que comercializan. «Pinterest es la red social de todo lo que entra por los ojos, no permite tanto fidelizar pero sí proporciona mucho tráfico», apunta Cristina Alcázar, directora de la agencia Bee Social, durante una entrevista.

Por supuesto, Pinterest también sirve para entrar en contacto con otras personas con intereses comunes, a los que se puede seguir de forma genérica (siguiendo todos sus tablones) o se pueden seleccionar sólo aquellos tablones en cuyas actualizaciones se esté interesado. Cada vez que subas una fotografía o un vídeo estarás compartiendo lo que se llama un «pin».

Cada nuevo pin aparece en el *feed* de actualizaciones del usuario, en el que verá, ordenadas cronológicamente, todas las publicaciones que hayan realizado las personas a las que sigue. Si decide compartirlas en alguno de sus propios tablones, eso será conocido como «repin», que también conservará el enlace a la fuente original, lo que le seguirá proporcionando visitas y tráfico.

7.1. Cómo crear un perfil en Pinterest

Pinterest asegura en su página de inicio que sólo son necesarios quince segundos para crear un perfil en la red social. Para comprobarlo tendrás que visitar Pinterest.com, donde te encontrarás con un cuadro como el de la imagen.

Puedes entrar a la red social conectándote con tu perfil de Facebook, para lo que tendrás que dar autorización expresa a Pinterest y que pueda así obtener información de tu cuenta en la red social de Mark Zuckerberg. Concretamente, estarás dando tu consentimiento a que la compañía acceda a tu perfil público, lista de amigos, dirección de correo electrónico, fecha de cumpleaños, descripción personal y los «Me gusta» que has realizado.

Cabe realizar una aclaración: Facebook impide que la aplicación de Pinterest publique en su red social, lo que significa que aunque quisieras, las publicaciones que hagas en Pinterest no se verán reflejadas en tu perfil en Facebook. Siendo consciente de todo esto, si estás de acuerdo, no tienes más que pulsar el botón de «Aceptar» y ya podrás usar Pinterest con los datos de tu cuenta de Facebook.

Si por el contrario no quieres que Pinterest pueda tener acceso a tu información de Facebook, o simplemente prefieres registrarte creando una cuenta específica en esta red social, tan sólo debes introducir tu correo electrónico y escoger una contraseña. Al hacerlo, antes de crear el perfil, Pinterest te solicitará unos datos adicionales: nombre y apellidos, edad y sexo.

Una vez introducida esta información básica, Pinterest te propondrá una serie de temáticas que pueden ser de tu interés para que escojas las que quieras antes de pasar a la configuración de tu perfil. Este es un paso obligatorio y se deben seleccionar al menos cinco temas para poder continuar, que servirán para ir dotando de contenido tu *feed* de actualizaciones y que cuando entres por primera vez a tu cuenta de Pinterest no se encuentre vacío.

Después, Pinterest te propone que elijas entre Facebook y Twitter para poder mostrarte los contactos que ya están utilizando la plataforma y puedas seguirles y empezar a interactuar con ellos. Parece que es un paso obligatorio, pero puedes saltártelo pulsando sobre la palabra «Omitir» que se encuentra en la parte inferior derecha de la pantalla, un tanto escondida, con tipografía gris claro que puede hacerte pensar que no es una opción que se encuentre activa.

Hecho esto, Pinterest te enviará un email a tu dirección de correo electrónico. Debes abrirlo y pulsar en «Confirmar» para certificar tu identidad si quieres tener pleno acceso a todas las funcionalidades en la red social (como por ejemplo, dejar comentarios en los pines). Es algo que puedes hacer en otro momento, si quieres.

Una vez elegidos los contactos de otras redes sociales a los que quieres seguir en Pinterest (u omitido el paso), ya accederás al *feed* de actualizaciones de tu cuenta. Ahí se mostrarán las últimas fotografías y vídeos compartidos por las personas que has empezado a seguir o las de usuarios que no conoces pero que han publicado imágenes relacionadas con alguna de las (al menos) cinco temáticas que tuviste que seleccionar durante el proceso de creación del perfil.

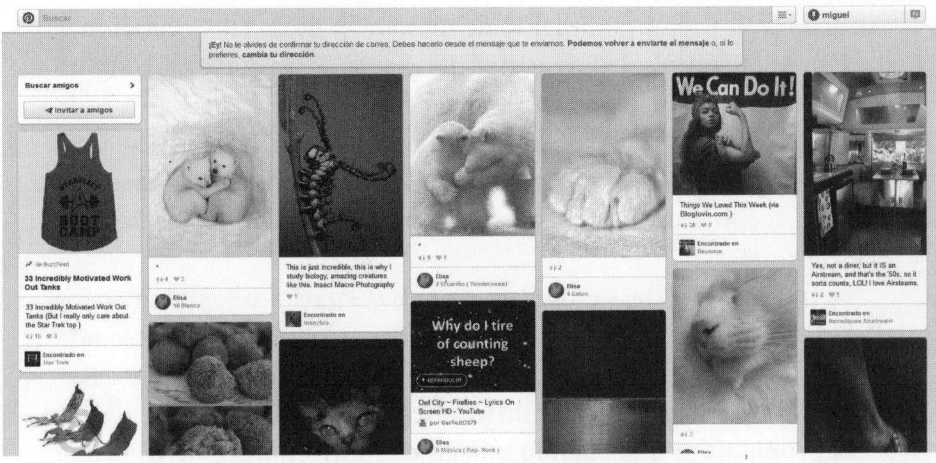

En este *feed* se halla, en la parte de la izquierda, un botón para encontrar más amigos e incluso para invitar a otros usuarios a unirse a Pinterest. En la zona superior de la pantalla se ubica la barra de búsqueda, que te servirá para encontrar contenidos que te puedan interesar en la red social. Pulsando sobre el icono que presenta tres barras horizontales, aparecerá un menú desplegable y podrás filtrar la búsqueda por temáticas. Si seleccionas «Pineadores», lo que harás será buscar personas, así que este es el momento de poner el nombre de tus amigos y aquellas personas a las que te gustaría seguir en Pinterest.

En la esquina superior derecha se encuentra el botón que te lleva a tu perfil (que en los siguientes apartados pasaremos a configurar) y también el icono contador, en el que se muestran los mensajes y notificaciones que te han enviado.

Antes de continuar dándole forma al perfil, deberías preguntarte algo, ya que en ningún momento durante el proceso de creación de la cuenta se han aceptado las Condiciones de Uso de Pinterest ni te han hecho leer su Política de Privacidad. ¿Por qué? Responderemos a esta pregunta con el siguiente apartado de este séptimo capítulo.

7.2. ¿A qué me comprometo al crear un perfil en Pinterest?

Efectivamente, durante el proceso de registro en Pinterest, el usuario no acepta en ningún momento de manera expresa las Condiciones de Uso ni la Política de Privacidad del servicio. Sin embargo, esto no quiere decir que no lo esté haciendo de forma implícita.

En la página de inicio en letra pequeña y ubicada en la parte inferior de la pantalla, se encuentra la siguiente leyenda: «Al crear una cuenta, aceptas las Condiciones del Servicio y la Política de Privacidad de Pinterest».

Se trata de una frase en la que muchos usuarios no reparan, pero significa que por el mero hecho de haber creado tu perfil se considera que ya has aceptado las Condiciones de Uso de la plataforma, y deberías ser consciente de lo que ello implica.

El problema es que cuando pulsamos sobre ella, nos dirige a una página en inglés,[104] por lo que los usuarios que no dominen este idioma tendrán problemas para conocer a qué se están comprometiendo si deciden echarle un vistazo a las normas de uso de la plataforma antes de crear su perfil. Aunque sean muy pocos quienes realmente lo hagan, lo idóneo sería que Pinterest proporcionara esta información en todos los idiomas en los que presta su servicio.

En el documento, Pinterest señala literalmente que como toda empresa tiene unas reglas, y que estas son las suyas:

- Para poder utilizar el servicio se debe ser mayor de trece años. (Hay que tener en cuenta que en España la edad legal permitida para inscribirse en una red social es de catorce años.)
- El contenido pertenece al usuario, que conserva todos los derechos sobre las imágenes y vídeos que sube. Sin embargo, Pinterest podrá mostrárselo a otros usuarios, que podrán a su vez compartirlo con otros.
- Aunque el usuario borrase su perfil, las copias de su contenido

104. https://about.pinterest.com/es/terms-service

que otros han compartido continuarán mostrándose en la red social. Pinterest conservará copia de la información y los datos que se hayan compartido durante un tiempo «comercialmente prudencial».

- Pinterest respeta los derechos de propiedad intelectual y espera que sus usuarios hagan lo mismo. Pinterest tiene como política desactivar o anular las cuentas de los usuarios que infrinjan repetidamente los derechos de autor u otros derechos de propiedad intelectual. Cuando la red social adquirió popularidad, hubo mucha polémica en cuanto a este tema, pero Pinterest ha tratado de zanjar el asunto con una política férrea en cuanto a los derechos de *copyright*. En este caso sí posee un documento en castellano[105] que explica con detalle su posicionamiento y cómo los usuarios pueden proceder si ven su derecho comprometido en la red social.
- Cada imagen o vídeo que se sube a Pinterest enlaza con su fuente original y la compañía rechaza cualquier responsabilidad sobre páginas de terceros y el contenido al que puedan apuntar los enlaces que se comparten en la plataforma.
- Pinterest se reserva el derecho de eliminar sin previo aviso y sin necesidad de un motivo justificado la licencia de uso que concede a cada usuario en el momento de inscribirse a la red social.
- La compañía recuerda en sus términos de uso que se somete a las leyes del estado de California (en Estados Unidos), donde tiene su sede legal.
- Pinterest se compromete a notificar a los usuarios si realiza un cambio importante en sus normas de uso.
- En un apartado especial sobre el uso aceptable de la plataforma,[106] Pinterest deja muy claro los contenidos cuya publicación no está permitida en la red social: pornografía o contenidos de índole sexual, que inciten a la autolesión o al consumo de drogas, que ataquen o se burlen de personas, que fomenten el odio,

105. https://about.pinterest.com/es/copyright-o
106. https://about.pinterest.com/es/acceptable-use-policy

que infrinjan la propiedad intelectual, que inciten a la violencia o que sostengan un contenido ilegal.

7.3. Configuración del perfil en Pinterest

Tanto en la página del *feed* de actualizaciones como en cualquier otra página por la que navegues en Pinterest, encontrarás a tu disposición en la parte superior derecha de la pantalla un botón con tu nombre que te llevará a tu página de perfil. Además de comprobar su aspecto actual, ahí también podrás configurarlo.

En «Editar perfil» podrás introducir por primera vez o cambiar tu nombre, fotografía, nombre de usuario (lo que te permitirá seleccionar la dirección web de tu perfil, ya que esta por defecto será www.pinterest.com/nombredeusuario), tu biografía (una breve descripción de quién eres que se mostrará en el perfil), tu ubicación y tu página web.

En este último apartado puedes verificar que eres propietario de tu página web pulsando sobre «Verificar página web», lo que generará un fichero que debes subir mediante ftp al directorio raíz de tu web. Si lo haces correctamente y pulsas sobre «Verificar» de nuevo, Pinterest mostrará en el perfil un icono rojo con un aspa junto a la dirección de la web, lo que indica su autenticidad.

Pulsando sobre el icono de la tuerca, podrás acceder a la «Configuración del perfil», un apartado en el que puedes establecer con todo detalle cómo quieres que sea tu experiencia en Pinterest. Se divide en cinco secciones:

1. **Aspectos básicos de la cuenta.** Permite cambiar la dirección de correo electrónico con la que te diste de alta en el perfil, la contraseña de acceso al servicio, el idioma en el que utilizas Pinterest, el país en que te encuentras y tu género. También en este apartado podrás seleccionar si quieres que los motores de búsqueda como Google puedan tener acceso a los contenidos de tu perfil o no. De la misma manera, señalarás si permites a

Pinterest acceder a tu historial de búsquedas y tus contenidos para que pueda mostrarte «pins promocionados que te resulten interesantes» (publicidad, en otras palabras). Por último, tendrás la opción de eliminar tu historial de búsqueda y, si quieres desactivar la cuenta, desde aquí podrás hacerlo.

2. **Perfil.** En esta área accedes al mismo apartado al que llegas desde el botón «Editar perfil», que ya hemos comentado.
3. **Notificaciones.** Aquí podrás seleccionar que te envíen por email o por teléfono (mediante notificaciones *push*) notificaciones de todo el mundo o sólo de las personas a las que sigues.
4. **Redes sociales.** Muestra a qué otras plataformas has conectado tu perfil (Facebook, Twitter, Google+, Gmail o Yahoo!). Un icono identificativo de ellas se mostrará en tu perfil con un enlace. También puedes seleccionar con los datos de acceso de cuáles de ellas quieres ingresar en el servicio.
5. **Apps.** Lista las distintas aplicaciones que has probado con tu perfil y puedes eliminar el acceso que has concedido a cada una de ellas.

Otro apartado que aparece al pulsar sobre el icono de la tuerca es el que te permite crear, mediante la inserción de una línea de código HTML, un *widget* específico para mostrar los últimos contenidos compartidos en tu perfil de Pinterest en un blog o en otra página web.

7.4. Cómo crear y editar los tableros

Lo primero que debes hacer es crear un tablero para cada temática que quieras tener en tu perfil. Esto puedes hacerlo desde tu página de perfil, pulsando en «Crear tablero» y en cada uno de ellos irás guardando los distintos pins (fotografías o vídeos) que compartas.

A cada tablero nuevo hay que darle un nombre, que no puede superar los veinte caracteres, aunque se puede añadir una descripción para explicar su contenido. Además, tendrás que seleccionar una categoría, para que los demás usuarios sepan qué contenidos incluirá. No existe límite ni en cuanto a número de tableros ni en cuanto a número de pins que puedes incluir en cada uno de ellos.

También puede crearse un tablero nuevo al subir un pin (aprenderemos a pinear en el próximo apartado). En ese momento, tendrás que seleccionar en qué tablón de los existentes lo cuelgas, o podrás crear uno escogiendo «Crear nuevo tablero». Además, si pulsas sobre el botón + de la esquina inferior derecha de la pantalla en cualquier momento, también tendrás la opción de crear un tablero nuevo (junto con la de subir un pin).

Para editar un tablero o modificar su nombre o descripción hay que ir a él y pulsar sobre «Editar». Selecciona el botón «Eliminar tablero» si lo que quieres es borrarlo de forma permanente. Hay que tener en cuenta en este caso que si se borra un tablero se eliminan todos los pins que contiene. Esta no es una acción reversible, así que hay que tener cuidado porque no podrás recuperar aquello que borres.

La portada del tablero (la primera imagen que se ve a mayor tamaño en cada uno de ellos en nuestra página de perfil) será, de forma predeterminada, el primer pin que se haya compartido dentro de él. Sin embargo, también puedes seleccionar otra. Para ello, colocando el cursor sobre el tablero, debes pulsar sobre «Cambiar portada» y escoger de entre los pines incluidos en ese tablón el que te guste más y pulsar «Guardar».

Dentro del perfil, los tableros se pueden ordenar. Tan sólo es necesario arrastrarlos para reordenarlos y que queden configurados como más te guste. Lo que no se puede reordenar, de momento, son los pins dentro de cada tablero.

• Tableros grupales

Aunque el tablero sea creado por una persona, también se puede invitar a otras a que participen y añadan en él sus pins (sería así un tablón colaborativo). Para hacer esto, hay que pulsar sobre el tablero y darle a «Editar». En el apartado «¿Quiénes pueden agregar pines?»

debes incluir el nombre y apellido —o la dirección de email— de aquellas personas a las que sigues y a las que quieres conceder este privilegio. Es necesario que los dos usuarios se sigan mutuamente para que uno pueda invitar a otro a su tablero grupal.

Cuando aparece el nombre de la persona que buscabas, tienes que pulsar sobre él para incluirle. El proceso debe repetirse con cada persona a la que quieras invitar, y al finalizar, debes guardar los cambios.

Cabe destacar que sólo el creador del tablero grupal puede editar el título y la descripción, quitar colaboradores del tablero (aunque estos pueden abandonarlo cuando deseen) o eliminar algún contenido del tablero.

• Tableros secretos

El creador también puede tomar la decisión de hacer su tablero «secreto». En este caso no lo verán otros usuarios hasta que él lo decida y los pins que se añaden al tablero secreto no pueden verse en ninguna otra parte de Pinterest (ni en los resultados de búsquedas, ni el *feed* de inicio de tus seguidores, ni siquiera en tu propio *feed* de inicio).

Los tableros secretos se encuentran en la parte inferior del perfil y pueden venir bien si, por ejemplo, se está creando un tablón que no queremos que pueda seguirse hasta que no esté dotado de contenido, o para tener tablones privados y compartirlos sólo con unos amigos, para subir en ellos las fotografías del grupo.

En la configuración de cada tablero se encuentra la opción de hacerlo público o no. Al convertir un tablero privado en público, debes tener en cuenta que los pines que incluya podrán ya ser encontrados por el buscador y estarán visibles para el resto de los usuarios.

7.5. Cómo pinear, repinear y comentar

A la hora de compartir contenidos en tus tablones pueden darse varias circunstancias. Si lo que quieres pinear es una foto que has visto en Pinterest, tan sólo tendrás que deslizar el ratón por encima de ella y pulsar en «Pin it». Podrás seleccionar en cuál de tus tablones la quieres guardar e incluso incluir una descripción. A esto se denomina «repinear».

Para incluir un contenido que se encuentra en otra página web, lo más cómodo sería que tuvieras instalado el botón «Pin it», para pinear, en tu navegador. Puedes hacerlo desde la dirección https://about.pinterest.com/es/goodies pulsando en «Instalar ahora» en el apartado correspondiente al botón. Esto permitirá que cada vez que quieras compartir algo en Pinterest sólo tengas que pulsar sobre la P blanca sobre fondo rojo circular (es decir, el logotipo de Pinterest) que se habrá instalado junto a la barra de tu navegador.

Si no, otra opción sería hacer clic en el signo + en la parte inferior de la página de Pinterest y pulsar en «Añadir desde un sitio web». Tendrías que escribir (o copiar y pegar) la dirección de la página web en la que se encuentra la imagen y pulsar sobre «Buscar imágenes». Ciertamente, lo más cómodo es instalar el botón «Pin it» en el navegador.

Para subir una imagen desde tu ordenador, tan sólo tienes que pulsar sobre el signo + en la parte inferior de la página y hacer clic en «Subir un pin». Ahí seleccionarás la imagen y sólo te quedaría escoger el tablón y añadir una descripción.

Puedes incluir comentarios en cualquier pin tan sólo con pulsar sobre él. Además, también se pueden mencionar usuarios para avisarles de un contenido o llamar su atención. Para ello, debes escribir el símbolo @ delante de su nombre en el comentario, así recibirá una notificación.

Además de publicar pines en los tablones, también puedes enviárselos a tus amigos directamente. Tan sólo debes hacer clic en «Enviar» en la parte superior de cualquier pin, tablero o perfil que quieras compartir directamente con ellos. Puedes añadir un mensaje antes de introducir el nombre o la dirección de email de la persona a la que se lo quieres enviar.

También puedes mantener una conversación en Pinterest con otro usuario sin enviarle ningún pin o tablero. Tan sólo debes hacer clic en las notificaciones y cambiar a «Mensajes». Pulsando sobre el símbolo + se puede escribir ese mensaje nuevo, que puedes compartir con hasta nueve personas.

Y cómo no, cuando veas un pin de otro usuario que te llame la atención, aunque decidas no compartirlo en tus tablones ni enviárselo a ninguno de tus contactos, puedes pulsar sobre el símbolo del corazón para indicar que «te gusta».

7.6. Cómo aumentar la popularidad en Pinterest

Cada uno debe publicar en su cuenta de Pinterest aquellos contenidos que le llamen la atención y piense que puedan resultar interesantes para otros usuarios, ordenándolos siempre en sus tablones correspondientes para facilitar la navegación por el catálogo fotográfico que es su perfil.

Aun así, se pueden dar algunas pistas para lograr que las imágenes y los vídeos que subamos a nuestra cuenta de Pinterest interesen al resto de los usuarios y que se decidan a seguirnos. Siempre es agradable recibir comentarios positivos, repines y «me gustas» en los contenidos que compartimos y, de la misma manera, complace saber que hay quien sigue nuestras creaciones. De todas maneras, como señala la responsable de comunicación de Pinterest, Mythia Srinivasan, no hay que fijarse sólo en el número de seguidores, «sino que importa más la calidad de los contenidos publicados».

Nueve consejos para triunfar en Pinterest

1. **Calidad y tamaño de las imágenes.** Pinterest es una red eminentemente gráfica, por lo que cuidar la belleza visual de las fotografías y su calidad es muy importante. En Pinterest, las imágenes que tienen más de 600 píxeles de ancho se ven mejor; a la plataforma se pueden subir imágenes de menor tamaño, aunque de 100 x 200 o de 200 x 100 píxeles como mínimo.
2. **Contenido.** Pinea imágenes que te resulten interesantes, pero también interactúa con otros usuarios. Repinea contenidos que te gusten y que puedan aportar valor a quienes te siguen. Ten en cuenta que el 80 por ciento de todo el contenido que se publica en Pinterest son repines.
3. **Periodicidad.** El perfil debe permanecer activo. Lo más recomendable es publicar varios contenidos a la semana, y a diferentes horas del día. No es bueno subir varios pins al mismo tiempo. Es mejor espaciar las publicaciones.
4. **Importancia del color y la luz.** Las imágenes con colores fuertes predominantes (rojos, naranjas, amarillos...) consiguen un 20 por ciento más de interacciones que las tonalidades frías. Además, las fotografías con un 50 por ciento de saturación de luz logran cuatro veces más repineos que las que tienen un ciento por cien.
5. **Prescinde de las caras.** Las imágenes con rostros humanos no convencen a los usuarios de Pinterest. Al parecer, estas logran un 23 por ciento menos de comentarios y repineos.
6. **Verticalidad.** En Pinterest triunfan más las imágenes verticales que las horizontales. Logran hasta el triple de interacciones.
7. **Usa las descripciones.** Da información sobre tu fotografía: dónde fue realizada, qué representa...
8. **Ordena los tablones.** El orden de los tablones se puede modificar y es recomendable colocar en primer lugar los que tienen más seguidores.

9. **Conecta tu perfil con otras redes sociales.** Así lograrás dar más visibilidad a lo que pineas.

7.7. Cómo se garantiza la seguridad del perfil

Pinterest lleva a cabo algunas acciones para evitar que la seguridad de los usuarios se vea comprometida. Por ejemplo, permite notificar si otra persona ha creado una cuenta en nuestro nombre utilizando su correo electrónico. Por el contrario, poco puede hacer si alguien consigue hacerse con el control de nuestra cuenta usando nuestro nombre y contraseña. Ante esto, Pinterest recomienda cambiar la contraseña para volver a retomar el control del perfil.

Sin embargo, la plataforma sí que avisa por email al usuario cuando se cambia la contraseña, para evitar así que alguien pueda hacerlo fraudulentamente. En ese correo, se ofrece la oportunidad de bloquear la cuenta y establecer otra contraseña para recuperar el control del perfil.

Si Pinterest detecta actividades sospechosas en una cuenta la pondrá «en modo seguro» para proteger la seguridad del usuario y también le enviará un correo electrónico. El modo seguro sirve para que no se realice ninguna modificación en la cuenta hasta que el usuario restablezca su contraseña.

Nosotros, como usuarios, también podemos llevar a cabo una serie de acciones para garantizar la seguridad de nuestra cuenta. Por ejemplo, se recomienda elegir una contraseña exclusiva para Pinterest y no utilizarla en otros servicios. Para que esta sea más segura, debería estar compuesta por letras, símbolos y números. La contraseña nunca se debe revelar por correo (Pinterest señala que nunca la solicitará) ni ser proporcionada a terceras personas.

Otra medida de seguridad es confirmar en la barra de navegación que se está navegando por pinterest.com y no por otra URL diferente aunque el contenido pueda parecer similar.

Para denunciar un contenido, busca el icono de la bandera bajo el pin, púlsalo y elige el motivo de la denuncia. Para bloquear a un usuario que pueda estar molestándote en Pinterest, haz clic en el icono con forma de tuerca situado en la parte derecha de su perfil y pulsa en «Denunciar». Ahí, además de señalar la razón por la que le denuncias, podrás bloquear su perfil.

7.8. Cómo desactivar la cuenta y eliminar el perfil

Para desactivar la cuenta de Pinterest tan sólo hay que acudir al menú «Configuración» (pulsando sobre el icono que representa una tuerca en la página de nuestro perfil) y hacer clic en la última opción: «Desactivar cuenta», y confirmar.

Con esto tus pines y tu información de perfil dejarán de estar visibles en la plataforma (aunque como vimos, si otro usuario ha repineado tu contenido sí que se verá en su cuenta). Para confirmar que no se muestra nada, puedes acudir a la que era la dirección web de tu perfil (http://www.pinterest.com/nombredeusuario). Para reactivar la cuenta, basta con iniciar sesión de nuevo usando el mismo correo electrónico y contraseña.

Si deseas eliminar tu cuenta, lo que debes hacer es pulsar en «Cerrar mi cuenta permanentemente» en lugar de desactivarla. Pinterest da instrucciones claras también sobre cómo desactivar para siempre la cuenta de una persona fallecida. Se debe enviar un email a care@pinterest.com incluyendo información relevante como nombre y apellidos del remitente y de la persona fallecida, un vínculo a su cuenta de Pinterest, un certificado de fallecimiento y documentos que demuestren el parentesco del usuario que está realizando la petición con la persona fallecida.

8. Cómo triunfar en YouTube

Aunque muchos consideran que no se trata de una red social como tal, lo cierto es que YouTube, la plataforma de vídeos propiedad de Google, posee muchos elementos 2.0 que permiten definirla así. De hecho, si entendemos los medios sociales[107] como aquellas herramientas que nos permiten hablar, escuchar, dialogar e interactuar con otros individuos; aquellas que nos ponen en contacto con una comunidad formada por personas con intereses afines a los nuestros; y aquellas que destruyen el tradicional esquema de emisor y receptor y fomentan la interacción entre todos los usuarios, claramente YouTube cumple con las tres características principales.

Es más, en el primer capítulo de este libro acordamos definir «red social» como «una plataforma gratuita en la que el usuario se puede poner en contacto con otras personas y establecer conexiones que le permitan comunicarse entre sí y obtener un beneficio mutuo». Tomando por válida esta definición, obviamente YouTube debería ser considerada como una red social audiovisual en la que los individuos entran en contacto los unos con los otros para ver las creaciones en vídeo de los demás, pudiendo obtener un beneficio.

YouTube fue fundado en febrero de 2005 por Chad Hurley, Steve Chen y Jawed Karim como un servicio online que permite subir vídeos a internet y compartirlos con otros internautas (en la imagen puedes ver cómo era cuando se lanzó). Hasta el 23 de abril de aquel año no se subió el primer contenido, «Me at the zoo»,[108] que fue pu-

107. Definición incluida en *El gran libro del community manager*, Manuel Moreno, Editorial Gestión 2000 (Grupo Planeta), enero de 2014.

108. http://www.trecebits.com/2011/06/11/este-es-el-primer-video-que-se-subio-a-youtube/

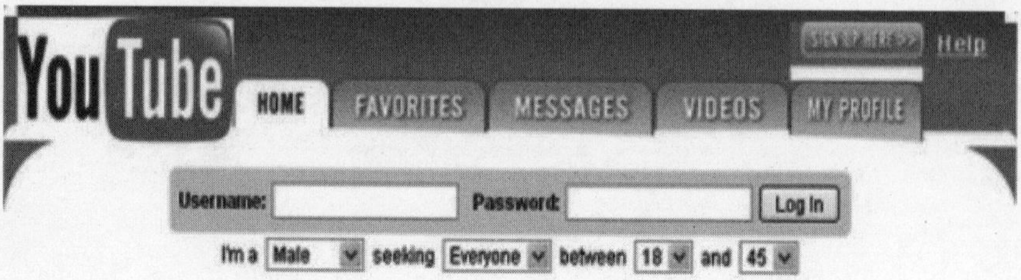

blicado por Jawed Karim, pero desde ese momento, el crecimiento de la plataforma resultó imparable, hasta el punto de que sólo un año y medio más tarde los tres creadores la vendían a Google por 1.650 millones de dólares.

Esta compañía ha convertido a YouTube en mucho más que un mero repositorio de vídeos. Visitado por más de mil millones de personas al mes en todo el mundo y ganándole terreno a las emisoras de televisión tradicional, se ha convertido en un foro en el que entran en contacto usuarios de cualquier parte del planeta, y también en una plataforma de difusión para aquellos que quieren dar a conocer sus vídeos, ya sean usuarios particulares o grandes firmas productoras de contenidos (como agencias de noticias o canales de televisión). A partir de junio de 2015 contará con una versión *premium* que permitirá disfrutar de los contenidos sin publicidad mediante el pago de una inscripción mensual.

8.1. Cómo crear una cuenta en YouTube

Para ver vídeos en YouTube no es necesario registrarse como usuario en el portal. Cualquier internauta puede acceder a la página web y, de manera gratuita, visualizar contenidos en vídeo. En este sentido, su uso es muy sencillo, ya que en la propia *home* del servicio se encuentran vídeos promocionados y un buscador para encontrar cualquier tipo de contenido. En la barra lateral se muestran los vídeos más populares en ese momento, clasificados en cinco áreas: música, deporte, juegos, películas, noticias y otros contenidos clasificados, así como la posibilidad de explorar distintos canales.

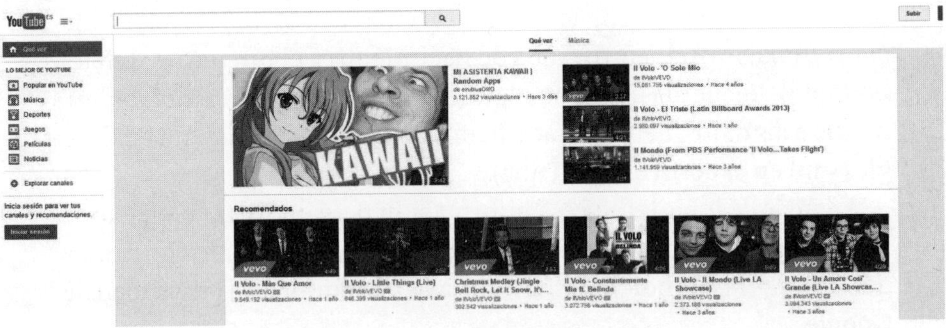

Para ver un vídeo, el usuario tan sólo tiene que pulsar sobre él. Es posible que antes de iniciarse se muestre un contenido publicitario, que podrá saltarse pasados unos segundos (si así lo ha seleccionado el creador). Como decíamos, para hacer esto no es necesario estar registrado en YouTube, pero si se quieren aprovechar otras funcionalidades que proporciona el servicio —y que lo asemejan más a una plataforma social— sí que será obligatorio crear una cuenta y acceder con ella. Inscribirse será imprescindible para, por ejemplo, hacer clic en «Me gusta» en los vídeos, marcar vídeos como favoritos, suscribirse a canales, marcar vídeos para ver más tarde, o consultar el historial de reproducciones.

Los usuarios que ya tienen creada una cuenta de Google no necesitan abrir una nueva para usar YouTube. Al ser un producto de la compañía, pueden ingresar directamente con el mismo nombre de usuario y la misma contraseña. Si no se tiene una cuenta de Google, hay que registrarse. Ambas cosas pueden realizarse desde el botón «Iniciar sesión» situado en la esquina superior derecha de la página principal de YouTube. También se puede acceder a través de la dirección web https://accounts.google.com/SignUp. Hay que tener en cuenta que creando una cuenta en Google estaremos suscribiéndonos no solamente a YouTube, sino también a Gmail, Chrome, Google Maps, Google+... y al resto de los productos de la firma.

Al crear la cuenta, tendrás que introducir tu nombre y apellidos, elegir un nombre de usuario (que será también la dirección de tu correo electrónico —nombreusuario@gmail.com—, aunque puedes utilizar otra que ya tengas en otro servicio de correo), escoger una contraseña, introducir tu fecha de nacimiento y el número de teléfono móvil. Recuerda que si en algún momento quieres cambiar algunos de esos datos, deberás hacerlo directamente en la cuenta de Google (y no en el perfil de YouTube).

Además de incluir toda esa información personal, para poder abrir la cuenta deberás hacer clic sobre una casilla con la que confirmas que aceptas las Condiciones del Servicio y la Política de Privacidad de Google.

8.2. ¿A qué me comprometo al crear un perfil en YouTube?

En realidad, al crear una cuenta en YouTube lo estás haciendo en Google (igual que cuando creas una cuenta en la red social Google+, tal y como vimos en el apartado 6.2). Al abrir este perfil en la compañía, debes confirmar que estás de acuerdo con las Condiciones del Servicio y la Política de Privacidad, dos documentos que deberías leer al inscribirte en el servicio para saber a qué estás dando tu consentimiento.

En las Condiciones del Servicio,[109] Google se exime de toda responsabilidad sobre el contenido que muestra y que no le pertenece, y señala que puede revisarlo para determinar si es ilegal o infringe sus políticas, así como eliminarlo o negarse a publicarlo si encuentra razones suficientes. Sin embargo, esta posibilidad no necesariamente implica que Google vaya a revisar el contenido, así que no es algo que se pueda dar por hecho.

La compañía también deja claro que el usuario conserva la propiedad intelectual sobre sus contenidos aunque los suba, envíe, almacene... a través de los servicios de Google. «En pocas palabras, lo que te pertenece, tuyo es», señala literalmente la compañía.

Algo que reconoce expresamente Google es que sí monitoriza ese contenido para ofrecer al usuario ofertas y publicidad relacionadas

109. https://www.google.es/intl/es/policies/terms/regional.html

con él. Sus sistemas automatizados analizan el contenido (incluidos los correos electrónicos) para ofrecer servicios que sean relevantes para el usuario, como pueden ser anuncios personalizados en los resultados de búsqueda. Este análisis se realiza tanto cuando el contenido se envía como cuando se recibe y se almacena.

Por su parte, en la Política de Privacidad[110] del servicio Google reconoce abiertamente que, además de la información que el propio usuario proporciona al abrir su cuenta, también conserva datos sobre el uso que realiza de los servicios. La compañía señala que obtiene información sobre el dispositivo desde el que se conecta el usuario (su modelo, su sistema operativo e incluso su número de teléfono), las consultas de búsqueda, la dirección IP, las *cookies*...; y en el caso de conectarse desde un teléfono, incluso datos de las llamadas que realiza, duración, hora y fecha...

Google también procesa datos sobre la ubicación real del usuario a través de las señales GPS del dispositivo o los puntos de acceso wifi a los que se conecta y reconoce que puede llegar a guardar información en el dispositivo del usuario.

A la hora de dar de alta una cuenta en Google debes ser consciente de todos estos puntos para no llevarte una sorpresa más adelante. Así no podrás considerar que te han «engañado» durante la utilización de los servicios, pues Google no deja lugar a dudas sobre su forma de actuar en los dos documentos que acabamos de analizar.

8.3. Visualización de vídeos, creación de listas de reproducción y suscripciones

Como ya hemos indicado, al iniciar sesión en YouTube en realidad estás accediendo a tu cuenta de Google, introduciendo el correo electrónico y la contraseña con la que te diste de alta en la compañía. Si estás usando cualquier otro servicio de Google y ya estás registrado, no hará falta que inicies sesión al entrar en YouTube.

110. https://www.google.es/intl/es/policies/privacy/

Si lo único que buscas es ver un vídeo en YouTube, no es necesario estar registrado y haber iniciado sesión. Sin embargo, si quieres llevar a cabo otras acciones (aunque sólo sea dejar un comentario), tendrás que hacerlo. Si no inicias sesión, en la página principal de YouTube se mostrarán los vídeos más populares del momento. Si la inicias, en el apartado «Qué ver» YouTube te hará recomendaciones en función de tus suscripciones y tu historial de reproducciones. Además, en el área de «Mis suscripciones» podrás ver los últimos vídeos y actividad de los canales a los que te has suscrito.

Al pulsar sobre un vídeo accederás a su propia página. En la esquina inferior derecha de la ventana de reproducción podrás seleccionar si deseas verlo a pantalla completa o en modo pantalla de cine. También puedes escoger la calidad con la que se mostrará el vídeo (en el icono con forma de tuerca) o marcarlo para verlo más tarde (pulsando sobre el icono de un reloj)

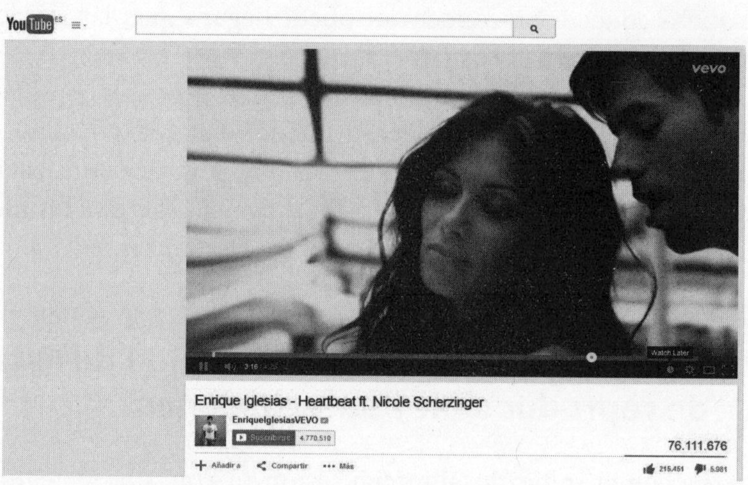

Puedes crear tus propias listas de reproducción (es decir, un conjunto de vídeos que te gusta visualizar en un determinado momento, por ejemplo) para poder verlos juntos siempre que quieras. Para hacerlo, debes pulsar en «Añadir a» debajo de un vídeo y escribir el nombre de la nueva lista de reproducción. A continuación, dale a

«Crear lista de reproducción». Si la lista ya estuviera creada, tan sólo tienes que seleccionar en cuál de ellas quieres que se incluya el vídeo.

Las distintas listas de reproducción se encuentran en la «Guía», un conjunto de accesos directos que se ubica en la columna de la izquierda en la página de cualquier vídeo y en la página principal. Si no ves la «Guía», para que se muestre debes pulsar en cualquier momento sobre su icono (tres líneas verticales), que encontrarás en la parte superior izquierda de la pantalla. En la «Guía» verás los enlaces a las distintas listas de reproducción y, al pulsar sobre ellas, podrás visualizar los vídeos que contienen. También puedes ver las listas de reproducción de otros usuarios.

Como propietario de una lista de reproducción, puedes hacer que sea pública, privada u oculta (lo mismo que haces con tus vídeos). Para que aparezca en las búsquedas tiene que ser pública. Si está oculta, todavía se podría compartir la URL con otros usuarios, algo que no estaría habilitado si fuese privada.

Se puede cambiar la configuración desde el «Gestor de vídeos» (su enlace está ubicado en la parte superior del perfil) y pulsando sobre la opción «Listas de reproducción». Al pulsar en «Editar», se abrirá la lista cuyos permisos quieres gestionar. Haz clic en «Configuración de listas de reproducción» y en la pestaña «Básica» podrás seleccionar el nivel de privacidad que desees.

Según vayas visualizando vídeos en YouTube te darás cuenta de que pertenecen a distintos canales. Si te gusta alguno, puedes suscribirte y recibir una notificación siempre que se añada nuevo contenido. Para suscribirte a un canal tan sólo debes dar al botón «Suscribirse». En la página de «Canales» (http://www.youtube.com/channels) puedes buscar canales que te puedan interesar navegando por categorías.

Cuando te hayas suscrito a un canal, también lo verás aparecer en la «Guía», que se encuentra en el menú de la izquierda de la *home* y de las páginas de cada vídeo. Además, como dijimos, al abrir la página principal de YouTube aparecerán destacados los vídeos de los canales a los que te has suscrito.

8.4. Comentarios y envío de mensajes privados

Cuando accedas a la página de un vídeo, verás en la parte inferior de la pantalla los comentarios de otros usuarios. En primer lugar, se mostrarán los de aquellas personas que sean tus amigos en Google+, los de los creadores de vídeos y los de algunos personajes conocidos.

YouTube interpreta que estos comentarios son los que te interesarán más. Junto a ellos, también se mostrarán aquellos que hayan recibido más votos positivos por parte de otros usuarios y los que posean muchas respuestas.

Es la manera que tiene la plataforma de vídeos de filtrar los comentarios e intentar organizarlos, pero tú como usuario puedes cambiar este orden. De hecho, puedes solicitar que se muestren los comentarios en orden cronológico para que se vean primero los más recientes. Las respuestas se mostrarán agrupadas bajo cada comentario para que la lectura sea más sencilla.

Puedes dar un voto positivo o negativo a cada comentario, según tu criterio. También puedes informar de que alguno es inadecuado o de que podría considerarse *spam*. Si eres el creador del vídeo, puedes llevar tú mismo a cabo la moderación desde tu canal.

Cuando tú comentes, de manera predeterminada este comentario será público tanto en YouTube como en Google+, aunque también puedes cambiar la visibilidad del mismo y seleccionar que sólo algunas personas en concreto puedan leerlo. En los comentarios, además, puedes mencionar a otros usuarios, que recibirán una notificación para unirse a la conversación.

YouTube permite desde hace poco que los usuarios también se envíen mensajes privados entre ellos; aunque para hacerlo, utiliza la tecnología de Google+. Es decir, si no tienes tu canal de Google+ vinculado a YouTube no podrás enviar mensajes privados. Para enviar un mensaje a un usuario tan sólo debes ir a la pestaña «Más información» de su canal (se incluirá debajo de sus vídeos) y pulsar sobre «Enviar mensaje». Una vez escrito, tan sólo hay que darle a «Publicar».

En la sección «Comunidad» del Creator Estudio (del que hablaremos un poco más adelante, en el apartado 8.6) se encuentra la página «Mensajes». Ahí podrás recibir los que otros usuarios te envíen, aunque también puedes ir directamente a la página: http://www.youtube.com/messages.

Para recibir un correo de aviso cuando alguien te mande un mensaje, debes configurar esta opción en Google+.

8.5. El contenido de pago en YouTube

YouTube ofrece a los usuarios una serie de contenidos de pago, servicios exclusivos que están disponibles mediante el abono de una cuota determinada. Uno de los últimos que ha lanzado ha sido YouTube Music Key, un servicio de *streaming* de música que compite directamente con Spotify. Se puede utilizar desde el teléfono móvil incluso cuando se están usando otras aplicaciones, y permite ver millones de vídeos musicales. Durante los primeros seis meses de uso la versión beta de este servicio es gratuita pero a partir de ahí habría que pagar una cuota mensual.

YouTube también funciona como un videoclub y permite alquilar contenidos como películas, series y programas de televisión que se pueden ver en cualquier dispositivo. Por ejemplo, para consultar el listado de películas disponibles hay que visitar http://www.youtube.com/movies. En cada una de ellas se especifica el precio del alquiler, el tiempo que tiene el usuario para ver la película (generalmente un mes), y el que tiene desde que comienza la reproducción hasta que finaliza su visionado (generalmente, un día), así como el precio, que suele oscilar entre los 1,99 euros y los 3,99 euros, dependiendo de si se trata de un estreno o de una película con tirón comercial. El proceso de compra es similar al que se lleva a cabo cuando se adquiere cualquier servicio online y puedes elegir entre distintas formas de pago.

La plataforma también permite realizar compras de programas de televisión y series, tanto temporadas completas como episodios sueltos, pero no en todos los territorios. Para ver los contenidos disponibles hay que visitar http://www.youtube.com/shows. En esta página verás que el servicio de alquiler y venta no está disponible en España para programas de televisión, aunque podrás suscribirte a canales gratuitos con contenidos televisivos, fundamentalmente extranjeros.

Por otra parte, en https://www.youtube.com/channels/paid_channels pueden verse los canales a los que el usuario puede suscribirse pagando una cierta cantidad mensual o anual. En algunos casos, se ofrecen períodos de conexión gratuita a modo de prueba, para que el usuario compruebe si le interesan o no los contenidos *premium* que se emiten.

8.6. Cómo crear tu canal de YouTube

Al iniciar sesión en YouTube con tu cuenta de Google puedes aprovechar al máximo muchas de las funciones de YouTube. Iremos viendo en estas páginas cómo puedes sacarles el mayor partido.

Una de las principales cosas que puedes hacer es crear tu propio canal en YouTube. Si no lo creas, tu actividad será totalmente privada y no tendrás ninguna presencia pública en la plataforma. Para subir tus propios vídeos o crear listas de reproducción, debes crear un canal de YouTube.

Tu canal de YouTube podría ser considerado como el «perfil» en otras redes sociales. En él se incluye información del usuario y muestra, a modo de catálogo, los vídeos que ha subido. Lo primero que puedes hacer es incluir elementos gráficos para personalizarlo, como una imagen de cabecera (cuyo tamaño recomendado debería ser 2.560 x 1.440 píxeles) y una foto de perfil. En ambos casos, debes pulsar sobre ellos y seleccionar la imagen que quieras subir de entre las que tengas en tu ordenador. Cabe decir que el diseño es *responsive* (es decir, tu canal se adaptará al tamaño de la pantalla desde el que se consulte, ya sea un monitor, una tableta o un teléfono móvil).

También puedes editar la configuración del canal pulsando sobre el icono de un lápiz que aparece en la esquina superior derecha y seleccionando en «Configuración del canal». Esto te dará acceso a las opciones de edición de Creator Studio,[111] donde podrás señalar el país en que se ubica el canal, así como permitir o no que junto a tus vídeos se muestre publicidad, que tu canal de vídeos se incluya en las recomendaciones de contenidos y elegir si quieres que se muestre o no el número de suscriptores a tu canal.

En Creator Studio se encuentran todas las opciones y herramientas necesarias para organizar tu canal de vídeos y gestionarlos. En su panel de control encontrarás información y estadísticas sobre el rendimiento del canal, mientras que en el gestor de vídeos puedes ajustar la configuración de un vídeo en concreto. En el área llamada «Crear», YouTube pone a tu disposición una biblioteca de audio y un editor de vídeos para añadir a tus vídeos transiciones, música exclusiva... Cuando llegues a más de mil suscriptores se habilitará la sección «Comunidad», que permite estar en contacto con los seguidores, responder a sus mensajes, recibir mensajes privados...

En la página principal del canal, el usuario puede compartir lo que piensa (realizar una actualización de su estado) y subir sus conteni-

111. https://www.youtube.com/dashboard?o=U

dos en el apartado «Vídeos», desde donde podrá gestionar también los vídeos ya subidos. Podrá crear «Listas de reproducción» con sus vídeos favoritos, ver canales destacados y los comentarios realizados.

En la columna izquierda, el usuario puede ver sus suscripciones, su historial de visionados y aquellos vídeos que le llamaron la atención pero que decidió dejar para verlos más tarde.

Creando buen contenido, lograrás atraer usuarios que se suscriban a tu canal. Al llegar a quinientos, podrás conseguir una URL corta para el mismo con el nombre que quieras, www.youtube.com/c/nombredelcanal, lo que lo hará más fácil de recordar. El nombre del canal no se puede cambiar, así que piénsalo bien antes de elegirlo y ten en cuenta también que la URL se vinculará tanto a tu canal de YouTube como a tu identidad de Google+. Si cumples los requisitos para obtener una URL personalizada, recibirás una notificación por correo y otra en el panel de control de Creator Studio.

Cada canal puede tener sus propias secciones, en las que se ordena el contenido. Como máximo, en la pestaña de la página principal del canal puede haber diez. Puedes abrir diferentes canales y ordenarlos por la temática que quieras. Sin embargo, un canal debe ser siempre el predeterminado, el que se mostrará cuando inicies sesión. Se puede cambiar en cualquier momento para que sea otro. Para ello, desde el canal que quieres que sea el predeterminado, debes acudir a la configuración avanzada de la cuenta y seleccionar «Canal predeterminado».

En la página principal del canal, sobre la imagen de cabecera, se muestran cuatro enlaces que vendrán bien visitar para saber el rendimiento del canal:

1. Suscriptores: Al pulsar sobre él, muestra el número total de usuarios suscritos al canal.
2. Reproducciones: Proporciona la información del número de veces que se ha visto el canal. Al hacer clic en el enlace irás a tu página de YouTube Analytics, similar a Google Analytics, pero con todo tipo de información sobre el tráfico que registra tu canal.

3. Gestor de vídeos: Enlaza con el gestor de vídeos que ya hemos visto dentro de Creator Studio. Es sólo otra forma de llegar hasta esta sección donde puedes actualizar y editar rápidamente tus vídeos.
4. Mostrar como público: Pulsando sobre este enlace puedes comprobar cómo ven tu canal los usuarios que lo visitan. Es útil para tener una vista previa y saber cómo ven los demás el diseño de tu canal.

8.7. Subida de vídeos a YouTube

Una vez que has creado tu canal de YouTube, debes llenarlo de contenido y subir a él los vídeos que quieras. Es algo sencillo. Al iniciar sesión en YouTube con tu usuario y contraseña, desde la pestaña «Vídeos», que se encuentra en la página principal del canal, podrás seleccionar «Añadir un nuevo vídeo».

Tendrás la posibilidad de elegir el vídeo entre los que tengas ya en tu ordenador o grabar uno en ese momento utilizando la webcam. Ten en cuenta que YouTube no soporta todos los formatos de vídeo, sólo .mov, .mpeg4, .avi, .wmv, .mpegps, .flv, 3GPP y WebM. También puedes importar uno de los vídeos que ya tengas subido en Google+.

Por defecto, el vídeo se subirá como «público», lo que significa que lo puede ver cualquiera. Pero si seleccionas «Configuración de privacidad» puedes cambiarlo y ponerlo «privado». Mientras lo subes, puedes editar su información básica. Debes ponerle el nombre, la descripción y las palabras clave que facilitarán que sea encontrado. También podrás elegir que se notifique a todos los suscriptores del canal que se ha subido un vídeo nuevo.

Haz clic en «Publicar» para terminar la subida de un vídeo público a YouTube. Si no lo publicas, quedará como privado u oculto (podrás publicarlo más tarde). Al finalizar la subida del vídeo, YouTube te mandará un email para comunicarte que el vídeo se ha procesado y ya está visible en la plataforma.

Ten en cuenta una cosa: los creadores de vídeos no tienen permitido incluir ningún tipo de publicidad de terceros en los vídeos. YouTube señala en el apartado 4º de sus Condiciones de Uso que se reserva el derecho de eliminar los vídeos con promociones de terceros y penalizar la cuenta del propietario como corresponda.

8.8. Los derechos de autor y la protección de la privacidad en YouTube

YouTube acata la legislación local de cada territorio en el que está presente en cuanto a defensa de los derechos de los autores. Aun así, pone a disposición del usuario herramientas para proteger sus derechos de autor como creador de vídeos. Por ejemplo, permite que quienes lo deseen pongan sus obras a disposición de otros usuarios que quieran volver a usarlas, mediante una licencia Creative Commons, de la que existen cuatro modalidades, dependiendo de los requisitos que se le exijan a quien va a reutilizar la obra.

YouTube también permite a cualquier persona que sienta que sus derechos de autor estén siendo vulnerados por la publicación de su obra en YouTube sin autorización que envíe una notificación de infracción mediante un formulario web[112] e inicie el proceso legal para solicitar la retirada de un contenido. Sólo el propietario del mismo puede realizar esta petición, y el uso indebido de esta facultad conlleva la eliminación de la cuenta u otras acciones legales, tal y como considera YouTube expresamente en sus Condiciones de Uso.

De la misma manera, YouTube puede avisarte y suprimir un contenido que hayas subido a tu canal si un propietario de derechos de autor ha enviado una solicitud legal en la que se pide la eliminación. Estos avisos llegan al apartado «Notificaciones de Copyright» dentro del «Gestor de vídeos» del Creator Studio.

Al recibir un aviso de derechos de autor, la cuenta deja de ser considerada «óptima» y pierde el acceso a algunas funcionalidades de

112. https://www.youtube.com/copyright_complaint_form

YouTube. Para recuperarlas, el usuario debe esperar seis meses a que el aviso caduque y realizar un «curso de derechos de autor», o bien contactar con la persona que ha denunciado el vídeo y pedirle que retire la reclamación por infracción de derechos de autor. También puede presentar una contranotificación si cree que el vídeo ha sido eliminado incorrectamente.

Eso sí, si se recibieran tres avisos de derechos de autor en una cuenta, esta sería cancelada y todos los vídeos que contuviera serían eliminados.

Por otra parte, YouTube proporciona una serie de consejos a los usuarios sobre cómo proteger su privacidad en la plataforma. La mayor parte de ellos son de sentido común, como no publicar información personal, como la ciudad o la dirección en la que vives; no compartir la contraseña de la cuenta de Google con otras personas o pensar dos veces antes de subir un vídeo si su contenido puede comprometer tu reputación o tu seguridad. También se recomienda obtener el consentimiento de otras personas antes de grabarlas o publicar su información personal en la plataforma.

De la misma manera, puede ocurrir que otro usuario publique un vídeo en el que apareces sin tu consentimiento o en el que haya publicado información personal tuya. Si esto ocurre, lo primero que debes hacer es ponerte en contacto con ese otro usuario y solicitarle que elimine el contenido. Si no se llega a un acuerdo, debes realizar una reclamación de privacidad a YouTube, a través de la web.[113] La compañía valorará el interés público, el valor informativo y el consentimiento antes de tomar o no la decisión de eliminar el vídeo.

Asimismo, ante casos de abuso o de acoso, YouTube recomienda en especial a los menores que cuenten la situación a un adulto. Aconseja eliminar los comentarios ofensivos y bloquear al usuario que está molestando y, llegado el caso, utilizar la herramienta de Informes de la plataforma[114] para denunciar la situación.

113. https://support.google.com/youtube/answer/142443?hl=es

114. https://www.youtube.com/reportabuse

8.9. Consejos para que tu canal de YouTube triunfe

Ya que has creado un canal de YouTube para subir tus vídeos y estás realizando el esfuerzo de elaborar contenido para él, te vamos a dar una serie de consejos para lograr que los usuarios se enganchen, sigan tus vídeos, los comenten... y se hagan suscriptores del canal. La clave es el contenido de calidad, hacer buenos vídeos que interesen a los demás, pero no lo es todo....

Nueve consejos para sacar más rendimiento al canal de YouTube

1. **Calidad.** Por muy obvio que parezca, no deja de ser fundamental. Si tus vídeos no tienen un contenido interesante, es como si tuvieras el canal completamente vacío. El inicio del vídeo es la clave para lograr captar la atención del usuario.
2. **Fomenta la participación en los vídeos.** Si consigues que los usuarios interactúen, tendrás mucho ganado y generarás un sentimiento de comunidad. En la página de Comentarios[115] se pueden ver y gestionar todos los que otros usuarios han dejado en tu canal y sus vídeos. Para ir a ella, haz clic en «Comentarios» en el apartado «Comunidad» de la barra lateral del panel de control o en el «Gestor de vídeos». Podrás responder los distintos comentarios, decir si te gustan o no, eliminarlos o marcarlos por *spam* o uso inadecuado.
3. **Duración.** YouTube permite subir vídeos de hasta quince minutos, pero lo mejor es subir piezas cortas, de entre uno y dos minutos de duración, para captar con mayor facilidad la atención. Si quisieras subir vídeos de más de 15 minutos necesitas realizar una solicitud expresa y verificar tu cuenta.

115. https://www.youtube.com/comments

4. **Frecuencia.** Publica vídeos periódicamente para que el canal mantenga una actividad constante.
5. **Información.** Rellena la descripción del vídeo y añade etiquetas para que los usuarios lleguen más fácilmente al contenido a través del buscador o las sugerencias de contenido.
6. **Listas de reproducción.** Agrupa los vídeos de un mismo tema en distintas listas dentro del mismo canal, ya sean propios u otros vídeos ajenos que puedan interesar a los usuarios.
7. **Colabora.** Puedes establecer acuerdos con otros creadores de contenido para promocionar tus vídeos y los suyos de una manera cruzada.
8. **Google+.** Aprovecha que al crear una cuenta en Google ya tienes perfil en Google+ y promociona tus vídeos en esta red social. Hazlo también en otras como Facebook o Twitter.
9. **Comparte.** Muestra tus vídeos también en blogs, foros... Para compartir tus vídeos en otras páginas web es necesario embeber el contenido; es decir, poder pegar el vídeo en el código fuente de tu blog, por ejemplo. Para hacer esto, en la página del vídeo debes pulsar en «Compartir» y posteriormente en «Insertar». Puedes seleccionar el tamaño al que se mostrará. YouTube generará un código HTML que deberás incluir en la web donde quieras embeber el vídeo. También puedes compartirlo en redes sociales o enviarlo a través del correo electrónico y puedes seleccionar en todos los casos el segundo del vídeo en el que quieres que comience la reproducción.

«En YouTube el vídeo se acaba cuando el usuario decide. Tener en mente esta frase a la hora de hacer vídeos me parece fundamental, ya que quien ve el vídeo es quien decide cuándo deja de verlo. Recuérdalo siempre para crear un contenido que le interese en todo momento» aconseja María Ferreras, directora de alianzas estratégicas para el sur de Europa y Rusia de YouTube, durante una entrevista mantenida para la elaboración de este libro. «Hablar de forma auténtica, tener pasión por lo que haces y por lo que grabas y dirigirte a la audiencia de manera directa aportarán valor a los vídeos que incluyas en tu canal», reconoce.

8.10. Cómo ganar dinero con tus vídeos en YouTube

¿Sabías que solamente en España miles de personas viven con el dinero que obtienen de crear vídeos en YouTube? Es posible que hayas oído hablar además del fenómeno de los *youtubers*, usuarios que pueden ganar mucho dinero al día dependiendo del número de reproducciones que generen los vídeos de los canales que han creado en la plataforma.

Ellos son profesionales en la materia, pero cualquier persona que posea un canal en YouTube y esté elaborando contenido propio podría optar a formar parte del Programa de *Partners* de YouTube y obtener al menos un pequeño rendimiento económico por sus vídeos. Es necesario, eso sí, cumplir con una serie de requisitos.

El primero de ellos es que el Programa de *Partners* se haya lanzado en tu país (en la actualidad funciona en más de sesenta países) y también es necesario que la cuenta del usuario esté en regla y no haya sufrido antes una desactivación del programa. Además, el contenido debe ser original, de calidad y cumplir con las condiciones del servicio.

Si se cumplen estas reglas, para convertirte en *partner* de YouTube debes ir a la pestaña «Obtención de ingresos» dentro de la configuración de la cuenta, y si el estado de ésta es óptimo y no ha sido penalizada, se podrá activar el programa. Hecho esto, desde el «Gestor de Vídeos» debes elegir aquellos que quieras monetizar y el tipo de anuncios que deseas mostrar: *instream* (que se exhiben antes, durante o al finalizar un vídeo), *trueview* (igual que los *instream* pero que permiten al usuario saltar la publicidad transcurridos unos segundos desde su inicio) o *invideo* (generalmente textuales y que se muestran en la parte inferior del vídeo mientras se reproduce).

Para poder recibir los ingresos, debes asociar tus cuentas de YouTube y AdSense (tendrás que crear una, o si ya tienes, enlazarla) para empezar a recibir el dinero que obtengas. Esto puedes hacerlo desde la pestaña «Obtención de ingresos» y seleccionando «Asociación de AdSense».

Los ingresos llegan al incluirse anuncios en los vídeos, aunque el acuerdo para *partners* de YouTube no ofrece ninguna garantía sobre las cantidades que recibirá el usuario, ni siquiera sobre si recibirá pagos. Estos se generan en función del reparto de los ingresos por publicidad cuando un usuario ve un vídeo. Por lo tanto, cuantas más veces se reproduzca el vídeo, mayores serán los ingresos.

Los pagos se reciben cuando los ingresos alcanzan el límite de pago local (en España es de 70 euros), siempre y cuando no haya ninguna retención en la cuenta y el usuario haya cumplido las políticas de uso de YouTube.

8.10.1. Cómo convertirse en un *youtuber* de éxito

Como decíamos, con una cámara y unos básicos conocimientos de edición, muchos jóvenes hacen hoy día de YouTube su medio para ganarse —y en algunos casos, muy bien— la vida. Si no lo consiguen, al menos se entretienen mientras ganan un poco de dinero. Con sus creaciones en vídeo atraen a cientos de miles de *youtubers* y algunos usuarios tan conocidos como ElRubius,[116] JPelirrojo[117] o Isasaweis,[118] la reina de las blogueras de belleza, han hecho de la creación de vídeos para YouTube su profesión y gracias a su popularidad han conseguido, respectivamente, lanzar libros de éxito, protagonizar campañas de publicidad o tener su propio espacio en televisión.

¿Quieres llegar a ser una estrella del vídeo en internet como ellos? Te vamos a dar algunos consejos que podrían ayudarte a ser un *youtuber*, aunque lo fundamental es tener talento y saber comunicar con naturalidad frente a la cámara.

116. https://www.youtube.com/user/elrubiusOMG
117. https://www.youtube.com/user/jpelirrojo
118. https://www.youtube.com/user/isasaweis

Once consejos para convertirse en un *youtuber* de éxito

1. **Requisitos básicos.** Para convertirte en *youtuber* tan sólo necesitas una cámara de vídeo (o incluso puede valer la de tu teléfono móvil si puede grabar en HD —alta resolución—), un programa de edición básica en tu ordenador, un micrófono, unos buenos focos y... mucha imaginación y ser capaz de enganchar a la audiencia con contenidos virales que se difundan por sí solos.
2. **Crea tu canal.** Sigue las instrucciones que hemos explicado en el apartado 8.6 y crea tu canal en YouTube. Piensa bien el nombre, pues será por el que te conozcan todos tus seguidores. Los nombres cortos funcionan mejor y si además incluyes palabras clave en su título, podrás conseguir que los internautas te localicen más fácilmente al utilizar el buscador de Google. Personaliza el canal con un logotipo que te identifique y un diseño cuidado.
3. **Planificación.** Un vídeo corto de tres minutos es resultado de muchas horas de trabajo y esfuerzo. El *youtuber* debe pensar con detenimiento qué quiere comunicar en cada creación, cómo será el contenido editado, los planos que necesita, la música que utilizará..., hasta el más mínimo detalle está planificado y constituye una parte importante para lograr el resultado final.
   «De todas maneras, depende mucho de cada vídeo. He subido vídeos que he hecho en una tarde y otros que han necesitado de seis meses de posproducción. Lo curioso es que no hay relación alguna entre las horas invertidas y lo bien que funciona un vídeo, por lo que hoy por hoy el principal detalle que intento cuidar es que me guste a mí y me divierta en el propio proceso de hacerlo», reconoce el popular *youtuber* JPelirrojo durante una entrevista.[119]

119. Entrevista publicada en TreceBits el 27 de enero de 2015. http://www.trecebits.com/2015/01/27/jpelirrojo-no-hay-secretos-para-que-un-video-viralice-el-publico-es-quien-decide/

4. **Utiliza YouTube Trends.** Con esta herramienta de Google conseguirás identificar qué vídeos son tendencia en todo momento en la plataforma, segmentando incluso por sexo de los usuarios, país de residencia... Pasar un tiempo analizando estos datos te permitirá tomar ideas para tus creaciones.
5. **Contenido.** Es fundamental comunicar algo que aporte valor a los usuarios, que les informe, que les permita adquirir conocimientos o, al menos, que les divierta. Debes pensar... ¿por qué un usuario debe emplear tres minutos de su tiempo en ver mis vídeos?, ¿qué le voy a ofrecer a cambio? En tu respuesta se encuentra el valor diferencial de tu contenido en vídeo.
6. **Calidad.** Se debe cuidar la calidad del vídeo presentado (la luz, el sonido, la edición...), el resultado debe ser profesional. Si la edición no está trabajada, por muy bueno que sea el contenido del vídeo, no llamará la atención del usuario.
7. **Duración.** Los vídeos que tienen una duración superior a cuatro o cinco minutos difícilmente retienen la atención del usuario hasta el final. En internet el consumo de contenido audiovisual es cada vez más rápido y debemos enganchar al usuario sobre todo en los primeros segundos del vídeo. Una duración recomendable oscila entre el minuto y medio y los dos minutos.
8. **Periodicidad.** Imponte un ritmo de publicación, que puede ser diaria, bisemanal, semanal..., de acuerdo a tus capacidades y recursos. Trata de cumplir los plazos para que los usuarios ansíen tu próxima entrega.
9. **Promociona tus vídeos.** No basta con publicarlos y ya está. Una vez subidos a la plataforma, muévelos en tus redes sociales, compártelos en Facebook, en Twitter, en Google+, en foros especializados..., haz que el resto de los internautas los conozca, no sólo quienes ya te siguen en YouTube.
10. **Date de alta en el Programa de *partners* de YouTube.** Como te explicábamos en el apartado anterior, esto es necesario

para comenzar a recibir ingresos por las visualizaciones que reciban los vídeos de tu canal. Será la primera fuente de financiación que tengas. Si logras éxito y popularidad, posiblemente te lleguen propuestas comerciales de marcas interesadas en tus creaciones.

11. **Paciencia y *buena letra*.** Si piensas que te harás rico enseguida con tus vídeos, posiblemente abandones tu propósito de hacerte *youtuber* cuando lleves publicados incluso menos de diez. Al principio, los seguidores tardan en llegar al canal, porque crear una comunidad fiel de usuarios es una tarea que requiere mucho esfuerzo, sacrificio y, en muchas ocasiones, años de trabajo. Sé constante.

Estos consejos te valen tanto si tu objetivo es ser un *youtuber*, una estrella de la plataforma de vídeos de Google, como si lo que deseas es únicamente llenar tu propio canal con contenido útil y que proporcione valor a los usuarios. En ambos casos, la calidad resulta vital.

«El talento de los usuarios y su capacidad creativa siempre ha existido, pero YouTube lo que hace es poner a su disposición una herramienta muy sencilla para hacerlo real y darle difusión, nada más. La clave además está en que los creadores de contenido se sienten creadores las 24 horas del día, siempre están pendientes de sus vídeos, editándolos, promoviendo la conversación con sus seguidores..., y eso les hace triunfar», reconoce Ferreras.

8.11. Cómo eliminar tu cuenta de YouTube

Si deseas eliminar tu canal de YouTube debes tener en cuenta que se borrarán todos los datos personales, vídeos, mensajes y comentarios que hayas subido a la plataforma.

Para hacerlo, si el canal que quieres borrar está vinculado a una cuenta de Google+, debes también eliminar el perfil en la red social de la compañía (lo que hará que se oculte el canal a no ser que restaures posteriormente el perfil), ya que es imposible eliminar el canal de YouTube por sí solo.

Si el canal que vas a eliminar no está asociado a tu cuenta de Google+, tan sólo debes acceder a la configuración avanzada de la cuenta y pulsar sobre «Eliminar».

Si hubieras borrado tu canal por error, Google puede ayudarte a recuperarlo siempre que lo solicites al poco de haberlo eliminado. Como reconoce expresamente la compañía, no siempre es posible volver a disponer de todos los vídeos y datos almacenados, pero si quisieras intentarlo pone a tu disposición un formulario de solicitud.[120]

Si lo que has eliminado por error es tu cuenta entera de Google, entonces lo que debes hacer es, también en el menor plazo posible, acudir a la página de asistencia para contraseñas[121] de Google e indicar que no puedes iniciar sesión en tu cuenta «por otros motivos». Google te realizará una serie de cuestiones para verificar tu identidad y, si se realiza de forma correcta, te dará acceso a un enlace para que rellenes el formulario de solicitud y puedas restaurar tu cuenta.

120. https://support.google.com/youtube/contact/deleted_channel

121. https://www.google.com/accounts/recovery/

9. Cómo triunfar en Instagram

Cuando Facebook compró Instagram en abril de 2012 por 1.000 millones de euros,[122] la aplicación social que sirve para compartir vídeos y fotografías contaba con poco más de 10 millones de usuarios en todo el mundo. Había sido creada tan sólo año y medio antes (en octubre de 2010) por Kevin Systrom y Mike Krieger para iOS (el sistema operativo de los teléfonos iPhone de Apple), y había lanzado su versión para móviles Android sólo unos días antes de la adquisición.

El crecimiento desde entonces ha sido espectacular. Instagram ya supera los 300 millones de usuarios activos al mes, lo que significa haber multiplicado por 30 el número de usuarios desde que fue adquirida por Mark Zuckerberg, y eso a pesar de que en su día el movimiento despertó muchos recelos e incluso motivó que algunos usuarios se dieran de baja. Sin embargo, en la actualidad, la aplicación ha sobrepasado en número de usuarios activos incluso a Twitter, que posee 288 millones.

El año de la explosión de Instagram fue 2014, pues entre marzo y diciembre de ese año (es decir, en sólo nueve meses) sumó más de doscientos millones de usuarios activos. Las mejoras que la compañía ha ido introduciendo al servicio han triunfado entre la comunidad global de *instagramers* (como se denomina a los usuarios de la *app*), que ya comparten más de 70 millones de fotos y vídeos cada día.

122. http://www.trecebits.com/2012/04/10/facebook-compra-instagram/

9.1. Cómo crear un perfil en Instagram y a qué me comprometo

Instagram es una aplicación social gratuita que se puede utilizar desde el teléfono móvil o la tableta y que es compatible con dispositivos iOS y Android, así como con equipos con Windows Phone 8 y versiones posteriores. Aunque dispone de página web y los usuarios pueden acceder a ella con sus contraseñas para ver sus fotografías en el ordenador o para visitar el perfil de otros usuarios, no hay ni siquiera posibilidad de crear la cuenta desde el escritorio. Es decir, es necesario sí o sí un móvil para poder comenzar a usar el servicio.

Así pues, el primer paso será descargar la aplicación desde el App Store de Apple, Google Play Store o la tienda de Windows Phone. Al abrirla, tendrás que indicar una dirección de correo electrónico. También puedes iniciar sesión introduciendo los datos de tu cuenta de Facebook.

Sea como sea, en ambos casos tendrás que crear un nombre de usuario (que te identificará en la aplicación) y una contraseña, y deberás rellenar los datos que se mostrarán en tu perfil: una pequeña biografía, de 150 caracteres como máximo, un enlace a tu página web y también una fotografía que será la imagen de tu perfil. Toda esta información podrás editarla siempre que quieras accediendo al icono de una silueta en la esquina inferior derecha de Instagram.

«Recomiendo elegir siempre un buen nombre de usuario. Si es posible, el mismo que ya tienes en Twitter. Si ya está *pillado,* escoge uno que sea original y tenga algún toque que lo haga personal. Añade una foto tuya sonriendo y no olvides rellenar la información personal con frases positivas y añadir el link a tu web, a tu Facebook o a la información de tus otras cuentas en redes sociales», recomienda Phil González, fundador de la comunidad mundial de *Instagramers,* durante una entrevista concedida para la redacción de este libro.

Debes tener en cuenta que al abrir la cuenta de Instagram o acceder a su web estás aceptando implícitamente las Condiciones de Uso[123] y

123. https://help.instagram.com/478745558852511/

la Política de Privacidad[124] de la plataforma. En el primero de estos documentos se establece que la edad mínima para usar Instagram es de catorce años y se prohíbe la publicación de imágenes violentas, de mal gusto o pornográficas, así como el acoso o la intimidación a otros usuarios y la suplantación de identidad.

También se establece que el usuario es el único responsable de su conducta en Instagram y de la información que proporcione, que deberá ser real. En las condiciones también se incluyen unas «Normas Comunitarias de Uso»,[125] que básicamente solicitan al usuario que sólo comparta fotos y vídeos que haya realizado él, sobre los que posea derechos de autor y que además sean aptos para todos los públicos. Por otra parte, el usuario se compromete a no utilizar la plataforma para enviar *spam*, para insultar o faltar al respeto de otros o para inducir a conductas delictivas o autolesiones.

En las Condiciones de Uso se reconoce también que Instagram puede modificar o finalizar el uso del servicio por cualquier motivo, sin previo aviso. La compañía también se reserva el derecho de cambiar las reglas de utilización de la *app* y de eliminar, editar o bloquear contenido que considere que infringe las Normas de Uso.

En cuanto al contenido, Instagram asegura que no reclama la propiedad sobre lo que publiquen los usuarios, pero que estos le otorgan una licencia para que pueda utilizarlo sin tener que pagarles nada. Es más, reconoce que la *app* se financia mediante la venta de publicidad, que podría insertarse cerca o junto con el contenido de los usuarios.

Instagram reconoce en su Política de Privacidad que recopila información que le proporciona el usuario (nombre, email, número de teléfono...) y que puede utilizarla, entre otras cosas, para ofrecerle anuncios personalizados. Señala que no venderá o alquilará la información de sus miembros a terceros, aunque sí la compartirá con otras compañías afiliadas a Instagram o que le ayuden a prestar el servicio. Conviene tener todo esto en cuenta y ser consciente en todo momento de lo que aceptamos al registrarnos en la aplicación.

124. https://help.instagram.com/155833707900388/

125. https://help.instagram.com/477434105621119/

9.2. Navegación por la aplicación y configuración de la cuenta

A la hora de utilizar la *app* vas a encontrarte con distintas secciones. Conocer qué puedes hacer en cada una de ellas te ayudará a familiarizarte con la aplicación y sacarle más partido.

- **Página de inicio.** Es a la que se accede al entrar al servicio y en el menú de navegación se identifica con el icono de una casa *(home)*. En esta página se muestran todas las fotos publicadas por tus amigos en orden cronológico. Se les puede dar a «Me gusta» o comentarlas. También, al hacer clic sobre el icono de tres puntos suspensivos se pueden marcar como contenido inapropiado.
- **Buscar y explorar.** La segunda de las opciones del menú de navegación, que tiene un icono similar al de una lupa en iOS y una es-

trella en Android, permite encontrar personas a las que seguir. Para ello incluye una barra buscador. Además, en el área de «Fotos» permite ver las imágenes que más gustan a las personas que sigues o que son tendencia en ese momento en la aplicación porque han agradado a muchos usuarios. Si alguna de tus imágenes se convirtiera en tendencia, Instagram te enviaría una notificación para hacértelo saber. Por otro lado, en el apartado llamado «Personas», Instagram te recomendará usuarios que podrías estar interesado en seguir (en función de tus gustos y los de tus contactos).

- **Cámara.** En la opción central se pueden tomar fotos con la cámara del teléfono, grabar vídeos o compartir imágenes desde las carpetas del teléfono. Veremos en mayor profundidad este apartado cuando aprendamos a tomar y editar imágenes con Instagram en el siguiente apartado de este capítulo.
- **Actividad.** La pestaña «Actividad», que se identifica con un corazón dentro de un bocadillo de diálogo, muestra los «Me gusta» y los comentarios que reciben tus fotos y vídeos. Si al entrar a la aplicación aparece una burbuja emergente sobre esta pestaña con un número junto a un corazón (me gusta) o junto a una señal de diálogo (comentario) o junto a un icono de usuario, que indica que tienes un nuevo seguidor, eso quiere decir que en tu ausencia se han producido interacciones de tus seguidores con tus imágenes. En esta pestaña también podrás ver las fotos y los vídeos que tus amigos han comentado o han indicado que les gustan. Para eso debes pulsar sobre la pestaña «Seguidos».
- **Perfil.** Por último, en la pestaña «Perfil» se muestra tu biografía y todas tus publicaciones en Instagram, que pueden verse en forma de mosaico o como una cascada de imágenes. Si tienes activada la geolocalización de las fotografías también se verán sobre un mapa. Además, se muestran todas las publicaciones en las que se te ha etiquetado. En la parte superior del perfil se exhiben unos contadores que indican el número de publicaciones que has realizado, el número total de personas a las que sigues y el número de personas que te siguen. Por otra parte, pulsando sobre «Editar perfil» podrás acceder a modificar tu nombre,

usuario, link, biografía, contraseña o la información privada (email, género y número de teléfono).

En la esquina superior derecha del perfil se muestra un icono que imita a una tuerca. Pulsando sobre él se accede a la configuración de la cuenta, donde se pueden buscar a otras personas a las que seguir a través de Facebook o usando la agenda de contactos. También se puede editar el perfil, cambiar la contraseña y ver un listado de las publicaciones que te han gustado desde que abriste la cuenta. Aquí también podrás establecer tu perfil como privado. Si lo haces, sólo las personas a las que des tu aprobación podrán ver tus fotos y vídeos.

«En Instagram esto tiene sentido si lo que quieres es interactuar únicamente con tus amigos. Sería entonces como un complemento a Facebook. Sin embargo, si lo que buscas es conocer a gente y disfrutar a fondo de Instagram, no tiene sentido establecer la cuenta como privada», apunta Phil González, creador de la comunidad de *Instagramers*.

Además, en el área de configuración también podrás ver y añadir cuentas de otras redes sociales para enlazarlas a tu perfil de Instagram (lo que te permitirá, por ejemplo, que se publiquen las fotos que subes también en estas cuentas de manera automática). Asimismo, podrás configurar las notificaciones que recibes (si quieres que se te avise cuando cualquiera haga «Me gusta» o comente una de tus fotos, sólo cuando lo haga un amigo tuyo o que no se haga nunca). De la misma manera, podrás ajustar si recibes notificaciones cuando alguien empiece a seguirte o cuando un usuario acepte tu solicitud para seguirle.

Si tienes enlazada tu cuenta de Facebook, también podrás seleccionar si quieres ser notificado cuando algún amigo de Facebook se apunte a Instagram. También podrás elegir las posibilidades de notificación de Instagram Direct (servicio que permite enviar una imagen a otro usuario como si fuera un mensaje directo) o cuando alguien te etiqueta, entre otras opciones.

También en esta área podrás señalar si quieres que los vídeos se reproduzcan siempre o sólo cuando estás conectado vía wifi (lo que te hará gastar menos datos de tu conexión a internet) y encontrarás los accesos para el servicio de ayuda o para informar de un problema.

9.3. Primeras acciones: buscar usuarios y compartir y editar fotografías

Ahora que ya conoces las distintas secciones de la aplicación, es el momento de lanzarse a utilizarla. Lo primero que deberías hacer es buscar usuarios a los que seguir, para llenar de contenido la página de inicio con las fotografías que vayan publicando. Además, así empezarás a interactuar y facilitarás que otros usuarios te encuentren y te sigan si les resultan interesantes las imágenes o vídeos que compartes.

Quizá lo más recomendable sea que empieces por encontrar en la *app* a personas que ya conozcas (amigos, compañeros de trabajo, conocidos...) o con los que tengas alguna relación en otras redes sociales como Facebook, que está interconectada con Instagram.

Para hacerlo, basta con ir a tu perfil y pulsar el icono de una tuerca (en teléfonos con sistema operativo iOS) o de tres puntos suspensivos en vertical (para dispositivos Android) y seleccionar «Buscar amigos de Facebook» o «Buscar contactos». Al hacerlo, estarás sincronizando tu agenda de contactos de Facebook o del teléfono con Instagram, y así la aplicación identificará a los que ya la utilizan y te propondrá que les sigas.

Otra opción es ir al menú «Buscar», que se encuentra en la parte inferior de la aplicación. Ahí podrás ver tanto fotos que le hayan gustado a tus amigos como las que son muy populares en Instagram, y podrás seguir a sus creadores. También en el área de «Personas», Instagram te mostrará usuarios que considera que podría interesarte seguir, bien porque les conoces en otras redes o porque a ambos os gustan imágenes similares. Además, en la parte superior encontrarás un buscador en el que puedes introducir el nombre de la persona a la que te gustaría seguir o su nombre de usuario, si lo sabes.

Las imágenes y vídeos que publican las personas a las que sigues se muestran en la página de inicio (se identifica con el icono de una casa en el menú de opciones) de forma cronológica. Si pulsas dos veces sobre las imágenes indicarás que «te gusta», también puedes hacerlo pulsando el botón correspondiente, que está representado por un corazón. Además puedes dejar un comentario, en el que puedes dar tu opinión sobre la foto, mencionar a otro usuario o incluir *hashtags*...

En Instagram no se puede «retuitear» como sí se hace en Twitter. Si una foto te parece bonita, lo mejor es que le des a «Me gusta». La aplicación señala expresamente en sus Condiciones de Uso que cada usuario es propietario de las fotos y vídeos que publica, por lo que solicita que no se comparta contenido que no sea propio.

A medida que vayas utilizando la aplicación irás descubriendo nuevos usuarios a los que seguir, bien porque un amigo te los recomiende, porque hagan comentarios en una de tus fotos o en las de tus amigos o quizá porque hayan empezado a seguirte y decidas devolverles el gesto si te parece llamativo lo que comparten.

Si quieres que otros usuarios se interesen por tu cuenta, debes comenzar a subir contenido interesante cuanto antes. Para hacer una fotografía, tan sólo debes pulsar sobre el botón con el icono de una cámara en el menú de la aplicación y una vez seleccionada la escena que quieres fotografiar, pulsar sobre el botón azul.

Tienes varias opciones antes de tomar la foto, por ejemplo, para darle la vuelta a la imagen y realizar un *selfie* debes pulsar sobre el icono que representa una cámara con unas flechas. Además, puedes ajustar el flash y desactivarlo o seleccionarlo de forma automática o permanente o también mostrar una cuadrícula sobreimpresa que te ayude a realizar tu composición fotográfica.

Si prefieres subir una fotografía desde la memoria de tu teléfono, puedes pulsar sobre el icono que muestra la última de ellas, a la izquierda del botón para tomar la fotografía. Al hacerlo, se abrirá un histórico con todas las imágenes que se encuentran en el dispositivo y podrás elegir la que quieres compartir. Además, podrás seleccionar el encuadre de la fotografía moviéndola, haciéndola más grande, más pequeña..., hasta que quede a tu gusto.

Una vez que has subido la imagen o que has tomado una nueva, podrás editarla. La primera de las pantallas que se muestra es la de filtros. Instagram propone una veintena, y puedes ir viendo cómo quedaría tu foto al aplicar cada uno de ellos al pulsar sobre sus nombres. Si pulsas sobre alguno dos veces, aparece una barra deslizante que te permitirá establecer el nivel de intensidad del filtro. También verás un recuadro donde podrás seleccionar que tu fotografía lleve marco o no.

Tras la página de filtros puedes acceder a la que permite seleccionar la luminosidad de la imagen (se llama «lux» y se identifica con un icono que parece un sol). Después, la tercera opción —representada por icono que representa una llave inglesa— te lleva al área donde puedes añadir distintos efectos a tu fotografía:

- Ajustar: Para modificar la orientación vertical u horizontal de la imagen, girarla, enderezarla...
- Brillo: Para aumentar o reducir el brillo de la foto.
- Contraste: Para hacer que las áreas brillantes de la foto sean más brillantes y las oscuras, más oscuras.

- Calidez: Permite cambiar los colores de la imagen por tonos naranjas más cálidos o tonos azules más fríos.
- Saturación: Aumenta o reduce la intensidad de los colores de la imagen (lo que hace, por ejemplo, que el amarillo sea más amarillo).
- Resaltado: Ajusta el foco en las áreas brillantes de la imagen.
- Sombras: Ajusta el foco en las partes oscuras de la foto.
- Viñeta: Oscurece los bordes de la foto.
- Desenfoque: Permite enfocar una parte de la imagen y desenfocar el resto.
- Enfoque: Añade nitidez a la foto y hace que parezca más clara.

«Los filtros en Instagram nos sirven para expresar sentimientos dentro las imágenes. Me apasionan las opciones de calidad de imagen con las que puedes ir delimitando el brillo, el contraste, etc. Además, los filtros nos dan pequeñas ideas sobre el tipo de imagen que queremos mostrar. Algunos son específicos para mejorar la calidad de nuestras fotos, como Valencia. Otros permiten crear efectos especiales o marcar peculiaridades de la imagen, como Lo-Fi, 1977 o Toasted», señala Ángela Villarejo, socia directora de Social Mood, bloguera de moda (y usuaria de Instagram), durante el transcurso de una entrevista concedida para la elaboración de este libro.

Visto así, lo mejor que puedes hacer es jugar con todas estas opciones que pone Instagram a tu disposición y experimentar hasta lograr que la foto quede como realmente deseas. Cuando lo consigas, debes pulsar en «Siguiente» para llegar al área en la que compartirás tu foto con tus seguidores. Aquí podrás añadir un pie de foto que describa tu imagen y en él debes incluir *hashtags* (etiquetas), que funcionan de la misma manera que en Twitter. En realidad, los *hashtags* no son más que palabras precedidas por el símbolo # que sirven para ordenar los contenidos en una plataforma social.

Si por ejemplo has subido una fotografía de un gato, como la del ejemplo, y añades a la descripción de la imagen los siguientes *hashtags*: #gato #mascota, #pet..., lograrás que más usuarios puedan verla, ya que cuando alguien busque por ese *hashtag* podría mostrársele la foto en los resultados. Esto se puede traducir en la obtención de más «Me gusta», más comentarios y quizá, más seguidores. Al pulsar sobre el *hashtag* de cualquier fotografía accederás a un listado con las últimas imágenes compartidas que incluyen ese *hashtag*.

Te recomiendo que eches un vistazo al apartado 4.7 de este libro, donde se dan consejos para el uso de *hashtags* en Twitter, que en la mayoría de los casos pueden aplicarse a Instagram. Además, deberías tener en cuenta unos pequeños trucos para usarlos en esta plataforma:

Cuatro consejos para usar los *hashtags* en Instagram

1. **Sé específico.** No utilices hashtags genéricos como #mar, #foto o #iPhone porque estos podrían aplicarse a un gran número de imágenes. Es mejor delimitar #gatopersa #costacalida... para que la foto se añada a páginas de resultados más concretas donde puedan verla otros usuarios realmente interesados en ella.
2. **Sé descriptivo.** El uso de etiquetas adecuadas te ayudará a atraer nuevos seguidores que realmente estén interesados en tus fotos y que seguirán indicando que les gustan tus fotos y comentándolas a lo largo del tiempo. No seas cortoplacista.
3. **Sé consecuente.** Si tu foto no tiene nada que ver con él, no utilices un *hashtag* sólo porque está de moda y porque quieres aparecer en más resultados de búsqueda.
4. **Sé observador.** Mira los *hashtags* que se usan en otras fotografías que incluyen tus mismas etiquetas. Es posible que descubras otros *hashtags* populares o más especializados que no se te había ocurrido que podías utilizar.

Además de incluir *hashtags*, también puedes mencionar a otros usuarios incluyendo el símbolo @ delante del nombre de usuario. Al hacer esto, le llegará una notificación indicándole que ha sido mencionado en una imagen. También puedes etiquetarlo en «Etiquetar personas» si aparece en la fotografía. Al hacerlo, se mostrará la imagen en su perfil, en la parte de «Fotografías en las que me han etiquetado».

Para añadir una ubicación en la fotografía (el lugar en que se ha tomado) y que quede geolocalizada debes pulsar en «Añadir al mapa de fotos». Ahí podrás seleccionar el lugar de una lista predefinida o incluirlo tú a mano. En este mismo apartado también puedes compartir tu imagen con otros servicios como Facebook, Twitter o Flickr.

Si te fijas en la parte de arriba de la pantalla, verás que puedes seleccionar compartir la foto con tus seguidores o mediante «Direct». En esta opción puedes enviar la foto a un usuario (o hasta quince a la vez) mediante una especie de «mensaje directo». También podrás escribir un pie de foto y después elegir a qué persona de las que sigues le mandarás la imagen. Si usas el buscador, también puedes enviársela a cualquier otra persona (siempre que tenga activadas las solicitudes de Instagram Direct en la configuración de su cuenta; es decir, que acepte recibir fotografías mediante mensaje directo).

Una vez que has compartido la fotografía, los destinatarios la verán en el caudal de actualizaciones de su página de inicio. Si en algún momento quieres editar el pie de foto o borrar la imagen (tanto de una enviada por Instagram Direct como compartida con todos los usuarios), puedes hacerlo desde tu perfil, seleccionando la foto que compartiste y pulsando sobre el icono de los tres puntos suspensivos ubicado en la parte inferior derecha.

Por cierto, cuando empieces a usar Instagram verás que algunos usuarios publican imágenes que son combinaciones de varias fotos, mosaicos con distintas imágenes..., y es posible que te apetezca hacer lo mismo. Debes saber que esta es una opción que no está disponible en Instagram y que para ello debes utilizar otras aplicaciones móviles que permiten crear este tipo de publicaciones y compartirlas en Instagram. Algunas que se pueden recomendar son PicFrame o PhotoShake! para teléfonos iOS, o Diptic y PhotoGrid para Android, aunque hay muchas más, como también Layout, creada por el propio Instagram en marzo de 2015 para hacerle la competencia a las mencionadas anteriormente".

9.4. El vídeo en Instagram

En junio de 2013,[126] cuando ya era propiedad de Facebook, Instagram comenzó a permitir la realización de vídeos a través de la aplicación y dio a los usuarios la posibilidad de editarlos y compartirlos con sus seguidores, como si fueran fotos. Impuso una duración límite de quince segundos como máximo (y tres como mínimo) y en un primer momento los vídeos sólo podían ser grabados con la cámara de la aplicación. Sólo un mes más tarde,[127] Instagram incorporó la funcionalidad que permitía compartir también vídeos guardados en la memoria del teléfono móvil. Desde entonces, se ha popularizado considerablemente el uso del vídeo en la plataforma, aunque la grabación sólo está disponible para las *apps* de Instagram en iPhone y Android, todavía no ha llegado a otras como Windows Phone.

Para grabar un vídeo o subirlo desde la memoria del móvil debes pulsar sobre el icono de la cámara en el menú de la aplicación, como si fueses a realizar una fotografía. Para cambiar a la opción de vídeo debes hacer clic en el icono de la cámara de vídeo que se ubica a la derecha del botón azul para tomar fotos (que se vuelve rojo cuando te dispones a tomar un vídeo).

Si quieres utilizar un vídeo guardado en la memoria del teléfono, tan sólo debes pulsar sobre el icono de la derecha (que muestra una imagen del último vídeo guardado) para acceder a todo el repositorio de vídeos y elegir uno. Si su duración es superior a quince segundos, tendrás que seleccionar un fragmento del mismo si no deseas utilizar los quince primeros segundos del vídeo, que son los que se muestran por defecto. Podrás modificar la parte del vídeo que quieras utilizar más tarde al acceder a las opciones de edición.

Si vas a grabar un vídeo nuevo, tan sólo debes enfocar la escena que quieras y mantener pulsado el botón rojo. Para dejar de grabar

126. http://www.trecebits.com/2013/06/21/todo-sobre-instagram-video/

127. http://www.trecebits.com/2013/08/10/instagram-ya-permite-subir-otros-videos-que-no-se-han-grabado-con-la-app/

hay que levantar el dedo de la pantalla. Si quieres darle la vuelta a la cámara para grabar en modo *selfie* también puedes hacerlo.

Cuando hayas grabado toda la escena o se hayan completado los quince segundos máximos de grabación, debes pulsar sobre «Siguiente» para pasar a la edición. Aquí podrás aplicar distintos filtros al vídeo para cambiar su apariencia, editar su longitud y seleccionar la imagen que será su portada.

Una vez realizado esto, puedes incluir un pie de vídeo (con menciones y *hashtags*), añadir una ubicación y compartirlo con tus seguidores enviarlo o mediante mensaje directo a través de «Direct», como ocurre con las fotografías. Además, podrás seleccionar otras redes sociales en las que podrías compartirlo si las enlazas a tu cuenta.

Los vídeos se muestran en la página de inicio de las personas que te siguen, lo mismo que las imágenes. También aparecerán en tu perfil, como un contenido compartido más. Se reproducen automáticamente y, además, lo hacen en forma de *loop*, de manera ininterrumpida, mostrándose una y otra vez (funcionalidad que Instagram copió a Vine en febrero de 2015).[128] Eso sí, para no resultar intrusivos, se emiten sin sonido, para activarlo hay que pulsar sobre el vídeo.

Instagram carga los vídeos con antelación para que puedan reproducirse automáticamente en cuanto los ves. Esta precarga consume muchos datos de tu conexión a internet, por eso en la parte de configuración de tu perfil puedes elegir que sólo se precarguen cuando estés conectado a una red wifi gratuita.

9.5. Consejos para sacarle más partido a tus fotos y vídeos en Instagram

Lo importante en Instagram es ser tú mismo y subir aquellas fotos que te parecen curiosas. Las más valoradas son las fotos del día a día que puedan definirte como usuario y que, al aplicarles un filtro

128. http://www.trecebits.com/2015/02/15/los-videos-en-instagram-ahora-se-reproducen-en-bucle-sin-fin/

y editarlas, se enriquecen y pueden aportar valor a los demás. Puedes hacer que tu cuenta sea temática y todo lo que publiques tenga un hilo argumental, puedes subir únicamente escenas cotidianas o incluso puedes crearle una cuenta de Instagram a tu negocio y utilizarla como cuenta corporativa. En este caso los pasos que debes seguir son los mismos que ya hemos descrito, pues Instagram no distingue entre distintos tipos de cuentas (personales o para empresas), sino que es el usuario el que decide el uso que les da.

Aquí van algunos consejos para que tus fotos gusten más, obtengan más interacciones y puedas sacar más partido tanto a las imágenes como a los vídeos que subas a Instagram.

Diez consejos para triunfar en Instagram y conseguir más seguidores

1. **Sé original y creativo.** Busca el punto de vista creativo de las fotografías y vídeos que compartes. Juega, experimenta, aplica filtros, diferentes enfoques, matices de color, etc., para llamar la atención de los usuarios y ganar en visibilidad.
2. **Muestra tu lado humano.** A las personas nos gusta seguir a otras personas. Aporta tu toque personal, fotos cercanas, de tu día a día, refleja tu personalidad en las imágenes y vídeos que compartas. No es necesario que aparezcas tú si no quieres, pero los usuarios valorarán que aportes tu sello personal a los contenidos.
3. **Comparte.** Interactúa con otros usuarios en Instagram: comenta, da a «Me gusta», etiqueta, menciona... Dialoga con los demás usando como pretexto las fotografías.
4. **Actualiza.** No se puede definir cada cuánto tiempo conviene subir una imagen al perfil de Instagram. No es obligatorio hacerlo todos los días, y si un día subes varias, no hay problema siempre que no molestes a los seguidores y te consideren *spammer*. Lo importante es que cuando alguien visite el perfil se note que está activo.

5. **Completa la bio.** Es fundamental, porque dará una idea a los usuarios de qué es lo que se van a encontrar en tu perfil y quién hay detrás de él. Aprovecha para poner palabras clave y algún enlace a tu blog o página web.
6. **Usa *hashtags*.** Al incluir estas etiquetas estás ordenando las imágenes por temas y facilitas al resto de los usuarios la tarea de descubrirlas. Busca cuáles son los *hashtags* más utilizados y que se adecúan a la imagen o vídeo que vas a subir.
7. **Aprovecha las sinergias entre plataformas.** Publica de vez en cuando las imágenes que subes a Instagram en otras redes sociales, así estarás comunicando a tus amigos que también tienes cuenta en esta *app*.
8. **Busca tendencias.** A menudo se ponen temas de moda en Instagram, tipos de fotos que los usuarios están más dispuestos a compartir... Si estás al tanto de lo que más gusta, podrás tenerlo en cuenta a la hora de hacer tus fotografías y llamar la atención de más usuarios.
9. **No te olvides de los vídeos.** No te centres sólo en fotografías y experimenta también con los vídeos. La creatividad es un valor al alza y puedes editar tus creaciones de forma breve y original para llamar la atención.
10. **Promociona tu cuenta.** Tú eres quien debe «vender» tu perfil a los demás. Además de compartir tus fotos en otras redes sociales de vez en cuando, quizá puedas poner el enlace a tu cuenta de Instagram en tu blog, en tu bio de Twitter o incluso en tus tarjetas de visita. Dale toda la publicidad que creas conveniente a tu cuenta para darla a conocer y obtener más popularidad.

«Se podría escribir un libro entero con consejos para sacar más partido a las fotos de Instagram. Resumiendo, diría que la clave está en ser tú mismo a la hora de sacar y subir fotos, ser humano y divertido en tus comentarios, interesarte por los demás, disfrutar de poder conocer a gente y dejar la carrera por los "me gusta" y los seguidores de lado de vez en cuando», reconoce Phil González, creador de la comunidad *Instagramers*.

9.6. Cómo utilizar Instagram en la web

Como ya hemos comentado a lo largo de este capítulo, aunque Instagram es eminentemente una aplicación social móvil, también puede utilizarse a través de la web (Instagram.com), aunque la versión de ordenador no incorpora todas las funcionalidades que sí tiene la *app*.

Puedes iniciar sesión en la web con tu nombre de usuario y contraseña habitual para acceder a tu perfil, cuya dirección será Instagram.com/nombredeusuario. Proporciona esta URL a tus amigos para que vean en el ordenador todas las imágenes que has subido a la aplicación.

En la esquina superior izquierda del perfil web se muestra un icono de una casa. Si lo pulsas accederás al *timeline* de actualizaciones de tus amigos, como si lo hicieras desde el teléfono móvil. Pulsando dos veces con el ratón sobre la imagen indicarás que te gusta (también puedes hacerlo clicando sobre el botón del corazón). Además puedes dejar un comentario en la fotografía, y si das al botón de los tres puntos suspensivos aparecerán varias opciones: ver la foto en una única página completa o reportar el contenido si consideras que no es apropiado.

Al pulsar sobre tu nombre, en la esquina superior derecha de la página, podrás editar tu perfil (nombre, bio, sexo...), cambiar la contraseña, administrar las aplicaciones que tienen acceso a tu cuenta... Además, podrás crear y seleccionar una insignia, que es un botón que podrás incluir en tu web o tu blog, gracias al código HTML que se te proporciona para que enlace a tu perfil de Instagram y se promocione tu cuenta. Desde marzo de 2015 también puedes utilizar los hashtags en la versión web.[129]

Esto es todo lo que se puede hacer de manera online, además de poder visitar la sección de ayuda de Instagram y su página de empleo,

129. http://www.trecebits.com/2015/03/31/instagram-lleva-las-paginas-de-hashtags-a-la-web/

a lo que sólo se puede tener acceso vía web. Para eliminar tu perfil, como veremos a continuación, también tendrás que acudir irremediablemente a la versión web de Instagram.

9.7 Bloquear y denunciar personas. Eliminar el perfil

Por defecto, cualquiera puede ver tu perfil y tus publicaciones. Si quieres que tu cuenta no sea pública y que sólo las personas que tú aceptes puedan ver tus fotos, deberás activar las publicaciones privadas, como explicamos en el punto 9.2. Una vez hecho esto, cualquiera que quiera ver tus fotos o vídeos tendrá que mandarte una solicitud de amistad. Y ahí ya serás tú quien decida si aceptarle o no.

Además, puedes bloquear a un usuario si no quieres que vea ni tus publicaciones ni tu perfil. Tan sólo debes acceder a la página de su perfil (por ejemplo, buscando su nombre en el buscador) y pulsar sobre el icono de la flecha o los tres puntos suspensivos en posición vertical (dependiendo del modelo de teléfono que tengas) para llegar a la opción de bloquear al usuario. No se le enviará notificación para comunicarle que le has bloqueado y si en algún momento quisieras desbloquearlo, tan sólo tendrás que repetir los pasos anteriores.

Además de esta opción, también aparece la de denunciar a un usuario, algo que puedes hacer si alguien está compartiendo contenido inapropiado, te está molestando con sus publicaciones o no respeta las Normas de Uso Comunitario de la aplicación. También puedes señalar como contenido abusivo un comentario que alguien deje en una de tus fotografías (esto es útil porque a veces pueden colarse comentarios de *spam*). Para eliminarlo, tan sólo tienes que darle a «Comentar» la fotografía o vídeo que has subido y dejar pulsada la pantalla sobre el comentario en cuestión o desplazar el dedo hacia la izquierda para que aparezca el icono de la papelera y lo puedas borrar.

Por último, si decides eliminar tu cuenta porque ya no vas a usar más la aplicación, debes saber que no basta con que borres la *app* de tu móvil. Además, debes iniciar cuenta en Instagram.com a través de un ordenador y seleccionar «Editar perfil» al hacer clic sobre tu nombre de usuario en la esquina superior derecha de la pantalla. Haciendo *scroll* debes buscar el apartado «Quiero eliminar mi cuenta» que se sitúa en la parte inferior derecha, algo escondido.

No hay manera de descargar todas las publicaciones que has subido a Instagram en un archivo, como ocurre con otras aplicaciones sociales. Una vez que se borre tu cuenta, no podrá ser reactivada, aunque si más tarde quisieras volver a la aplicación, podrás registrarte con el mismo nombre de usuario (siempre y cuando este no haya sido seleccionado ya por otra persona).

10. Cómo triunfar en Vine

Vine es una aplicación social móvil que lanzó Twitter en enero de 2013. Es decir, es bastante nueva, pero a pesar de unos inicios titubeantes, ha conseguido hacerse un hueco en los smartphones de muchos usuarios, que han quedado fascinados por las píldoras de información que permite crear y consumir: sus vídeos no pueden pasar de los seis segundos de duración.

Esto provoca que los vídeos de Vine se caractericen por un estilo narrativo propio, de consumo rápido, donde la clave está en la edición y en el impacto de las imágenes grabadas.

Twitter asegura que la aplicación ya tiene más de 40 millones de usuarios —aunque no se especifica si son activos al mes o no— y el único dato aproximado del que se dispone lo proporcionó su jefe de producto, Jason Toff, cuando la *app* cumplió dos años: «Cada día se producen 1.500 millones de *loops* en Vine», aseguró.[130]

Un *loop* es una reproducción de un vídeo de menos de seis segundos compartido por un usuario. En Vine, los vídeos se ejecutan constantemente, en bucle, una y otra vez.

Aunque no se tengan más datos oficiales, lo cierto es que la aplicación ha experimentado un crecimiento importante en los últimos meses. Muchas compañías están utilizándola para encontrar nuevas formas de comunicarse con sus consumidores o potenciales clientes, y los individuos la usan para dar rienda suelta a su creatividad en un espacio temporal muy reducido y comunicarse con sus amigos a través de vídeos divertidos.

De la misma manera que veíamos la figura de los *youtubers* (apar-

130. http://www.trecebits.com/2015/02/12/vine-supera-los-1-500-millones-de-loops-diarios/

tado 8.7), que han conseguido hacer de subir contenidos a YouTube su medio de vida, están empezando a surgir los primeros *viners*, sobre todo en Estados Unidos. Son usuarios que atesoran un importante número de seguidores y algunas compañías los utilizan ya para hacer llegar mensajes publicitarios a sus *followers*. A algunos incluso les han encargado la producción de sus vídeos corporativos para Vine.

El potencial de Vine está todavía por explotar, pero la popularización del vídeo online y la facilidad de consumo de las dosis de contenido de seis segundos de duración hacen pensar que en el futuro cercano la aplicación experimentará un auténtico *boom*, comparable al que registró Instagram en 2014, cuando pasó de 100 millones de usuarios a 300 millones en únicamente nueve meses.

Si hay posibilidad de que Vine se convierta en el próximo éxito social, conviene no perder de vista su evolución. Anticiparnos a ese posible *boom* y crear ya nuestra cuenta en la plataforma puede ser una inversión a futuro que nos proporcione gran visibilidad. Aprenderemos en este capítulo a sacarle partido a Vine.

10.1. Cómo crear un perfil en Vine. ¿A qué me comprometo?

Una vez descargada e instalada la aplicación Vine desde la tienda de aplicaciones de tu teléfono móvil (es gratuita en Apple Store, Google Play y la tienda de aplicaciones de Windows Phone), tienes dos maneras de abrir una cuenta en la aplicación: puedes hacerlo con una dirección de correo electrónico y una contraseña o registrándote con los datos de acceso a tu cuenta de Twitter.

Al acceder te pedirá un nombre y una fotografía de perfil (te permitirá usar las de Twitter) y te solicitará acceso a tu libreta de direcciones para ver qué amigos tienen ya Vine y poder empezar a seguirles. Además, te mostrará una serie de temas para que elijas los que más te interesen y comiences tu andadura por la *app* ya viendo algunos contenidos seleccionados de esas temáticas. Si te has registrado mediante Twitter, también te recomendará que sigas a las personas de las que ya eres *follower* en esa red y que tienen cuenta en Vine.

Podrás editar tanto tu nombre como tu imagen de perfil en cualquier momento, accediendo al icono de una silueta en la esquina inferior derecha de Vine, como veremos más adelante. Lo que debes tener en cuenta a la hora de abrir la cuenta de Vine o acceder a su web (que también la posee, aunque con funcionalidades limitadas) es que estás aceptando implícitamente los Términos de Uso[131] y la Política de Privacidad[132] de la plataforma que, en este caso, no se encuentran disponibles en castellano, únicamente en inglés.

En los Términos de Uso se establece que el usuario es responsable del uso que haga de la plataforma, así como del contenido que comparta en ella y del que visualice (se señala explícitamente que al unirse al servicio entiende que puede tener acceso a contenidos que le desagraden o le resulten insultantes sin poder culpar a Vine de ello). Además, se reconocen los derechos de propiedad intelectual de todos los contenidos subidos por cada usuario, que otorga una licencia a Vine para que los utilice de la manera que necesite para proporcionar el servicio.

Vine se reserva el derecho (y señala que no tiene la obligación) de retirar cualquier contenido que sea ofensivo o no cumpla con las Normas de Uso[133] de la plataforma. Estas establecen que no puede suplantar la personalidad de otros usuarios, ni utilizar una marca registrada de manera confusa o si no se tienen los derechos. Tampoco se debe revelar información privada o datos personales, publicar contenidos con imágenes de desnudos o que puedan herir la sensibilidad al ser violentas o mostrar sangre, amenazar e intimidar o vulnerar los derechos de autor de otras personas, así como utilizar la aplicación para distribuir *spam.*

En cuanto a la Política de Privacidad de la aplicación, se reconoce que Vine almacena la información proporcionada por el usuario

131. https://vine.co/terms
132. https://vine.co/privacy
133. https://vine.co/rules

(tanto nombre como datos personales e información de contacto en su perfil) así como las imágenes y comentarios que comparte. También se monitoriza el uso que realiza de la *app*.

10.2. Primeros pasos en Vine y configuración del perfil

Vine es una aplicación muy sencilla de utilizar. Veamos las distintas secciones del menú, teniendo en cuenta que como ocurre con la mayor parte de las aplicaciones móviles, hay algunas diferencias en la ubicación de los iconos y distintas secciones entre la versión para Android y la de iOS.[134] De hecho, tal como se puede apreciar en la imagen, el menú en Android se encuentra en la parte superior de la pantalla, mientras que en iOS se encuentra en la parte inferior. A pesar de esos pequeños cambios, el funcionamiento e identidad de la aplicación es prácticamente idéntico se use el sistema operativo móvil que se use.

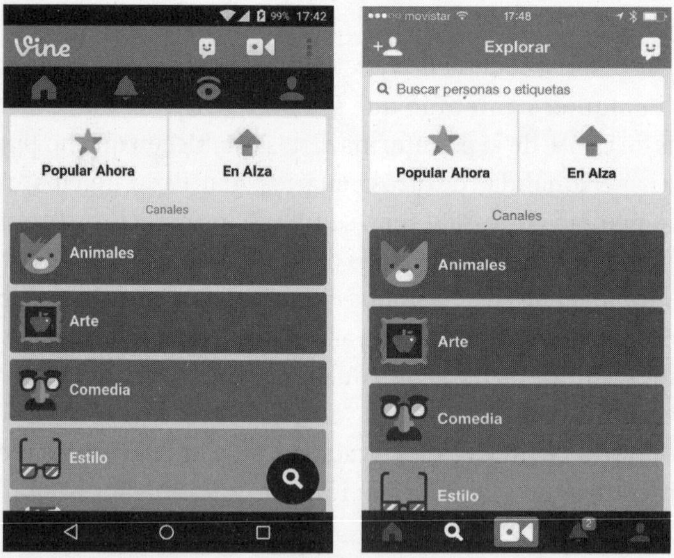

134. El primer pantallazo corresponde a la versión de Vine para Android, mientras que el segundo muestra la misma sección, pero tal como se muestra en la app de Vine para iOS.

- **Página de inicio.** Al acceder a la aplicación se muestra la página de inicio (que en el menú inferior de iPhone está representado con el icono de una casa). Ahí verás, de manera cronológica, los vídeos que han ido compartiendo las personas a las que sigues y también otros vídeos que sean tendencia en la plataforma. En la esquina superior derecha de cada uno de ellos se muestra el número de bucles *(loops)* que ha sido reproducido y si se incluye un icono de una llama de fuego, eso quiere decir que es un vídeo que está siendo tendencia actualmente en la red.
  Puedes darle a «Me gusta» pulsando sobre el icono de una cara sonriente que se sitúa debajo del vídeo. Ahí mismo también se encuentra la opción «Comentar» y el botón de «Más opciones» (que se identifica con una flecha hacia arriba), en el que se despliega un menú que permite compartir la foto con un amigo, «revinearla» (es decir, publicarla en tu perfil, del mismo modo que retuiteas un tuit en Twitter), compartirla en Twitter o Facebook o copiar el enlace exacto de la publicación para enviarlo por email o WhatsApp. Al pulsar sobre los tres puntos suspensivos podrás reportar la publicación si consideras que no cumple con las normas de uso de la plataforma.
- **Explorar.** La segunda de las opciones, cuyo icono es una lupa, da acceso al buscador de personas o etiquetas para encontrar vídeos interesantes y personas a las que seguir. Permite ver directamente aquellas publicaciones que son populares en ese momento o que están «en alza» (destacadas por su gran número de reproducciones en total). También se muestra una serie de canales (animales, artes, comedia...) para poder descubrir vídeos interesantes centrados en cada una de esas temáticas.
- **Cámara.** En iOS se sitúa en el centro del menú inferior de navegación, mientras que en Android está en la parte superior de la pantalla, fuera del menú superior. Se pueden grabar los vídeos con la cámara del teléfono o subir otros que tengamos en su memoria. Veremos en mayor profundidad este apartado cuando aprendamos a crear y editar vídeos con Vine.
- **Actividad.** La pestaña actividad, que se identifica con un icono

de una campana, muestra los «Me gusta», los comentarios que reciben tus publicaciones, cuando un usuario al que sigues en Twitter se une a Vine... Si sobre la campana aparece una burbuja con un número, eso quiere decir que desde la última vez que abriste la publicación se han producido novedades.
- **Perfil.** Por último, en la pestaña perfil se muestra tu nombre de usuario, fotografía, el número de seguidores y el número de personas a las que sigues. Si deslizas el dedo hacia la derecha sobre la cabecera del perfil se muestra también la bio del usuario y el número total de bucles *(loops)* de tus vídeos. También se incluye el número de publicaciones que has realizado y el número de «Me gustas» que has dado a otros vídeos.

En la parte superior del perfil se muestra un icono de una silueta con un +, que no es más que un enlace directo a la búsqueda de otros usuarios. Se pueden ver también varias columnas, una con los contactos de Vine, otra que permite acceder a Twitter para ver quiénes usan la aplicación y otra con un buscador tradicional de personas.

Al pulsar sobre el icono que reproduce una cara sobre un bocadillo de diálogo, accedes al sistema de mensajería privada, con el que puedes comunicarte con cualquier usuario de Vine. Tiene dos bandejas de entrada, en una se muestran los mensajes recibidos de los amigos y en otra las de los demás usuarios. A la izquierda, pulsando sobre la silueta de una persona con un listado verás todos los usuarios con los que puedes empezar a enviarte mensajes.

En el perfil, sobre el número de publicaciones y «Me gustas» realizados, se accede a la configuración. Ahí se puede cambiar siempre que se quiera la imagen de perfil y el nombre, incluir unas pocas palabras a modo de presentación y señalar la ubicación del usuario. Además, se puede seleccionar el color del perfil entre los nueve propuestos y ver otras opciones de configuración de la cuenta desplazando la pantalla hacia abajo.

Una de esas opciones es «Tu contenido», donde puedes seleccionar que tus publicaciones estén protegidas y no las pueda ver todo el mundo, sino sólo aquellos usuarios que soliciten seguirte y tú les aceptes. Aquí también puedes elegir si quieres que la bandeja de los mensajes directos (VM) esté abierta a todos y cualquier usuario pueda enviarte un mensaje. Además puedes sincronizar la libreta de direcciones del teléfono con la aplicación.

Para bloquear a otro usuario y que no pueda ver tus publicaciones debes acceder a su página de perfil y pulsar sobre el icono de los tres puntos suspensivos. Ahí encontrarás la opción para bloquearle. Si quisieras desbloquearle, tendrías que repetir la misma operación.

En «Tus notificaciones» puedes establecer cómo quieres que se te notifiquen los «Me gusta», los comentarios, los revines, las menciones, los seguimientos... También se mostrará un mensaje cuando se reciba un VM, cuando una persona favorita (por ejemplo, un contacto en Twitter) se una o cuando tengas un seguidor nuevo. De la misma manera, se puede elegir recibir notificaciones o no al alcanzar algún logro en la plataforma (determinado número de repeticiones, de me gustas, de seguimientos...).

El apartado «Privacidad» te permite elegir si quieres que los demás usuarios de la plataforma puedan encontrarte gracias a tu número de teléfono o a tu cuenta de email. En «Región», deberás señalar el país en el que vives, y bajando más el *scroll* de la pantalla podrás marcar como «Favoritos» a algunos de tus contactos, encontrar a más personas, invitar a amigos por SMS o correo electrónico y enlazar tu cuenta de Vine con tus perfiles en otras plataformas como Twitter o Facebook.

Recuerda por último que puedes darle a tu cuenta en Vine el uso que quieras, tanto personal como corporativo. Para crear una cuenta «de empresa» en Vine, todo el proceso es similar, puesto que la *app* no distingue entre perfiles de usuario y de compañías. Lo que sí quizá te interese saber es que si posees una cuenta de Twitter verificada, tu perfil de usuario en Vine también lo estará.

10.3. Cómo subir vídeos a Vine

Ya hemos visto cómo buscar usuarios e interactuar con los vídeos que comparten otros, por lo que ahora deberás empezar tú mismo a crear contenidos para la aplicación. Hacerlo es tan sencillo como pulsar sobre el icono de la cámara y enfocar la escena que quieras grabar. Si mantienes presionada la pantalla con el dedo empezarás a grabar, y cuando sueltes el dedo, la grabación se parará. Podrás entonces buscar otro enfoque, otra imagen, y continuar grabando..., así hasta que completes los seis segundos permitidos o decidas que ya has grabado suficiente.

En esta primera pantalla, en el menú inferior aparecen una serie de iconos que te permiten subir vídeos que tengas en la memoria del teléfono o seleccionar un fragmento y unirlo al contenido que hubieras grabado.

El icono de la llave inglesa despliega una serie de opciones: sobreimpresión de una cuadrícula para poder encuadrar mejor el vídeo, enfoque sobre un área determinada de la pantalla, establecimiento de una imagen en segundo plano (al pulsar sobre el icono de un fantasma, se sobreimpresiona la última escena para que podamos continuar la grabación desde el mismo punto si nos hemos movido y sin saltos bruscos) o el uso del flash. A la izquierda se encuentra la posibilidad de borrar lo grabado mientras que, a la derecha, la de dar la vuelta a la imagen para grabar con la cámara delantera del teléfono. También se muestra la posibilidad de guardar un borrador para continuar más tarde. Durante la edición, podrás pulsar sobre este botón para acceder a borradores anteriormente guardados.

Una vez que has terminado la grabación del vídeo, debes dar a la flecha de la parte superior derecha de la pantalla para acceder a la vista previa. Ahí podrás editar el contenido si se compone de varias tomas y cambiarlas de orden arrastrándolas. También podrás recortar los distintos planos. Si estás conforme con el resultado, puedes darle al botón verde para continuar. Si no, vuelve atrás para continuar creando el vídeo.

Si avanzas, pasarás a compartir el vídeo de manera pública (o por mensaje directo). Puedes añadir una leyenda (como si fuera un pie de foto) en la que expliques de qué trata el vídeo y se recomienda incluir *hashtags* (como en Instagram, véase apartado 9.3). También puedes mencionar a otros usuarios incluyendo @ delante de su nombre de usuario. Estos recibirán una notificación que indica que les has mencionado.

Además, se puede añadir una ubicación del vídeo, incluirlo en un canal predeterminado por Vine (que ya vimos que sirven para ordenar el contenido y mostrar a los usuarios vídeos de las temáticas que más les interesen) y seleccionar dónde se quiere compartir la publicación: si sólo en Vine o también en Twitter y Facebook.

10.4. Consejos para sacarle más partido a Vine

La herramienta «mágica» para lograr más interacciones (conseguir más «me gustas» y comentarios positivos), así como ganar popularidad en Vine es la creatividad. El hecho de que los vídeos que se comparten en esta aplicación no puedan durar más de seis segundos obliga a utilizar un lenguaje narrativo diferente y ser muy preciso en la edición y selección de las imágenes. Es un canal distinto, por lo que debes pensar también de manera distinta a la hora de hacer tus vídeos. Sobre todo, experimenta y déjate llevar. Mediante el uso intensivo de la plataforma, irás viendo qué tipo de vídeos son los que tienen más éxito entre tus seguidores y cuáles no.

Diez consejos para triunfar con tus vídeos en Vine

1. **Sé creativo.** Vine tiene otras reglas, no tiene nada que ver con la creación de un vídeo tradicional. Sé original, innova, sorprende, llama la atención... de la manera que creas conveniente, pero siempre en menos de seis segundos.
2. **Usa filtros.** Al contrario que Instagram, Vine no proporciona distintos filtros al usuario, pero puedes echar mano de tu creatividad y grabar a través de distintos materiales (cristales, plásticos, etc.) para crear vídeos «con filtros».

3. **Busca la estabilidad.** Si puedes utilizar un trípode o un *gorillapod* (especie de mini trípode pensado para móvil) lograrás que tu imagen se estabilice y evitarás los saltos que se producen al grabar «a mano». Esto dará a tus vídeos una apariencia profesional. Si no tienes un trípode, apóyate en unos libros o en una superficie estable.
4. ***Looping.*** Recuerda que los vídeos se repiten una y otra vez. Si consigues hacer que el final del vídeo concuerde de alguna manera con el inicio, lograrás un efecto bucle muy atractivo y parecerá que el vídeo ni empieza ni acaba.
5. **Utiliza la función *ghost feature.*** Muchos usuarios no saben para qué sirve, pero mientras estás grabando un vídeo, permite mostrar a modo de filtro cómo acababa la anterior escena. Así podrás seleccionar con mayor criterio cómo quieres que comience la siguiente para dotar de uniformidad el contenido que estás creando.
6. **Entrena.** Parece una tontería, pero la humedad o suciedad de la pantalla pueden hacer que el tiempo de grabación que querías destinar a un plano sea mayor del deseado. En Vine la precisión es fundamental, por lo que conviene «entrenar» los toques de pantalla y asegurarse de que ésta se encuentra en perfecto estado.
7. **Cuida el sonido.** Los vídeos en Vine también incorporan sonido y es fundamental que este entre con buena calidad. Puedes utilizar unos auriculares con un micrófono incluido para mejorar el audio de tus grabaciones.
8. **Utiliza *hashtags.*** Permiten ordenar el contenido y harán más fácil a otros usuarios acceder a él, ya que cuando pulsen sobre un *hashtag* determinado, verán un listado de otros vídeos que lo incluyen y que podrían interesarles.
9. **Menciona a otros usuarios.** Así llamarás la atención sobre tu vídeo si crees que a alguien le puede resultar especialmente de interés (por ejemplo, porque salga en la grabación).

10. **Revisa antes de publicar y no lo subas todo.** Resulta fundamental comprobar cómo ha quedado el vídeo antes de compartirlo y que puedan verlo los demás. Sube sólo los contenidos que creas que merezcan la pena. Sobre todo al principio, crearás muchos vídeos que no tendrán demasiado valor, hasta que vayas haciéndote a las peculiaridades de la plataforma.

«Para mí lo principal es que no se note la producción; es decir, los vídeos excesivamente elaborados carecen de interés. Nos gustan más los vídeos que seríamos capaces de hacer nosotros. Si nos identificamos con los personajes y las situaciones que describen será más fácil que nos atraiga el vídeo y su contenido. El chiste facilón da muy buenos resultados, y por supuesto todo aquello que tenga que ver con animación, que llama mucho la atención a los usuarios de Vine», apunta Iván Rodríguez (@Twittboy), director de operaciones de Pirendo, durante una entrevista mantenida para la elaboración de este libro.

10.5. Cómo usar Vine desde la web

Aunque Vine es una aplicación eminentemente móvil, también se puede acceder a Vine.co (sin la m) y realizar algunas funcionalidades desde el ordenador, algo que no muchos usuarios conocen.

En Vine.co se pueden buscar vídeos a través del buscador y ver contenidos destacados dentro de los distintos canales de la plataforma sin necesidad de estar registrado. En la esquina superior izquierda, pulsando sobre el icono de la estrella, puedes ver lo que es popular en Vine. Al hacer clic sobre cada vídeo lo verás en una pantalla completa. Aunque aparezcan las opciones para dejar un comentario y darle a «Me gusta», si quieres utilizarlas tendrás que registrarte.

Si accedes a Vine.co con tu nombre de usuario y contraseña o conectándote con tu usuario de Twitter, tendrás además acceso a tu página de inicio (en la esquina superior izquierda de la pantalla) y ahí podrás ver los últimos vines que han subido las personas a las que sigues, comentarlos, decir que «te gustan»... e incluso obtener el código HTML necesario para poder embeber los vídeos en tu blog o tu página web.

En la esquina superior derecha, si pulsas sobre el icono de tu foto, podrás ver tu perfil y editar tu cuenta (bio, configuración, etc.). Una funcionalidad interesante es la de poder cambiar la URL de tu perfil para hacerla más fácil de recordar. Podrás elegir vine.co/nombredeusuario o cualquier otra terminación siempre y cuando no haya sido escogida ya por otro usuario.

10.6. Cómo cerrar la cuenta de Vine

Si quisieras eliminar tu cuenta de Vine debes saber que no hay manera de descargar todos los contenidos que has subido al perfil. Además, los perderías. El proceso para eliminar la cuenta de Vine no es sencillo ni intuitivo, y además debe llevarse a cabo a través de Vine.co, con lo cual cuentas con el hándicap añadido de que están todos los formularios escritos en inglés.

Lo primero que tendrías que hacer es desinstalar la aplicación del teléfono móvil. Una vez eliminada, debes acceder a Vine.co y buscar en la parte final de la pantalla el enlace «Contact». Ahí debes pulsar sobre la sección «Support and feedback», donde se te preguntará la aplicación que estás utilizando (si la de iOS, Android o Windows Phone) y el motivo de intentar contactar con la compañía. Tendrás que escoger la primera opción «Delete my account» (es decir, «borrar mi cuenta»).

En el resto de los apartados debes incluir (lamentablemente, en inglés) un título para el correo que vas a mandar con tu solicitud de baja, el texto de la solicitud, tu nombre completo, tu nombre de usuario y tu dirección de email. Al darle a enviar, se iniciará el proceso para que la cuenta sea eliminada para siempre.

11. Las mejores *apps* sociales para el móvil

Durante los dos últimos capítulos de este libro hemos aprendido a utilizar dos de las aplicaciones móviles con carácter social más importantes: Instagram y Vine. Pero lo cierto es que hay muchas más, miles de ellas, y todas tienen en común que permiten a los usuarios conectarse entre sí con distintos propósitos: estar más informados, compartir experiencias, conocer nuevos amigos, encontrar nuevos restaurantes...

Tanto Apple Store (la tienda de aplicaciones para dispositivos con sistema operativo iOS: iPhone y iPad) como Google Play (donde se pueden descargar las *apps* para terminales Android) cuentan ya con más de un millón y medio de aplicaciones disponibles para todos los gustos, y muchas de ellas, sin llegar a ser redes sociales propiamente dichas, sí que tienen un marcado carácter social.

«En la actualidad existen más de 3,5 millones de *apps*, el crecimiento es imparable. Las aplicaciones más descargadas son las relacionadas con las redes sociales, utilidades, juegos y salud, si bien muchas de ellas no cumplen con un mínimo de calidad o tienen un ciclo de vida muy corto», señala David Martín, director de marketing de iPhoneDroid, durante una entrevista.

España está a la cabeza en cuanto al uso de smartphones. El 66 por ciento de los usuarios de móviles posee un dispositivo con capacidad de conectarse a internet y más de 23 millones de ciudadanos utilizan aplicaciones móviles de forma habitual. De hecho, cada día se descargan en el país 3,8 millones de *apps* y, de media, los usuarios tienen 39 en su teléfono y 33 en su tableta, según datos del V Informe sobre el estado de las *apps* en España, realizado por The App Date.[135]

135. http://madrid.theappdate.com/vinformeestadoapps/

El 88 por ciento de los usuarios utiliza herramientas gratuitas de mensajería instantánea en su teléfono móvil, mientras que el 73 por ciento tiene instaladas aplicaciones de redes sociales propiamente dichas. Por su parte, las *apps* de geolocalización se encuentran en el 68 por ciento de los móviles inteligentes en España.

De la misma manera que en los últimos diez años las redes sociales han cambiado la forma de relacionarnos y de hacer nuevas amistades, en la actualidad las aplicaciones móviles han revolucionado la manera en que nos comunicamos, compramos, pasamos nuestro tiempo de ocio e incluso ligamos con otras personas a través del teléfono.

A lo largo del libro hemos visto cómo todas las redes sociales están situando el móvil en el centro de su estrategia (no en vano, más de 1.100 millones de usuarios de Facebook usan el teléfono móvil para entrar en la plataforma; y el 38 por ciento de los más de 1.390 millones de usuarios activos al mes que posee, únicamente entra a la red social a través de un dispositivo móvil). Veamos ahora algunas otras aplicaciones móviles sociales interesantes y aprendamos a sacarles partido.

11.1. Las mejores aplicaciones de mensajería instantánea gratuita

Desde que se han popularizado los teléfonos con conexión a internet, prácticamente se ha dejado de enviar SMS y ha caído estrepitosamente el número de llamadas que realizamos o recibimos. Ahora preferimos escribir mensajes, lo que nos permite estar en contacto a todas horas con nuestros familiares y amigos cercanos. Además, se pueden enriquecer las conversaciones compartiendo emoticonos, fotografías, vídeos y, en algunos casos, incluso juegos y aplicaciones específicas. Además, también es posible mantener conversaciones en grupo, y todo ello de forma gratuita. ¿Quién quiere ya un teléfono para llamar por teléfono? Llegado el momento de tener que usar la voz para comunicarse, son muchos los usuarios que prefieren realizar llamadas sin coste sobre voz IP a través de internet o, incluso, mandar una nota de audio a través de un sistema de mensajería instantánea.

Estas aplicaciones se utilizan ya en el 96 por ciento de las conversaciones que se mantienen a través del teléfono móvil, según el V Informe sobre el estado de las *apps* en España realizado por The App Date. De hecho, el 95 por ciento de las personas que utilizan estas *apps* reconoce que las usa a diario, y el 38,1 por ciento de los individuos las consulta varias veces cada hora. Entre todas, la líder indiscutible es WhatsApp, aunque otras *apps* como Skype, Telegram, Line o Viber también se encuentran ya instaladas en muchos dispositivos móviles.

11.1.1. WhatsApp

Más de 700 millones de personas en todo el mundo utilizan de forma activa (al menos una vez al mes) WhatsApp y cada día se envían 30.000 millones de mensajes.[136]

En España posee más de 22 millones de usuarios y es líder indiscutible entre las *apps* de mensajería social: el 98,5 por ciento de los poseedores de un móvil inteligente utiliza este servicio, que fue comprado por Facebook en febrero de 2014 por 19.000 millones de dólares.[137]

WhatsApp Messenger está disponible para iPhone, BlackBerry, Windows Phone, Android y Nokia; y aunque su uso es similar en todas las plataformas, no son idénticos los menús de navegación en todas ellas y puede haber pequeñas variaciones a la hora de encontrar las distintas funcionalidades que describiremos. De todas formas, su uso es realmente intuitivo.

Descargar la aplicación no tiene coste en ninguna plataforma y se puede utilizar gratis durante un año. Pasado este tiempo, para exten-

136. http://www.trecebits.com/2015/01/07/whatsapp-supera-los-700-millones-de-usuarios/
137. http://www.trecebits.com/2014/02/20/facebook-compra-whatsapp-por-19-000-millones-de-dolares/

der el servicio habría que pagar una cantidad mínima (generalmente 0,99 céntimos, dependiendo de la versión de la *app* que se use, en función del sistema operativo del teléfono). Teniendo en cuenta el ahorro que supone con respecto a los SMS tradicionales, el gasto compensa, ya que como utiliza la conexión a internet del teléfono móvil, el envío de mensajes a través de WhatsApp es gratuito.

• ¿Cómo conectarse por primera vez?

Cuando descargues la aplicación y entres a ella por primera vez, se te pedirá que insertes tu número de teléfono. Es la manera que tienes de identificarte en WhatsApp, por lo que no se te solicitarán ni usuarios ni contraseñas. A los pocos segundos de introducirlo, deberías recibir un SMS con un código de verificación de seis dígitos que tendrás que introducir en la pantalla una única vez, para confirmar tu identidad. Si no te llega el SMS en unos minutos, deberías recibir una llamada de teléfono de forma automática en la que se te proporcionaría el código.

Una vez introducido correctamente, WhatsApp detectará qué personas de las que tienes en la agenda de contactos de tu teléfono están usando ya la aplicación y los agregará en tu lista de favoritos en WhatsApp. Puedes acceder a ella pulsando sobre el icono de la estrella (el primero en la barra de navegación inferior en iPhone, mientras que en Android deberás pulsar primero el botón de menú o el icono de un lápiz ubicado en la esquina superior derecha).

•¿Cómo configurar tu cuenta?

Antes de comenzar a conversar con tus amigos, deberías configurar tu cuenta, algo que puedes hacer en iPhone pulsando sobre la pestaña «Ajustes» en el menú inferior (se identifica con el icono de una tuerca) o pulsando en el botón de menú y seleccionando «Ajustes» en teléfonos Android. Una vez dentro, en «Perfil» podrás seleccionar tu nombre y una foto (esto es opcional). También puedes definir tu estado escogiendo entre los predefinidos o escribir tú un texto con el que te identifiques. Ten en cuenta que tu frase de estado se mostrará tanto en tu perfil como en las listas de contactos de las personas que te tengan agregado en su agenda, justo debajo de tu nombre.

En el apartado de «Cuenta» podrás ajustar la privacidad del perfil y seleccionar quién puede ver la última vez que te conectaste (todos, tus contactos o nadie), quién puede ver tu foto de perfil (a elegir entre las mismas opciones) y quién puede ver tu estado. Si tu teléfono es Android, también podrás seleccionar quién puede ver cuándo has leído un mensaje o no.

Puedes gestionar en esta área tu lista de contactos bloqueados (aquellos que has decidido que no pueden enviarte mensajes) y añadir alguno nuevo, así como obtener información de pago del teléfono, cambiar tu número de teléfono para conservar tu cuenta, grupos y ajustes (ten en cuenta que esta acción no es reversible, sólo se puede hacer una vez) y eliminar tu cuenta si decides no usar más el servicio. Asimismo, puedes tener acceso a estadísticas del uso de la red.

En el área de «Ajustes de chat» puedes seleccionar el fondo de pantalla para el chat, establecer que los vídeos y fotografías que te envíen se descarguen solos o no, permitir que se guarden los archivos en la memoria de tu teléfono y decidir si quieres que los chats se conserven de forma automática o no.

En «Notificaciones» podrás seleccionar el sonido y la recepción o no de alertas para los nuevos mensajes y mensajes de grupos, así como el modo en que se mostrarán las notificaciones en la *app* (mediante tiras, mediante alertas, si incluirán sonidos, vibración...).

• Conversar con WhatsApp

En «Contactos» dispones de un buscador para encontrar a aquel usuario con el que desees iniciar una conversación de chat. Pulsando sobre el que te interese, accederás a su perfil, donde podrás ver su imagen, su número de teléfono y su estado, así como acceder a todos los archivos que habéis compartido. Si pulsas sobre el icono de

WhatsApp accederás a la pantalla en la que podrás conversar con él. Además, WhatsApp ya ha comenzado a ofrecer la posibilidad de realizar llamadas gratuitas sobre voz IP, es decir, utilizando internet, a los usuarios de la *app* de Android, y próximamente lo hará en la de iOS.

En la pantalla de conversación (a la que también puedes acceder a través del menú «Chats» si ya habías hablado antes con ese usuario, para retomar vuestro diálogo), se muestra un teclado virtual con el que podrás ir escribiendo tus mensajes. Utilizando el icono de la flecha o de un clip, podrás adjuntarle al texto una foto o un vídeo que tengas en la memoria de tu móvil. Si pulsas sobre el icono de la cámara podrás tomar una fotografía en ese momento y compartirla, y si lo haces sobre el del micrófono podrás grabar un mensaje de voz y enviárselo a la persona con la que te estás comunicando. Otra funcionalidad interesante permite adjuntar tu ubicación exacta a otro usuario (o grupo de usuarios) para que pueda localizarte en un mapa.

Además, en la versión para Android, si pulsas sobre el icono de la cara accederás a centenares de emoticonos (pequeños dibujos, cada día más utilizados, para expresar sobre todo estados de ánimo y enviar mensajes de forma gráfica enriqueciendo el texto). Los emoticonos no forman parte de la *app* de iOS, pero sí que puedes activarlos en tu iPhone yendo a los ajustes del teléfono (ajustes/general/teclado) y seleccionando el teclado emoji. Esto te permitirá acceder a los emoticonos cuando pulses el icono de una bola del mundo en el teclado de WhatsApp y usarlos. Al tener el teclado emoji activado, podrás usarlo en cualquier otra aplicación que sea compatible (por ejemplo, podrás usar los emoticonos al comentar en Instagram).

Cuando envías un mensaje, aparece junto a él un *tick* gris para indicar que se ha recibido en los servidores de WhatsApp. Si se muestran dos *ticks* grises quiere decir que el mensaje se ha entregado y si se vuelven de color azul significa que el destinatario leyó tu mensaje. En los chats de grupo los *ticks* se ponen azules cuando todos los destinatarios han leído el mensaje.

Si mantienes pulsado un mensaje que has enviado, aparecerá un menú de opciones. En «Info» puedes ver si el mensaje ha sido entregado, leído o reproducido y cuándo. Además, puedes copiar, borrar o reenviar el mensaje.

En el apartado «Chats» (o botón de «Menú/chats» en Android), se conservan las distintas conversaciones que estás teniendo o que has tenido con los usuarios del servicio. Puedes iniciar una lista de difusión, lo que permitirá enviar un mensaje a todas las personas que selecciones siempre que hayan agregado tu número en su agenda de contactos (esto es usado por medios de comunicación y partidos políticos, por ejemplo, para enviar mensajes a todos sus simpatizantes en formas de alerta) y también tendrás la posibilidad de crear un grupo. En este caso, podrás incluir una foto como icono del grupo y un asunto (nombre del grupo), así como añadir hasta cincuenta personas que podrán participar de la conversación grupal.

Cabe mencionar que las conversaciones en WhatsApp están cifradas, es decir, no se pueden interceptar y ser leído su contenido. La *app* incorporó esta medida de seguridad en noviembre de 2014[138] tras años de quejas por parte de los usuarios, algunos de los cuales incluso llegaron a abandonar el servicio para utilizar otros sistemas de mensajería que sí los cifraban, como Telegram, por ejemplo.

• Uso de WhatsApp desde el ordenador

En enero de 2015, la compañía hizo realidad otra de las peticiones históricas de muchos usuarios, que querían utilizar el servicio desde la web (como ya se podía hacer con otras aplicaciones similares como Telegram), aunque de momento sólo funciona con el navegador Google Chrome y con Firefox, no con Internet Explorer.

El servicio sólo es compatible con un móvil o tableta que funcione con sistema operativo Android, Windows Phone o BlackBerry 10, mientras que los propietarios de un iPhone tendrán que esperar.

Para poder *whatsappear* desde el ordenador, tendrás que acceder a

138. http://www.trecebits.com/2014/11/19/whatsapp-ya-no-puede-leer-las-conversaciones-de-los-usuarios/

WhatsApp Web[139] y escanear con tu móvil el código QR que se muestra (para ello es necesario que instales una aplicación lectora de códigos QR en tu teléfono, pero encontrarás muchas gratuitas en las tiendas de aplicaciones de Android o Apple). Al escanearlo, quedarás identificado y podrás usar WhatsApp desde el ordenador de la misma manera que lo haces en tu teléfono móvil. Además, se sincronizarán tanto los contactos como las conversaciones.

11.1.2. Otras aplicaciones de mensajería instantánea

Como ya hemos comentado, WhatsApp no tiene rival en España. Es la aplicación de mensajería instantánea preferida por el 98 por ciento de los usuarios, lo que provoca que la elección sea clara a la hora de escoger una *app* de este tipo: posiblemente todas las personas con las que quieras chatear usarán WhatsApp. Sin embargo, hay usuarios a los que les gusta tener —además de WhatsApp— otras aplicaciones de mensajería para estar en contacto con sus amigos y poder utilizar sus funcionalidades específicas.

También hay que tener en cuenta que aunque WhatsApp posea 700 millones de usuarios en todo el mundo, todavía no es muy popular en Estados Unidos, y en muchos países de Asia no es la aplicación de mensajería más utilizada, por lo que si tienes amigos en estos lugares, quizá prefieran usar otra *app* para comunicarse contigo. Estas son algunas de las otras aplicaciones que también te permitirán estar en contacto con otras personas.

- **Skype.** Se trata de la segunda aplicación de mensajería instantánea más instalada en los teléfonos móviles de los españoles. Según el estudio de The App Date, se encuentra en el 51 por ciento de los dispositivos. Recoge la herencia del mítico Windows Messenger, el programa de mensajería más utilizado en ordenadores durante la primera década del siglo, que fue cerra-

139. https://web.whatsapp.com/

do por Microsoft en marzo de 2013.[140] La compañía de Redmond obligó a los usuarios a cambiarse a Skype, servicio que había comprado un par de años antes y que principalmente se utilizaba para realizar videoconferencias y llamadas de teléfono de ordenador a ordenador o de PC a teléfono fijo/móvil a precios reducidos al utilizar voz sobre IP; es decir, la conexión de datos a internet, no la línea telefónica.

En la actualidad, aúna todas estas características (llamadas gratuitas, servicio de videollamadas y mensajería instantánea) con un diseño renovado y muy atractivo, y conserva algunas de las características que hicieron tan popular a Messenger, como los emoticonos.

- **Telegram.** Aunque llevaba desde agosto de 2013 funcionando, su lanzamiento en español a principios de 2014 coincidió justo con una caída masiva de WhatsApp, lo que la hizo crecer considerablemente en poco tiempo en España y Latinoamérica, llegándose a saturar sus servidores a nivel mundial.[141] Esto, unido a la preocupación que muchos usuarios tenían por su privacidad tras la reciente compra de WhatsApp por parte de Facebook, hizo que Telegram consiguiera hacerse un hueco en muchos teléfonos móviles. En la actualidad tiene más de cien millones de usuarios en todo el mundo.

  Telegram, cuyas conversaciones son cifradas, se define a sí misma como una aplicación de mensajería basada en la rapidez y la seguridad. Entre sus puntos fuertes destaca que se puede utilizar de manera simultánea en varios dispositivos (teléfono, tableta u ordenador), y que permite enviar fotos, vídeos y archivos de todo tipo (.doc, .zip, .mp3...) de hasta 1,5 GB de tamaño. Además, en Telegram los grupos pueden estar compuestos hasta por doscientos usuarios (lo que multiplica por cuatro la capacidad de los de WhatsApp) y es una aplicación total-

140. http://www.trecebits.com/2013/01/09/microsoft-cerrara-messenger-el-15-de-marzo/
141. http://www.trecebits.com/2014/02/24/telegram-sumo-4-millones-de-usuarios-nuevos-en-18-horas-tras-la-caida-de-whatsapp/

mente gratuita, no cobra ni siquiera una pequeña suscripción anual.

- **Facebook Messenger.** La aplicación de mensajería instantánea de Facebook, que permite utilizar en el móvil el sistema de mensajes, correo y chat de la red social de forma sincronizada con la versión web, está presente en más del 36 por ciento de los teléfonos móviles inteligentes en España. El porcentaje irá creciendo considerablemente en los próximos meses, ya que esas funcionalidades no están presentes ya en la *app* móvil de Facebook y es obligatorio bajarse Facebook Messenger para usar el chat de la red social o el sistema de mensajes desde el móvil.
  Lo que hace diferente a esta *app* de otros sistemas de mensajería instantánea es precisamente eso, el poder tener acceso a los mensajes y al chat de Facebook en la misma aplicación e independientemente del dispositivo que se use. Permite compartir fotos, vídeos y *stickers* (la evolución del emoticono, dibujos que expresan emociones y estados de ánimo), añadir a amigos de amigos en las conversaciones (aunque no sean nuestros amigos) y chatear en grupo.
- **Line.** De gran implantación en Japón (país en el que fue creada), España es el segundo mercado más importante para la compañía: está presente en el 31 por ciento de los teléfonos móviles. También está adquiriendo cierta popularidad en Latinoamérica. Se le puede considerar la «inventora» de los *stickers*, y además de enviar mensajes permite realizar llamadas gratuitas sobre voz IP, videollamadas... y un sinfín de funciones más, ya que forma parte en realidad de todo un ecosistema de aplicaciones, algunas tan populares como Line Camera (que permite editar fotografías de forma divertida) o juegos sociales como Line Pop.
- **Viber.** Fue de las primeras aplicaciones que apostaron por las llamadas gratuitas sobre voz IP cuando ninguna otra *app* de mensajería las ofrecía, y eso les hizo ganar mucha cuota de mercado. Está presente en más del 25 por ciento de los teléfonos móviles en España y además de servir para realizar llamadas también funciona como chat.

- **WeChat.** De origen chino, goza de gran implantación en Asia. A nivel global posee más de 600 millones de usuarios y fue lanzada en 2011. Dos años más tarde se propuso «conquistar España y Latinoamérica» traduciendo la aplicación en castellano y, aunque logró algo de implantación, en la actualidad no se usa demasiado en países de habla hispana. Entre sus puntos fuertes se encuentra el hecho de que la *app* se puede usar tanto en Android como iOS, Windows Phone, Symbian y Blackberry. Además, tiene un chat de voz gratuito y ofrece la posibilidad de añadir nuevos amigos a través de una opción que se llama «Mirar alrededor» basada en la geolocalización. También incorpora una red social propia llamada «Momentos» de los usuarios. Es decir, no es sólo un servicio de mensajería instantánea al uso, ofrece mucho más.
- **Snapchat.** Convertida en objeto de deseo de Mark Zuckerberg (fundador de Facebook), que trató de comprarla en varias ocasiones sin éxito, Snapchat es una aplicación de mensajería instantánea cuyo principal valor diferencial es que los mensajes se autodestruyen y se borran del teléfono del receptor en el tiempo que el remitente seleccione. Esto ha provocado que sea una aplicación muy popular, sobre todo en Estados Unidos y entre los más jóvenes, que en muchas ocasiones la utilizan para ligar y enviar mensajes algo «subidos de tono», sabedores de que no permanecerán en el dispositivo del destinatario. En los últimos meses ha padecido algunos problemas de seguridad que le han hecho perder usuarios, pero aun así, la aplicación está instalada en más de un 10 por ciento de los smartphones españoles.

11.2. Las mejores aplicaciones móviles para ligar y conocer gente

Con la popularización de internet surgieron hace dos décadas los chats y las páginas web pensadas para ampliar el círculo de amistades o conocer pareja. Sin embargo, con el auge de los smartphones y los dispositivos inteligentes ahora es mucho más fácil encontrar personas cercanas con las que hacer planes para pasar el tiempo libre o incluso iniciar una relación.

En los últimos años se ha producido un auténtico *boom* de aplicaciones sociales para «ligar». Las hay de todos los tipos, pensadas para satisfacer todas las necesidades y gustos. Además, la mayor parte de ellas ya hace uso de la geolocalización y señala a qué distancia se encuentran las otras personas, lo que facilita el «desvirtualizarse». Si quieres ampliar tu círculo de personas conocidas, échale un vistazo a estas aplicaciones móviles para ligar.

- **Tinder.** Es gratuita y ha experimentado un crecimiento brutal en los últimos meses. Su funcionamiento es de lo más sencillo: se muestran fotografías de otras personas que también tienen instalada la aplicación a tu alrededor y tan sólo debes elegir entre pulsar «Me gusta» o «No me gusta» si no tienes ningún tipo de interés en ella.
  Si dos personas pulsan mutuamente que «se gustan», entonces podrán iniciar un chat privado y hablar entre ellas. Permite seleccionar el género de la persona que se querría conocer y la distancia máxima a la que debería estar, hasta un radio de 150 kilómetros. Para registrarse tan sólo hay que conectarse con el perfil de Facebook (tranquilo, no se notificará a tus amigos de la red social que estás usando Tinder), y está disponible tanto en iOS como Android.
  La aplicación, además, lanzó en marzo de 2015 Tinder Plus, su servicio *premium*, que incluye una serie de funcionalidades extra pero por las que hay que pagar una cuota mensual que varía entre los 1,99 y los 14,99 euros, dependiendo de la edad y el sexo del usuario. Entre las características adicionales que incluye la *app* de pago se incluye la posibilidad de deshacer un «Me gusta» si se le ha dado por error y el poder escoger la ciudad en la que se quiere conocer gente sin necesidad de estar físicamente en ella. Esto será útil, por ejemplo, si se va a viajar próximamente y se quiere entrar en contacto con gente local en el desti-

no. Otra de las ventajas de ser un usuario *premium* es no tener que aguantar publicidad (cuando Tinder la comercialice).

- **BeLinked.** Funciona exactamente igual que Tinder, aunque en lugar de conectarte con el perfil de Facebook debes hacerlo con el de LinkedIn (tampoco se notificará a ningún contacto de la red social). Esto hace que puedas ver la foto «profesional» de las personas que están cerca de ti y, en muchos casos, incluso su profesión antes de decidirte por darle a «Me gusta» o pasar al siguiente candidato. Es gratuita y, de momento, no incluye funcionalidades *premium*.
- **Happn.** Junto a Tinder es otra de las aplicaciones que se ha puesto de moda en los últimos meses. Gracias a la geolocalización, Happn te muestra los usuarios de la aplicación que te has cruzado por la calle e incluso te dice dónde y en qué momento habéis pasado uno junto al otro. Esto te permitirá encontrar personas que te han llamado la atención pero a quienes no te has atrevido a decirles nada. Si los dos le dais a «Me gusta» en Happn, podréis iniciar una conversación.
- **Streetmatching.** De concepto similar a Happn, aunque en esta aplicación en lugar de ver las fotografías de las personas con las que te has cruzado, debes entrar tú y publicar de forma activa dónde ha sido tu «encuentro» y con quién. Si la otra persona sintió curiosidad por ti y también decidió usar la aplicación, podréis entrar en contacto.
- **Twine.** Esta herramienta es diferente a las tradicionales y su eslogan es «la *app* de ligoteo inteligente». Está indicada sobre todo para los más vergonzosos que no quieran mostrar su fotografía desde el primer momento. Con la ayuda de Facebook, cuyo perfil debe estar conectado con la aplicación, encuentra usuarios con los mismos intereses en una zona determinada y los pone en contacto. Lo bueno es que pueden hablar entre sí y no revelar su identidad hasta que no lo consideren oportuno.
- **Badoo.** Se trata de una web «de citas» con elementos de red social que posee una aplicación móvil desde la que también se pueden conocer otras personas. El usuario debe rellenar un per-

fil con sus cualidades y sus preferencias y tiene incluso un buscador para encontrar personas afines. Tiene más de 200 millones de personas inscritas en todo el mundo.

- **Meetic.** Al igual que la anterior, el flirteo es el principal objetivo de la aplicación móvil de la conocida web de citas Meetic, pero también la búsqueda de una pareja más estable o solamente amistad. La versión gratuita de la *app* tiene sus funcionalidades limitadas, pero se puede adquirir una suscripción semanal para el móvil que amplía la oferta de servicios y es mucho más económica que el servicio *premium* en la web.
- **POF (Plenty of fish).** El nombre de esta aplicación no es casual y juega con la célebre frase de «hay muchos peces en el mar» a la hora de encontrar pareja. Esa es la filosofía de esta aplicación, que utiliza como reclamo el «estar llena de usuarios de mayor nivel» que otras. Realmente no parece ser así y es cierto que no es tan usada como otras ya mencionadas, pero por probar...
- **Grindr.** Si Tinder es la *app* para ligar más utilizada entre heterosexuales, Grindr podría decirse que es su equivalente en el mundo gay. Permite ver las fotografías de las personas que se encuentran cerca y hablar directamente con ellas. Es gratuita, aunque la versión de pago permite ampliar el número de perfiles que se muestran y da acceso a otras funcionalidades *premium.*
- **Wapo.** Es similar a Grindr. Permite ver fotografías de chicos que quieren conocer chicos y que se encuentran cerca. Se puede empezar a chatear de manera rápida y directa. La aplicación es gratuita, aunque la versión de pago permite ver y recibir todos los mensajes por poco menos de un euro. Anteriormente se llamaba Bender.
- **Wapa.** El equivalente a la anterior *app* pero para chicas que buscan conocer a otras chicas. Permite ver las fotos de las mujeres lesbianas que están más cerca y dejarles «una huella» para mostrar interés en ellas o incluso iniciar un chat privado. Antes era conocida como Brenda.
- **AYI (Are you interested?).** Durante un tiempo esta aplicación se utilizaba dentro de Facebook y eso le hizo ganar un gran nú-

mero de usuarios. Sin embargo ahora sólo se puede usar vía móvil y es necesario descargarse una aplicación independiente. Funciona de manera similar a otras aplicaciones para ligar: te muestra centenares de perfiles y puedes entrar en contacto con aquellas personas que a priori te interesen.

- **Zoosk.** Es otra aplicación similar y cuenta con más de 25 millones de personas registradas en todo el mundo. De forma gratuita te permite enviar guiños a las personas cercanas que te interesen. Si optas por su versión de pago, la propia aplicación realizará un estudio de tus preferencias y te recomendará a la persona más afín a ti.
- **Sway.** Es una aplicación curiosa que se diferencia del resto en que no se pueden subir fotografías desde la memoria del teléfono, sino que tanto la que se utiliza para el perfil como las que se envían en los mensajes deben ser *selfies* tomadas con la cámara delantera del móvil en ese momento. Está en inglés y la mayor parte de los usuarios se encuentran a miles de kilómetros, pero es curiosa.
- **BeautifulPeople.** Se trata de una aplicación —con versión web— en la que hay que pasar un «casting» para acceder. Sólo la gente considerada «guapa» por los que ya han sido admitidos en la red podrá utilizar sus servicios y conocer a otros guapos/guapas.
- **Coachsurfing.** Una *app* para encontrar gente allá donde vayas a viajar, personas locales dispuestas a tomar un café, ir a cenar o enseñarte la ciudad. También puedes registrarte para ayudar a turistas que se encuentren en tu ciudad y quedar para hacer un plan con ellos.

11.3. Las mejores aplicaciones de recomendaciones, ocio y tiempo libre

Viajar, restaurantes, encontrar hoteles... Algunas aplicaciones sociales te permitirán planificar con antelación tus planes de ocio y, además, conocer la experiencia de otros usuarios a través de sus valoraciones y comentarios. Esto te permitirá ir sobre seguro y te ayudará a tomar una decisión. Recomendamos algunas de las más interesantes.

- **Yelp.** Se trata de una red social de recomendaciones en la que los usuarios señalan, comentan y puntúan sus restaurantes favoritos, los mejores establecimientos para comprar ropa, hoteles..., y suben fotografías reales de su experiencia en estos lugares. Además, gracias a la geolocalización, te permitirá conocer qué sitios cercanos son frecuentados por tus amigos. Cuenta con una comunidad de usuarios muy amplia en todo el mundo, por lo que es fácil encontrar comentarios e información de casi cualquier hotel o restaurante.
- **11870.** No ofrece descuentos, pero cuenta con una amplia base de datos sobre restaurantes, supermercados y lugares de ocio. Muestra opiniones de los usuarios y sus datos se pueden compartir en otras redes sociales.
- **Forkly.** La *app* social de aquellos a los que les gusta el buen comer. Al crear tu perfil puedes seguir a otros *gourmets*, colgar fotos y vídeos de los platos... puntuar y comentar lo que otros comen. Todo el contenido se estructura por tipo de comida y posee un buscador que permite encontrar restaurantes recomendados por tus amigos en cualquier ciudad.
- **Mitmi.** Una vez encontrados los amigos, esta aplicación es idónea para organizar planes con ellos. Mitmi permite crear eventos usando fotos y conversando en tiempo real. Además, se pueden ver los planes de otros amigos y unirse a ellos si son interesantes. Esta aplicación ha sido creada por españoles y es gratuita.
- **Minube.** Es una comunidad de viajeros también desarrollada en España. Cada usuario tiene un perfil personal completo, en el que puede ir incorporando estadísticas de sus viajes, fotos, vídeos... Desde su *app* móvil puedes obtener información sobre los distintos destinos y recibir recomendaciones, así como ver los viajes y los gustos de las personas a las que sigues. Permi-

te planificar los viajes de acuerdo a los comentarios de otros, comparar precios de vuelos y hoteles... Además, se pueden geoposicionar las escapadas con álbumes de fotos que se conectan con Google Maps. Incluso permite crear una red de amigos y leer sus opiniones en los distintos foros. Incluye un *ranking* de viajeros y cada usuario ocupa una posición, lo que le permite competir con otros.

- **Tripadvisor.** Posiblemente sea la página web/red social de viajes más grande del mundo, por número de usuarios y comentarios y su aplicación móvil resulta fundamental para cualquier turista que quiera consultar las opiniones de otros sobre casi cualquier hotel, hostal o restaurante del planeta. Los propios usuarios suben fotografías reales y con sus valoraciones se elabora un *ranking* muy útil de los establecimientos, ordenados por localidad. También incluye un buscador de hoteles, vuelos, restaurantes...
- **Swarm.** Creada por Foursquare a mediados de 2014 y heredera de lo que esta fue, se trata de una *app* que permite decir a los amigos en todo momento dónde te encuentras gracias a su sistema de *check-ins.* Va un paso más allá, porque también tiene como objetivo conocer si hay algún amigo cerca y poder quedar. Además, en el área de «planes» se pueden lanzar convocatorias a los amigos, proponer actividades...
- **Foursquare.** La que fuese la aplicación de geolocalización por excelencia se reinventó cinco años después de su nacimiento y cambió por completo tanto su diseño como su filosofía en 2014. Creó Swarm como aplicación propia para los *check-ins* y se reconvirtió en una aplicación que recomienda lugares, hoteles y establecimientos en función de los gustos de cada persona. Foursquare aprende lo que te gusta y realiza propuestas basadas en tus gustos y tus calificaciones de lugares similares, teniendo en cuenta también las de tus amigos y las de otros expertos de tu confianza. Más de 55 millones de personas en todo el mundo usan Foursquare o Swarm, ya sea por separado o de manera conjunta.

Apéndice. Cómo hacer más fácil la gestión de varias redes sociales

Como ya hemos comentado a lo largo de este libro, siete de cada diez usuarios de redes sociales están dados de alta en, al menos, tres plataformas. Esto supone que a menudo les resulte difícil gestionar todas sus redes al mismo tiempo y busquen alguna herramienta con la que puedan llevar a cabo la gestión de sus distintos perfiles desde un mismo lugar.

«Se trata de una cuestión de comodidad, ya que desde una misma plataforma puedes ver todos tus perfiles. Abriendo el escritorio principal puedes actualizar y estar al tanto de todas tus redes sociales con un simple vistazo», apunta Adriana Bombín, directora de cuentas en la agencia Drygital, durante una entrevista mantenida para la elaboración de este libro.

En una situación como la descrita, Hootsuite es sin duda el mejor gestor multiplataforma que se puede recomendar. Permite administrar desde un único programa en nuestro ordenador (o a través de su aplicación móvil) diferentes cuentas de Facebook, Twitter, LinkedIn, Google+..., e incluso se le pueden añadir cuentas de otras plataformas como YouTube gracias a su directorio de aplicaciones.

Su versión gratuita será más que suficiente para el usuario común de redes sociales. Los *community managers* pueden optar por una opción de pago con funcionalidades *premium*, pero una persona que realice un uso normal de las redes tendrá suficiente con los cinco perfiles sociales que permite gestionar la herramienta sin necesidad de suscribirse a ella.

Con Hootsuite podrás ver en una única pantalla todas tus redes sociales y seleccionar distintas columnas en las que elegirás qué contenidos deseas que se te muestren: el *timeline* de Twitter, las últimas actualizaciones de Facebook de tus amigos, las menciones que recibas... Además, desde la misma interfaz de Hootsuite podrás escribir mensajes y decidir en qué plataforma (o plataformas) quieres publicarlos y cuándo (pudiendo incluso dejarlos programados para que se publiquen más tarde), sin tener que entrar red social por red social para llevar a cabo cada una de estas acciones.

«Para un nivel de uso normal yo recomendaría Hootsuite, ya que es una herramienta bastante intuitiva, fácil de usar y su servicio gratuito es bastante amplio, además, destaca porque su versión móvil funciona muy bien. Ya para un manejo más profesional recomendaría Sprout Social o Social Bakers, ya que nos facilitan más datos relacionados con la monitorización y análisis de resultados», establece Bombín.

Si tienes un blog y quieres «conectarlo» con tus redes sociales para que todos tus contenidos se compartan en tu perfil de Facebook o de Twitter, la herramienta más útil es Twitterfeed, que se encargará de publicar automáticamente los títulos de cada post que escribas, junto con un enlace, en todas las plataformas en las que tengas cuenta.

A pesar de lo que indica su nombre, no sólo permite enlazar Twitter y publicar tuits, sino que también se pueden configurar las actualizaciones para que se publiquen en otras redes sociales como Facebook o LinkedIn. El mensaje que se publica se puede personalizar para que, por defecto, incluya un texto adicional al titular. Además, Twitterfeed te ofrece datos estadísticos de cada mensaje que haya publicado en alguna de tus redes sociales.

Existen muchas más herramientas que ayudan en la gestión de distintos perfiles en redes sociales, el análisis web de las plataformas y la medición de resultados, sin embargo, su uso está más recomendado para gestores de perfiles corporativos y comunidades sociales que para un usuario no profesional, que no las necesitará para el disfrute cotidiano de sus perfiles sociales.

Glosario

Android Sistema operativo móvil desarrollado por Google que está presente en el 90 por ciento de los teléfonos inteligentes de todo el mundo.

app Abreviatura de «aplicación». Se refiere a un programa informático creado para dispositivos móviles que proporciona algún servicio o funcionalidad determinado.

Apple Store Tienda de aplicaciones para móviles y tabletas con sistema operativo iOS, desarrollado por Apple.

avatar Imagen (fotografía, logotipo, etc.) que se asocia a un usuario de internet para identificarle en foros y redes sociales.

bio Abreviatura de biografía. Se utiliza en redes sociales —sobre todo en Twitter— para referirse al texto de presentación del usuario en el perfil.

blog Página web en la que se publican artículos de uno o varios autores, generalmente en orden cronológico inverso.

bloguero Autor de un blog.

blogosfera Conjunto de todos los blogs que se publican en el mundo.

call to action Llamada a la acción, mensaje que incita al usuario a realizar algo.

check-in Acción por la que un usuario indica que se encuentra en un determinado lugar a través de una red social.

círculo Forma de organizar los contactos en Google+, por grupos.

community manager Persona encargada de gestionar los perfiles en redes sociales de una empresa.

condiciones de uso Documento legal en el que se establecen los principios por los que se deber regir la relación de la red social con los usuarios.

cookies Pequeños archivos que las páginas web colocan en el ordenador del usuario cuando navega por la web para seguir su rastro y hábitos de uso.

DM (Véase *mensaje directo.*)

derecho al olvido Capacidad que tiene un usuario de solicitar a un buscador como Google que elimine alguna mención sobre él que aparece en los resultados de búsqueda y con la que no está conforme.

doblecheck Icono utilizado en la aplicación de mensajería instantánea WhatsApp cuyo significado varía dependiendo del color de las dos aspas representadas (gris: el mensaje ha sido procesado en el servidor; verde: ha sido entregado en el teléfono del usuario; azul: ha sido leído).

embeber Insertar un código en el editor de texto para añadir así un vídeo, una infografía... a una publicación en un blog o a una página web.

emoticono Secuencia de caracteres que representan una emoción. Icono que imita la cara humana y que expresa un estado de ánimo.

etiqueta Palabra clave que describe un contenido publicado.

etiquetar Acción de incluir el nombre de un usuario en una fotografía o contenido audiovisual en redes sociales.

filtro En Instagram son los distintos efectos que podemos aplicar a cada una de las fotografías que subimos. Se puede controlar su intensidad, saturación, brillo, color...

follower Seguidor de una cuenta en Twitter.

footer Parte inferior de una página web, donde generalmente se incluyen textos legales y enlaces a las condiciones de uso y forma de contacto.

foro Página web en la que los usuarios comentan, opinan y discuten sobre diversos temas.

geolocalización Mostrar la ubicación geográfica de un usuario, de un establecimiento e incluso de un tuit.

Google Play Nombre de la tienda de compra y descarga de aplicaciones para móviles y tabletas con sistema operativo Android.

hangout Videoconferencia en la que pueden participar hasta 10 personas de manera simultánea. Se puede utilizar en Google+ y en otras plataformas, como YouTube.

hashtag Palabra precedida del símbolo almohadilla (#) que representa un tema en las redes sociales.

HTML Lenguaje de programación para el desarrollo de páginas web.

impresiones Número de veces que se muestra una página web.

infografía Representación gráfica de una información con datos, estadísticas, consejos, etc.

instagramer Usuario intensivo de Instagram. En algún caso, puede hacer de su presencia en la aplicación social para el móvil su modo de vida, aunque no es lo habitual.

iOS Sistema operativo móvil desarrollado por Apple y que utilizan tanto los iPhone como los iPads.

keyword Palabra clave.

loop Cada una de las veces que es reproducido un contenido en Vine.

marca personal Conjunto de percepciones que tiene otra persona de ti y que describe la experiencia de tener relación contigo.

mensaje directo (DM) Mensaje enviado por un usuario de Twitter a otro de forma privada. Para poder enviárselo, ha de ser tu *follower*.

mensaje *push* Notificación que se recibe en el teléfono móvil que avisa de que se ha producido una novedad en una aplicación.

mensajería instantánea Programa que facilita la comunicación en tiempo real entre dos personas mediante mensajes de texto.

microblogging Denominación de las redes que permiten a los usuarios publicar comentarios breves.

navegador Programa informático que permite el acceso a internet y la visualización de las distintas páginas web. Los principales son Internet Explorer, Mozilla Firefox y Google Chrome.

newsletter Boletín electrónico, email que se envía de forma periódica con información.

nick Nombre o apodo por el que se conoce a un usuario en internet.

pin Publicación realizada en Pinterest, compuesta de una fotografía y de un texto opcional.

pinear Realizar un pin (una publicación) en Pinterest.

píxel Pequeña cantidad de código en una página web o en una notificación por correo electrónico que sirve para controlar y medir las interacciones del usuario y poder ofrecerle servicios personalizados o publicidad segmentada.

posicionamiento Percepción que tienen los usuarios de internet de una marca.

post Publicación realizada en un blog o en una red social.

repin Pin de Pinterest compartido con los seguidores.

retuit Tuit de Twitter compartido con los seguidores.

servicio P2P *(peer to peer)* Red que permite el intercambio de archivos entre los usuarios.

smartphone Teléfono móvil inteligente, que puede ser utilizado para navegar por internet.

spam Mensaje no solicitado, generalmente enviado con intención comercial.

sticker Icono gráfico que puede estar en movimiento, y que sirve para expresar emociones y sensaciones de manera visual en una red social o en una aplicación de mensajería móvil o instantánea. La traducción literal sería «pegatina».

tablero Los tableros son las «carpetas» en las que se guardan los pines en Pinterest, que se organizan temáticamente.

tag (Véase *etiqueta.*)

timeline Lista de publicaciones que realiza un usuario de una red social en orden cronológico. También puede usarse para hacer referencia al listado de publicaciones realizadas por las personas o instituciones a las que un usuario sigue.

trending topic Tema sobre el cual se está hablando más en Twitter en un momento determinado.

troll Usuario de un foro o una red social que busca notoriedad generando confrontación y polémica con sus comentarios.

tuit Mensajes de menos de 140 caracteres que se envían en Twitter. Versión castellanizada, aceptada por la Real Academia Española y recomendada por la Fundéu, del término inglés *tweet* («piar» o «pío»).

tuitero Usuario de la red social Twitter.

URL (*uniform resource locutor*) Dirección que identifica a una página web en internet.

usuario activo Usuario que ha interactuado en una red social al menos una vez en los últimos treinta días.
vine Contenido en vídeo de menos de seis segundos de duración publicado en la aplicación móvil Vine.
vinear Acción de publicar un vine (ver) o de utilizar la aplicación social móvil de nombre Vine.
viner Usuario intensivo de la aplicación de vídeo móvil Vine. Comienzan a surgir, sobre todo en Estados Unidos, los primeros *viners* que consiguen ganarse la vida creando vídeos de menos de seis segundos para Vine.
viralidad Capacidad para ser viral (en el sentido de reproducir exponencialmente un mensaje).
viralizar Conseguir que un contenido se difunda por sí solo.
WWW World Wide Web.
youtuber Persona que se dedica profesionalmente a la creación de vídeos para su canal de YouTube y vive de ello.

Continúa la conversación en Twitter con el hashtag
#ComoTriunfarRRSS o siguiendo al autor, @TreceBits.

STÉPHANIE COUTURIER
Illustrations de Adéjie

Aidez votre enfant
À GÉRER SES COLÈRES

Le cabinet des émotions
MARABOUT

Je m'appelle Stéphanie. Je suis psychomotricienne et sophrologue et je me suis spécialisée dans l'accompagnement de la sphère émotionnelle. Je suis ainsi devenue une sorte de Docteur des émotions. Pas un médecin avec un stéthoscope autour du cou ! Je m'occupe plutôt de la maison des émotions de mes patients, petits et grands. Mon quotidien est peuplé de peurs, de colères, de mauvaises nuits, de chagrins et de manque de confiance en soi ; en effet, les enfants et leurs parents se confient à moi chaque jour sur les petits tracas qu'ils rencontrent.

Pour aider mes patients, j'ai créé une boîte à outils un peu particulière. Très pratique, elle ressemble au sac de Mary Poppins et me permet de « tout réparer dans le cœur », grâce à des tas de petits exercices à pratiquer aussi souvent que possible.

J'ai très envie de partager avec vous son contenu, afin que vous puissiez aider votre enfant à devenir un super-héros émotionnel !

Je vous vois plisser les yeux et froncer les sourcils... Pourtant, oui, c'est possible : il vous faut simplement une petite formation, rapide et ludique, que vous trouverez dans ce livre.

Ccette fois, nous allons nous attaquer à un sujet douloureux et souvent épuisant : la colère.

LA COLÈRE, UNE ÉTAPE DANS LA CONSTRUCTION DE SOI

1

QU'EST-CE qu'une colère ?

La colère est un état émotionnel que nous pouvons tous traverser à certains moments et ce, quel que soit notre âge. Cet état soulage et permet à chacun de s'exprimer, de faire « passer un message ».

Naturelle, la colère est souvent déclenchée par une frustration : elle est un signal d'alarme qui nous permet de réagir quand quelque chose ne nous plaît pas ou n'est pas satisfait sur-le-champ ; ainsi, elle permet aux enfants d'exprimer leur désir ou de s'opposer tout simplement.

Même si elle est souvent mal perçue par les autres, c'est pourtant une étape nécessaire dans la construction de soi. Elle permet de s'affirmer et d'affronter les obstacles.

Cependant, la colère peut devenir problématique lorsqu'elle envahit le quotidien et submerge notre enfant. Dans ce cas, elle fait des ravages, car malheureusement, en pleine crise, les parents confondent l'émotion qu'est la colère et l'enfant. L'enfant n'est alors plus reconnu, il devient aux yeux des autres une grosse boule de colère, et sa propre estime en pâtit.

Pour savoir comment tempérer la colère de notre enfant, pour rester calme et gérer la crise, il nous faut savoir faire appel à toute notre patience, notre empathie, notre compréhension, notre fermeté et notre humour.

Au cours du processus de la colère, le taux d'adrénaline augmente, le cœur bat plus vite, la respiration s'emballe et une sensation de chaleur envahit tout le corps. Ces changements physiologiques perturbent l'enfant qui, perdu, ne sait plus communiquer autrement que par des cris ou des pleurs, voire de la rage.

À vous d'apprendre à votre enfant à ne pas redouter la colère mais plutôt à l'apprivoiser pour construire sa personnalité.

2
LES ÂGES de la colère

Ne croyez pas que les colères sont les résultats d'une mauvaise éducation ! Les colères sont normales, font partie du développement de l'enfant et sont des rivières plus ou moins larges à traverser dans la vie de parents.

Entre 18 mois et 2 ans

Tout commence souvent lorsque la marche s'est mise en place et que l'enfant découvre le « JE ». Son identité. Votre chérubin si calme, si patient même parfois, se transforme en... dictateur.

Il a compris qu'il était un être à part entière avec des envies propres. Il va se délecter de cette nouvelle découverte.

Il veut, il exige. Il ne peut gérer la frustration. Le « non » est son pire ennemi, il va déployer ses armes !

À cette époque, la parole n'étant pas vraiment au beau-fixe, les mots ne lui seront pas d'une grande aide. Par contre, il trouvera aisément l'arme adaptée à sa situation : mordre, frapper, hurler, se rouler par terre...

Cette douce opposition non contrôlée est un mode d'expression des plus classiques et malgré les dégâts collatéraux (les parents de « mordeurs » ou d'ours rugissants au supermarché me comprendront), cela aide votre enfant à se construire. C'est une étape indispensable.

- **Entre 2 et 4 ans, c'est le haut des montagnes russes. Le pic.**

Si vous traversez cette période : inspirez, bloquez votre respiration 2 secondes puis soufflez un filet d'air le plus longtemps possible pour vider vos poumons. 3 fois de suite. Et ce, tous les jours, plusieurs fois par jour.

Ces crises aident les enfants à faire face au pouvoir écrasant des parents. Ils tentent de garder leur toute-puissance pour maintenir leur identité narcissique. Courage.

- **Entre 4 et 6 ans,** votre enfant va pouvoir s'exprimer par la parole, intégrer le non et apprendre la patience. Ce qui ne veut pas dire qu'il n'y aura pas de colères, mais que vous aurez plus de chance de le raisonner et de lui donner des outils pour qu'il apprenne à se calmer seul.
- **À partir de 7 ans,** c'est le rapport à l'autre, l'école, le manque de confiance en soi et la peur de l'échec qui pourront mettre à mal ses émotions.

Certains facteurs favorisent aussi l'apparition des colères : la fatigue, l'excès de sucre ou l'ambiance familiale. À vous d'y être vigilant.

3

LES DIFFÉRENTS types de colère

- **La colère « méchante »** : celle qui jette des « mots cailloux », des mots qui font du mal.
- **La colère « imbattable »** : plus forte que les autres colères, elle a toujours le dessus.
- **La colère « destructrice »** : elle jette et casse tout sur son passage.
- **La colère « jan némar »** : elle crie et se plaint.
- **La colère « monstre du Loch-ventre »** : c'est la pire de toutes les colères ! Elle est un peu tout en même temps : elle est plus forte que les autres, elle explose en hurlant, elle jette des mots cailloux, elle casse tout. Ce monstre fait vraiment très peur. Il apparaît souvent quand plusieurs colères sont restées à l'intérieur, quand elles n'ont pu être exprimées auparavant. Le monstre du Loch-ventre est une accumulation de colères.

JUNIE ET LA MAISON DES ÉMOTIONS

1

UNE MÉTAPHORE pour évoquer la manifestation de la colère

Même si la colère est normale, naturelle et parfois nécessaire pour que notre enfant se construise et s'affirme, quelle que soit sa forme, soyons sincères, elle est pénible ! Avant de vous donner quelques conseils afin de réagir au mieux face aux tempêtes émotionnelles que sont les colères, je voudrais vous parler de la maison des émotions.

La maison des émotions

J'ai inventé la métaphore de la maison des émotions pour mes patients. Les images sont riches et accessibles pour les enfants et facilitent leur compréhension. Elle fonctionne à merveille avec les plus petits (de 2 ans à 6 ans), mais convient aussi aux enfants jusqu'à 8-9 ans. Après cet âge, les enfants sont moins en proie à des colères, ils ont juste leurs propres convictions et sont plutôt dans la négociation.

Cette approche va aider votre enfant à se créer des images pour représenter ses émotions et ses difficultés. Il portera ainsi un autre regard sur son comportement et préservera son estime de lui-même.

Elle va vous permettre de continuer à regarder votre enfant avec les yeux de l'amour pendant les crises (je vous promets, c'est possible) tandis qu'elle aidera votre enfant à s'apaiser plus rapidement.

Il n'est déjà pas facile pour un adulte en proie à une grosse colère d'utiliser son intelligence pour analyser et comprendre ce qui l'a mis dans un tel état et pour adapter au mieux ses réactions, alors imaginez pour votre enfant qui, lui, a un cerveau en pleine construction !

Avouez que ce serait tout bonnement incroyable que votre enfant, face à un refus de votre part, vous dise : « Je ne comprends pas ton refus. J'estime avoir droit à ce jouet qui me plaît tant. Je te trouve trop autoritaire. Une colère m'envahit, je vais aller prendre un peu de recul dans ma chambre. »

(Si votre enfant vous dit vraiment ça, ne dormez que d'un œil ! Vous n'hébergez pas un enfant...)

Nous abritons tous une petite maison des émotions

Il y a en chacun de nous un endroit spécial qui s'appelle « la maison des émotions ».

Cette petite maison, logée dans le haut de notre ventre, accueille toutes les émotions qui circulent dans notre corps : les joies, l'amour, les fiertés, mais aussi les peurs, la tristesse, la honte ou les colères.

Souvent, ces émotions ne sont que de passage. Elles s'arrêtent quelques instants, le temps de ressentir l'émotion, puis elles repartent tranquillement.

Parfois, elles s'installent. Lorsque ce sont des émotions positives, pas de souci, tout est même plus facile ! Mais lorsque ce sont des colères, des peurs ou de la tristesse, la vie a tôt fait de se compliquer.

Une ou deux petites colères ne sont pas problématiques, mais lorsqu'elles sont plus nombreuses, elles prennent beaucoup de place et commencent à déranger le corps. En effet, lorsque d'autres émotions négatives passent par là, elles s'arrêtent pour faire la fête avec leurs copines dans la maison des émotions.

Notre enfant se sent alors différent, sans trop savoir pourquoi, et commence à être mal à l'aise dans son corps ou dans sa tête. Il n'arrive plus à écouter la maîtresse ou ses parents et il commence à avoir peur, à se mettre en colère ou à pleurer pour un rien...

Ce trop-plein d'émotions le submerge.

Chasser les trouble-fête !

Tout ça n'est pas de la faute de notre enfant ! Ce sont les colères, les peurs ou la tristesse qui font la fête dans sa maison des émotions !

Pour se débarrasser de ces mauvaises émotions, il faut apprendre à les chasser ! C'est ce que nous allons faire tout à l'heure, lorsque nous allons ouvrir ma boîte à outils.

En apprenant à nettoyer régulièrement sa maison des émotions, vous éviterez le rassemblement d'émotions négatives et les fêtes émotionnelles qui perturbent le corps et la tête.

Si une colère passe mais qu'elle est seule dans la maison des émotions, elle n'aura pas envie de rester. Elle poursuivra son chemin et ne vous gênera pas !

Parler de la maison des émotions, seule responsable, l'évoquer, vous permet de ne plus confondre votre enfant et ses émotions. Votre enfant n'est pas « colérique », mais il est traversé par des colères.

Cette simple vision vous permet de bien distinguer l'enfant de ses émotions et permet à votre enfant de garder confiance en lui. Ainsi, il reviendra plus facilement vers vous et ne se sentira pas « méchant » ou « mauvais enfant ».

L'image de la maison des émotions permet d'une part de déculpabiliser l'enfant : ce n'est pas de sa faute, ce sont les colères qui font la fête et qui le gênent ; d'autre part de mettre de la distance entre lui et son émotion pour ne plus confondre se confondre avec elle. L'enfant reprent alors confiance en lui et aborde différemment sa vie affective.

2

7 CONSEILS pour se préparer à être bienveillant

Avant de vous parler de ma rencontre avec Junie et de vous ouvrir ma boîte à outils, voici quelques conseils qui vous guideront sur des changements à opérer chez vous, à la maison, afin de porter un regard neuf sur les émotions de votre enfant et libérer une parole bienveillante, fluide et sereine.

En effet, certaines paroles peuvent nous échapper, dans un moment d'impuissance la plupart du temps, et peuvent abîmer notre enfant. Car grandir en entendant que l'on est capricieux, colérique, trop sensible n'est pas un moteur dans la vie.

Bien au contraire. Certaines paroles marquent au fer rouge, alors qu'elles n'étaient à la source qu'une façon d'avoir le dernier mot avec notre enfant.

Or il est nécessaire d'aider votre enfant à préserver une bonne image de lui-même et de l'amener à être attentif à vos paroles. Semez chaque jour les graines qui feront grandir votre enfant, dans une famille apaisée et épanouie !

Soulignez le plaisir des bons moments

Pour avoir une vision positive de la vie, il est important de savoir reconnaître les graines de bien-être et de bonheur que l'on sème chaque jour !

Apprenez vous-même à vous nourrir des sourires qui ont ponctué votre journée et faites grandir votre enfant dans cette dynamique.

Profitez d'un dîner en famille pour proposer un tour de parole afin que chacun puisse dire ce qu'il a préféré dans sa journée.

Verbalisez les points positifs de votre enfant

Sans surprise, les paroles positives ont beaucoup plus d'impact constructif que les mauvaises critiques ou les reproches qui, soit abîment, soit laissent pantois. Au contraire, les compliments élèvent et stimulent !

Ce qui vous paraît évident ne l'est pas toujours pour votre enfant. Ainsi, pensez à lui dire et redire quelles sont ses qualités et où sont ses facilités. C'est une façon de lui donner envie de les enrichir et il pourra s'appuyer sur vos paroles pour grandir avec confiance.

Mettez-vous à sa hauteur

À la maison, lorsque vous souhaitez dire quelque chose d'important à votre enfant (surtout s'il est petit), pensez à vous placer à sa hauteur.

Vous verrez, il vous entendra beaucoup mieux ! Si besoin, pour capter son attention, posez votre main sur son visage afin de diriger son regard vers vous. Cela vous évitera de devoir répéter vos demandes : dans ces conditions, son attention est portée sur vous, à ce moment précis, vous êtes entendu.

Parlez de vos propres émotions

Pour que votre enfant apprenne à reconnaître ses émotions, il est important que vous puissiez nommer les vôtres. Ce travail émotionnel, pas toujours évident au début, permet à toute la famille de s'exprimer plus facilement.

Lorsque vous faites l'effort d'expliquer vos réactions à vos enfants, votre parole a souvent un effet sur leur comportement. Vous posez des mots sur vos états affectifs, ce qui permet à tous de mieux comprendre vos réactions et de réagir parfois différemment par la suite. Parce que vos propres émotions sont prises en compte, vous pourrez plus facilement ajuster vos comportements futurs.

Ce pas effectué vers vous-même, je le répète non inné, permet pourtant de faire un pas vers votre enfant et de mieux le comprendre. Chacun grandit dans la compréhension de ses émotions et devient plus tolérant dans la relation.

Si votre enfant se sent entendu, il se sentira considéré et ses émotions seront moins intenses. La parole apaise toujours les cœurs, ne l'oubliez jamais !

Apprenez aussi à parler de vos émotions dans le calme.

Dire en criant : « Tu vois bien que je suis en colère ! » n'aura d'autres effets que de faire peur à votre enfant. En revanche, reprendre plus tard un échange en verbalisant votre émotion à ce moment-là lui permettra de reconsidérer vos paroles : « Je ne comprenais pas ta réaction et cela m'a mis en colère. La prochaine fois, explique-moi plutôt ce qui ne va pas. »

Un enfant qui se sent aimé, considéré et compris est un enfant heureux !

Apprenez à créer des échanges de qualité chaque jour. Votre enfant se confiera plus facilement à vous et votre relation en sera grandement enrichie.

Prenez du temps avec votre enfant

Prendre et passer du temps avec votre enfant, c'est lui accorder de la valeur. Vous aimeriez bien, mais vous ne trouvez pas le temps, avec votre emploi du temps de ministre ?

Certes, le temps est précieux, mais ce qui l'est davantage, ce sont vos enfants.

Alors apprenez à mettre de côté votre travail, à poser votre liste de courses, à laisser votre vie d'adulte dans une autre pièce, et consacrez quelques minutes, de qualité, à votre enfant, ce qui veut dire que vous ne faites pas autre chose en même temps.

Ne minimisez pas les querelles avec ses amis

Votre enfant passe une grande partie de sa journée à l'école. Des querelles ou moqueries peuvent empoisonner son quotidien sans qu'il vous en parle et être la raison de bon nombre d'émotions négatives.

Soyez attentif à ses plaintes : s'il vous en parle, c'est qu'il cherche de l'aide.

Cependant, il faut parfois aller à la pêche aux informations. Quels sont ses copains ? Avec qui préfère-t-il jouer ? Est-ce qu'il s'amuse bien en ce moment à l'école ? Est-ce que quelqu'un l'embête ?

Quoi qu'il vous dise, ne rationalisez pas ! Votre logique n'est pas celle d'un enfant de 3 ans ou de 7 ans. Ce qui le tourmente est à prendre en considération, de la même façon que si cela était un problème pour vous aussi.

Cherchez à savoir ce qui le préoccupe et essayez de trouver ensemble des solutions. Votre enfant a d'ailleurs souvent de très bonnes idées sur la question si vous l'interrogez !

Il est d'autant plus important d'apprendre à les reconnaître qu'il pourra toujours se sentir accompagné et trouver la force en soi pour braver les épreuves.

Soyez attentif à votre propre comportement

Certaines réactions vous agacent profondément, certaines peurs vous tenaillent ?

Faites attention à votre comportement devant vos enfants : ils sont comme les pellicules des anciens appareils photo qui impriment les réactions des personnes de leur entourage.

Vous pouvez transmettre à votre insu vos propres émotions et les faire se répéter chez votre progéniture. Les émotions peuvent être contagieuses...

3
LE CAS de Junie

- **Junie est une enfant plutôt joyeuse**, expansive.
- **Elle a beaucoup d'amis**, et adore la compagnie des autres.
- **Elle est un peu autoritaire** et aime que l'on joue à ses jeux. Elle a plein d'idées et aime qu'on les suive.
- **Elle semble au premier abord « bien dans ses baskets ».**

D'ailleurs, elle s'empare tout de suite des feutres sur mon bureau et réalise un joli dessin qui ressemble à une prairie enchantée.

Je commence :

«Junie, je suis heureuse de te rencontrer. Sais-tu pourquoi tu viens me voir ?

— Oui, je le sais. Je suis là pour la colère qui est en moi.

— Peux-tu me parler d'elle ?

— Un jour, je l'ai vue pénétrer dans ma chambre. J'ai vu la porte s'ouvrir, j'ai même sursauté. Je l'ai regardée et elle m'a mangée de colère. Tout entière. Depuis, elle vit en cachette à l'intérieur de moi. Elle est super discrète et elle me donne le pouvoir de la colère...

Mais c'est mauvais la colère. C'est mauvais pour le corps. J'aimerais bien qu'elle s'en aille.

Par exemple, là, elle est sur moi, elle peut se mettre dans ma gorge, ça rend ma voix plus forte ; elle peut aussi se mettre dans mon bassin et mes jambes, là je m'agite dans tous les sens ; ou alors dans mes idées, alors là c'est terrible, parce qu'elle est intelligente en plus !

Ce matin, par exemple, elle a été très forte. Pour "un petit rien" – c'est ce que disent mes parents – elle a réveillé ma sœur et mon père. Alors ils étaient tous de mauvaise humeur. Ma colère les a aussi mangés de colère ! Elle est vraiment méchante. Elle me donne souvent envie de pleurer. »

Junie a toujours eu du caractère. Même bébé, elle savait s'affirmer ! Mais cela devient problématique depuis quelques mois. Les colères se répètent constamment, nous sommes trop fatigués pour y répondre correctement. Nous commençons à nous emporter aussi pour un rien. Nous avons vraiment besoin d'une aide extérieure.
Impossible de lui faire entendre raison. Nous commençons même à anticiper ses crises et à réfléchir à ce que nous proposons au lieu d'être spontanés. J'avoue que j'appréhende même les week-ends en ce moment... À l'école, les colères sont aussi présentes mais moins nombreuses et moins fortes.

Le diagnostic est simple :
Junie semble loger en elle bien plus qu'une simple colère.

Junie, tu abrites le monstre du Loch-ventre. Ce n'est pas grave, mais c'est embêtant, car tu en as assez et tes parents redoutent tes colères. Ce monstre est très facétieux, il change souvent de cachette, peut surgir à tout moment, et n'est pas facile à amadouer. Il fait peur, car il grossit très vite, mais il n'est pas si méchant qu'il y paraît. Mais je connais une technique pour le faire sortir du fin fond de la maison des émotions: il est friand de relaxation, de méditation, de détente ; il sort alors de sa cachette pour profiter lui aussi de ces bons moments. Et dans ces cas-là, il est tellement bien luné qu'il devient facile de lui demander de partir.

Voilà ce qu'on va faire : je vais ouvrir ma boîte à outils, et nous allons trouver ensemble des petits exercices qui le feront apparaître tout petit, jusqu'à le faire quitter ta maison des émotions.

MA BOÎTE À OUTILS

Il est maintenant temps d'ouvrir ma boîte à outils !

Mes outils sont des petits exercices à faire avec votre enfant ou à lui faire faire, toujours présentés sans contrainte. Ils sont très faciles à mettre en place et sont comme un traitement de fond. Il faudra en réaliser quelques-uns quotidiennement. Plus votre enfant se sera familiarisé avec eux, plus il deviendra autonome dans la gestion de ses colères. Petit à petit, essayez-les tous. Car ceux qui vous parlent le plus ne seront pas forcément les préférés de votre enfant.

Prenez aussi un temps calme au quotidien.

Profitez des week-ends pour réaliser les exercices liés à l'imaginaire, et même 5 minutes chaque jour pour les exercices de respiration ou les exercices corporels : le matin avant de partir à l'école pour être en forme et de bonne humeur ; au retour de l'école pour apaiser les tensions de la journée et aborder le temps des devoirs sereinement ; le soir avant de se coucher pour préparer une bonne nuit.

Bonne pratique !

1

LIBÉREZ L'ÉNERGIE
de votre enfant

Les colères sont un concentré énergétique non négligeable ! Alors, avant d'amadouer le monstre du Loch-ventre et sa bande de copines, voici déjà quelques exercices pour évacuer les tensions et diminuer leur force par la même occasion.

Les coussins

Sortez tous les coussins de la maison et disposez-les dans une pièce sans objets cassables : enlevez le vase de Jacqueline, les lunettes de Bernard et tout autre objet « précieux » de la pièce.

La règle est simple : il faut taper dans chaque coussin avec la main puis le pied.

Chaque coussin doit donc être lancé avec force pour ensuite le taper du plat de la main ou du poing. Lorsque tous y sont passés, passez à l'attaque n° 2 : le shoot dans chacun d'eux.

Cette épreuve doit être récompensée d'un vrai massage de boxeur au coin du ring, et la prouesse félicitée !

La minute de gros mots

Votre enfant subit une terrible invasion de mots étranges ou qui ne sentent pas bons ?

Pas de panique, il y a une solution, assez jouissive d'ailleurs.

Interdire les gros mots serait une mauvaise idée : ils n'en seraient que plus forts, plus joyeux.

Vous allez donc dompter ces mots, oui, dompter !

Pour cela, il faut les laisser sortir, encore et encore, mais en balisant le terrain.

Proposez à votre famille une minute de gros mots par semaine (ou par jour selon la contamination !). Montre ou chronomètre en main, déclenchez LA minute qui défoule : celle où chacun doit sortir tous les gros mots qu'il connaît, sans s'arrêter et en les disant en boucle.

Surtout, participez-y ! Vous aussi, ça vous fera du bien. Prenez toutefois la précaution de rester simple et accessible – bien que la créativité dans ce domaine puisse être débridée – afin de ne pas trop enrichir le vocabulaire de votre enfant.

Une fois cette habitude mise en place, vous verrez vos enfants attendre la bonne minute pour se défouler. Ils seront très vite « vaccinés » contre ces mots gluants.

Le cri libérateur

Votre enfant a beaucoup de colères en lui en ce moment, de l'énergie à revendre et une répartie sans faille : cet exercice est pour lui ! Mais pourquoi ne pas en profiter vous aussi ?

- Choisissez un endroit à l'extérieur suffisamment grand pour pouvoir courir, comme une plage par exemple, mais tout autre endroit bien dégagé fera l'affaire. Que vous soyez seul avec votre enfant ou en groupe, l'effet est immédiat.
- Donnez-vous la main, courez ensemble et criez le plus fort possible.
- À renouveler sans modération !

La danse de Sioux

Sortez vos plumes d'Indiens et votre coiffe, vous allez partir à l'assaut des émotions négatives de la famille.

Commencez par matérialiser un cercle avec des cailloux, des galets ou des branches.

Puis, tels des chamans, en famille ou avec les amis de votre enfant, allez chacun à votre tour déposer virtuellement ce qui vous met en colère en verbalisant ce que vous déposez à chaque fois : « les mauvaises notes, la petite sœur que je ne supporte plus, les grondements des parents... » bref, tout ce qui vous passe par la tête et dont vous ne voulez plus à cet instant.

Ne réprimandez pas votre enfant s'il dit, à l'occasion de ce jeu, vouloir se débarrasser de sa petite sœur, du copain qu'il jalouse ou du parent qui crie. C'est son espace de liberté, un espace imaginaire qui va justement lui permettre de se libérer de ses colères ou de sa jalousie.

Réalisez ensuite une danse autour du cercle pour annoncer votre attaque imminente. Chantez, faites les Indiens, lâchez-vous.

Puis, tous ensemble, après le cri de guerre annonciateur de l'attaque, piétinez, écrasez et écrabouillez les colères déposées dans le cercle.

Terminez par une danse victorieuse autour du cercle pour fêter cette prouesse.

N'hésitez pas à partager ensuite un goûter, pour accueillir le retour des bonnes émotions dans la fameuse maison !

Le punching-ball

Le punching-ball devrait être le meilleur ami de chaque famille. Aujourd'hui, il n'est plus mal perçu de montrer ses émotions. J'oserais même dire qu'un punching-ball devrait être livré avec son premier enfant. Alors autant en profiter !

Ce qu'il y a de bien avec un punching-ball, c'est qu'on peut frapper dedans. C'est même fait pour ça. Alors qu'on ne peut pas frapper quelqu'un. Jamais. C'est toute la nuance. Avec le punching-ball, on s'autorise de se défouler en posant un cadre.

Votre enfant va prendre de la distance avec ses émotions et libérer son agressivité. Il redevient maître de lui-même, soulagé d'un poids émotionnel et acteur dans la gestion de ses émotions. Jouer avec ses émotions et son agressivité permet aussi de dédramatiser les situations et apporte de la gaieté et de la légèreté à toute la famille.

Le punching-ball est ainsi à disposition pour toutes les colères (méchante, jan némar, imbattable, le monstre du Loch-ventre...). Chacun dit ce qui le met en colère et tape ensuite de toutes ses forces dans le punching-ball jusqu'à ressentir de la fatigue dans les bras, ce qui signifie alors que la colère a eu peur et qu'elle s'est faite toute petite.

Pour un joyeux moment en famille, n'hésitez pas à instaurer « le mauvais quart d'heure » comme un rituel une fois par semaine !

Placez le punching-ball au centre du salon, et chacun à votre tour, dites ce qui vous a le plus mis en colère cette semaine, puis tapez dedans pour vous libérer de ces émotions négatives. Pendant ce temps, votre famille doit vous encourager verbalement, en frappant des mains, en sifflant, etc.

Il y a juste une règle d'or : personne ne doit critiquer le motif de la colère. Au contraire, chacun doit encourager à la faire partir.

2

DONNEZ- LUI des super pouvoirs

Classez les colères de votre enfant

Comme vous l'avez vu au début de ce cahier, il y a différents types de colères : les méchantes, les jan némar, les destructrices et celle qui cumule tout : le monstre du Loch-ventre.

Il s'agit ici de proposer à votre enfant d'illustrer ces quatre catégories sur quatre feuilles différentes pour pouvoir ensuite les accrocher dans sa chambre, dans le couloir ou dans un placard.

À chaque fois qu'une colère se sera manifestée, et une fois l'apaisement de retour, vous demanderez à votre enfant d'aller poser une gommette sur le type de colère qui s'est déclenchée.

Un bon moyen de s'apercevoir du type de colère qui se manifeste le plus souvent dans sa maison des émotions. Votre enfant sera ainsi plus à même de les reconnaître à l'avenir.

Classer les colères lui permet de prendre du recul et d'anticiper les montées émotionnelles négatives.

Ce classement n'est d'ailleurs pas réservé qu'à votre enfant. Chaque personne de la famille peut avoir sa couleur de gommettes et les quatre feuilles d'illustration peuvent alors être affichées dans la cuisine ou l'entrée.

Le vent doux et chaud

Je vous propose maintenant d'associer le dessin, la respiration et la méditation.

Placez-vous dans un endroit calme, si possible douillet.

Demandez à votre enfant de dessiner sa colère au centre d'une feuille, puis d'ajouter un vent doux et chaud qui se lève près d'elle.

Une fois le dessin fini, demandez votre enfant d'en faire une boule de papier qu'il placera devant lui.

Invitez-le à présent à faire trois respirations profondes (voir p 40) et à fermer les yeux.

Demandez-lui ensuite d'imaginer un vent doux et chaud qui viendrait du désert et qui emporterait la colère qu'il a placée devant lui.

Vous pouvez mettre la boule de papier à la poubelle lorsque votre enfant a les yeux fermés, ou le laisser la mettre lui-même lorsqu'il ouvrira les yeux.

Demandez-lui de dessiner son énergie

Nous sommes tous entourés d'une aura énergétique. Elle n'est pas visible, mais peut être ressentie parfois. Ainsi, vous avez tous un jour ou l'autre perçu une ambiance tendre, chaleureuse, agréable, ou au contraire électrique, tendue au contact de quelqu'un ou en entrant dans une pièce.

Cette énergie qui se dégage de chacun de nous varie au fil de nos humeurs et joue un rôle dans l'ambiance familiale.

Ainsi, les parents stressés ou tristes dégagent malgré eux une énergie qui parle pour eux. Vous aurez beau cacher votre tristesse ou votre fatigue à votre enfant, il la ressentira.

Je vous propose de faire dessiner cette énergie qui se dégage de chaque membre de la famille à votre enfant, en lui demandant d'illustrer trois états différents, sur trois feuilles : heureux ; un peu contrarié ; en colère. La bulle énergétique autour du personnage doit avoir une couleur spécifique selon l'état émotionnel. Elle peut être accompagnée de papillons, de cœurs ou de pluie et d'éclairs, bref de tout ce qui paraîtra à votre enfant adapté à la situation.

- Nommez ensuite ensemble chaque état : par exemple la bulle rose ou le papillon, la bulle grise ou le nuage, la bulle rouge ou le volcan.
- Au quotidien, entraînez-vous à repérer ces bulles, à les sentir chez vous ou à l'extérieur.
- Vous pourrez compléter vos sensations par des remarques : « La bulle de ce monsieur est grise, regarde, il semble triste, il ne sourit pas et a le regard dans le vide. »

Cet exercice développe l'empathie et ouvre le dialogue sur les ressentis. Il permet à chacun de devenir plus attentif à l'autre et à ce qu'il dégage.

Le sac à colères

Dotez-vous d'un sac à colères : cela peut être un sac que votre enfant fabriquera lui-même, que vous irez acheter ensemble ou qu'il trouvera chez vous.

Si possible, décorez-le.

Notez à qui il appartient, car chacun peut avoir le sien : « Sac à colères de Junie ».

À votre enfant de remplir son sac au fil du temps : en dessinant ses colères, en y jetant un caillou lorsqu'une colère méchante pointe le bout de son nez, en y plaçant ses colères balayées par le vent doux et chaud... À lui de le remplir à sa guise, même si je vous incite à le faire avec lui régulièrement afin que cela devienne pour lui une habitude.

Une fois par semaine, videz ce sac non pas dans votre poubelle, mais à la benne, en dehors de votre maison, afin de vous séparer définitivement de ces ombres ou poids résiduels.

Le soleil en soi

À nouveau, associez le dessin, la respiration et la méditation.

Installez-vous dans un endroit calme et serein.

Proposez à votre enfant de se représenter sur une feuille avec un grand soleil intérieur qui irradie tout autour de lui. Laissez-le prendre son temps, pour poser toutes les images qu'il associera à cette sensation.

Une fois le dessin fini, faites trois respirations profondes ensemble (voir p. 40).

Puis, les yeux fermés, demandez à votre enfant d'essayer de ressentir ce soleil en lui, d'imaginer les rayons qui dardent autour de lui la chaleur procurée, la joie qui l'entoure.

Laissez-le quelques secondes dans le silence pour faire corps avec son soleil intérieur.

À la fin, faites une activité calme ensemble ou chacun de votre côté, mais en gardant le contact avec cette douce et belle sensation.

Trouvez ce qui l'apaise

Prenez l'habitude de chercher avec votre enfant ce qui l'apaise : le chat lové sur lui qui ronronne, des « gratte-gratte » sur son dos, le bruit des vagues, le chant des oiseaux, une baignade dans une mer de peluches...

À chaque fois qu'il se prélassera de plaisir au contact de quelqu'un ou d'un animal, ou en faisant une activité ou encore en se reposant, notez sur une feuille ce qui lui a fait du bien.

Nourrissez cette feuille de bien-être au fil des jours.

Lorsque vous sentez qu'une colère ou qu'une émotion négative pointe le bout de son nez, ou après son passage, demandez à votre enfant de regarder cette feuille de bien-être et de choisir ce qui lui ferait le plus de bien à ce moment-là.

Mettez ensuite en application ce temps de réparation émotionnelle. Et si le chat n'est pas disponible, remplacez-le !

Tous ces temps de représentation de l'émotion permettent à votre enfant de laisser libre cours à son imagination, de libérer une partie de son agressivité, de prendre de la distance avec ce qui l'envahit et de trouver les pouvoirs qui se cachent en lui. Il en ressortira plus fort, plus sûr de lui. Ces exercices lui permettent de redevenir d'une certaine façon maître de ses émotions.

3

FAITES-LE respirer !

Bien souvent, les colères malmènent la respiration. Le corps est tendu, la cage thoracique se ferme pour ne bouger qu'à peine, le diaphragme n'est plus souple et le ventre peut devenir douloureux. Je vous propose d'apporter de la détente et de la souplesse dans le corps de votre enfant avec des mouvements respiratoires conscients

Il faut savoir que le diaphragme est le muscle plancher des poumons, c'est lui qui rythme la respiration.

- **À l'inspiration**, il s'incurve vers le bas, tirant sur les poumons : un appel d'air est ressenti. Les poumons se remplissent d'air et poussent la cage thoracique qui se soulève et s'écarte ; le diaphragme repousse les intestins et le ventre se gonfle.
- **À l'expiration**, le diaphragme remonte, comprimant les poumons ; l'air est expulsé, la cage thoracique redescend et se resserre doucement. Les intestins ont à nouveau toute la place nécessaire, le ventre se dégonfle.

Il effectue ainsi une sorte de vague qui masse le ventre et apporte du mouvement dans la cage thoracique. Si le corps est détendu, le diaphragme rythme beaucoup mieux la respiration, et la cage thoracique peut de nouveau s'ouvrir et se fermer, telles les ailes d'un papillon !

Ces exercices de respiration vont aider votre enfant à se libérer des tensions accumulées et ainsi, les émotions pourront mieux circuler. De votre côté, n'hésitez pas à les pratiquer dans la journée, surtout dans les périodes difficiles.

Faites-les trois ou quatre fois de suite, mais pas plus, sinon une sensation d'étourdissement pourrait apparaître. Choisissez-en un ou deux et changez-en régulièrement.

La respiration papillon

Demandez à votre enfant d'imaginer que son buste est le corps d'un papillon.

Sa cage thoracique représente ses ailes et ses poumons, son corps.

Proposez-lui de faire voler son papillon corporel !

- Lorsqu'il prend de l'air : ses ailes s'ouvrent, se soulèvent et s'écartent.
- Lorsqu'il expire, ses ailes redescendent et se resserrent autour du corps papillon (les poumons).

Dites-lui de faire voler son papillon en trois ou quatre battements d'ailes, le plus loin possible, c'est-à-dire en ouvrant ses ailes le plus possible avant de les refermer très lentement, tout en douceur.

Cette respiration va permettre à votre enfant de se sentir plus léger, libre de ses mouvements, et de retrouver le calme en lui. Le ventre sera massé, la digestion des aliments, mais également les émotions, seront facilitées.

La respiration profonde

Assis, debout ou allongé, vous ou votre enfant pouvez pratiquer cette respiration très efficace.

Il s'agit de prendre de l'air par le nez, de retenir sa respiration 1 à 2 secondes et de souffler par la bouche un filet d'air le plus longtemps possible pour vider un maximum d'air des poumons, un peu comme lorsqu'on souffle dans un ballon.

Lorsque cette respiration est bien maîtrisée, essayez de lui donner forme en proposant à votre enfant de souffler toutes ses colères, afin de réaliser un grand nettoyage à l'intérieur de son corps.

Cette respiration calme les émotions intenses. Elle permet également de se mettre en état de relaxation. Elle est conseillée avant d'écouter un texte de visualisation.

La vague respiratoire

Pour cette respiration, il faut que votre enfant soit allongé sur le dos.

Proposez-lui d'imaginer son corps comme la surface de la mer qui bouge au rythme des vagues.

Lorsqu'il prend de l'air, la vague entre par ses orteils, remonte le long de ses jambes, gonfle son ventre, soulève sa cage thoracique et va jusque dans sa tête.

Puis, lorsqu'il souffle, la vague redescend le long de sa tête, de son cou, sa cage thoracique s'abaisse, son ventre se dégonfle, et la vague repart par ses orteils.

La respiration koala

C'est pour moi la respiration la plus importante en cas de colères. Elle permet d'être attentif à soi et à l'autre, et ouvre la détente dans un lien d'amour. C'est un beau moment à partager, qui retisse ce qui a été endommagé par les crises et les disputes. Votre enfant se sent rassuré et reprend confiance en lui.

C'est une respiration qui se pratique à deux, ventre contre ventre. Une vraie respiration d'amour.

Votre enfant est dans vos bras et vous l'enveloppez de tout votre corps, comme un koala.

Dans cette position, respirez à l'unisson.

N'hésitez pas à guider votre enfant pour atteindre une respiration calme et profonde à deux.

À vous donc d'être attentif à votre propre respiration pour qu'elle soit douce, calme et pas trop longue. Ainsi votre enfant vous suivra plus facilement.

4

AIDEZ-LE à se relaxer

Voici maintenant quelques exercices de relaxation qui vont permettre à votre enfant de prendre conscience de son corps, de se distancier des états émotionnels désagréables, afin de pouvoir se revivre au naturel et d'apaiser ses émotions.

Le palming

Ce premier exercice apaise rapidement et peut se faire n'importe où.

Invitez votre enfant à frotter ses paumes de mains le plus possible afin qu'elles soient bien chaudes. Demandez-lui ensuite de les placer sur ses yeux ouverts, puis de fermer les yeux, les paumes de main toujours posées dessus.

Dites-lui de laisser la chaleur entrer dans sa tête pour apaiser ses idées et glisser tout doucement jusqu'à sa maison des émotions afin d'en chasser les mauvaises.

Votre enfant devra répéter cette opération plusieurs fois jusqu'à ressentir une grande sensation d'apaisement en lui.

Le bonhomme de bois et la poupée de chiffon

Cet exercice est très souvent apprécié des tout-petits, car il est facile à réaliser. Il permet de sentir les différents états de tension des muscles.

Invitez votre enfant à s'allonger au sol ou à s'installer confortablement sur une chaise.

Proposez-lui de se transformer le temps de quelques secondes « en bonhomme de bois » ; pour ce faire, il doit contracter chaque partie de son corps : son visage, ses épaules, ses bras, ses mains, sa poitrine, son ventre, son dos, ses fesses, ses jambes et ses pieds.

Vérifiez que votre enfant s'est bien transformé en bonhomme de bois en tâtant ses bras et ses jambes. Si le résultat n'est pas suffisant, invitez-le à serrer plus fort.

Proposez-lui ensuite de faire « la poupée de chiffon », c'est-à-dire d'au contraire relâcher chaque partie de son corps pour être totalement souple et mou, des pieds à la tête.

Expliquez-lui que la poupée de chiffon est tendre et joyeuse, alors que le bonhomme de bois est dur et n'est pas content.

Invitez votre enfant à alterner plusieurs fois le bonhomme de bois et la poupée de chiffon pour qu'il ressente bien chaque état.

Il prendra ainsi l'habitude de ressentir ses muscles d'une façon tendre (joyeuse) ou dure (en colère) et sera plus à même de réguler lui-même ses tensions musculaires si besoin.

L'arbre

Certains d'entre vous connaissent peut-être cette posture de yoga classique, qui permet de se poser, de s'enraciner et de jouer avec son équilibre pour renouer avec sa puissance tranquille à l'intérieur. Un enfant peut la réaliser à partir de 5 ans.

L'arbre augmente la concentration et apporte calme et détente intérieure.

Réalisez cette posture en même temps que votre enfant.

- Placez-vous debout, les pieds joints, le dos bien droit, les bras le long du corps.
- Basculez le poids de votre corps sur la jambe gauche et venez placer la plante du pied droit sur l'intérieur du genou gauche, ou plus haut si vous le pouvez.
- Votre équilibre trouvé, levez les bras sur les côtés et joignez les mains devant la poitrine, paume contre paume (en namasté).
- Regardez droit devant vous et maintenez la posture le temps de deux ou trois respirations conscientes.

Si vous pouvez réaliser facilement cette posture, adoptez la variante : une fois les mains jointes devant la poitrine, levez-les au ciel puis posez-les sur la tête, toujours bien collées entre elles avant de les replacer en namasté sur la poitrine.

Faites ensuite la même chose en changeant de jambe.

Les points de contact

Cet exercice peut être réalisé partout et dans toutes les postures.

Il permet de prendre conscience de son corps, de soi donc de façon générale et d'apaiser sa sphère émotionnelle.

Prenez l'habitude de demander à votre enfant de citer les points de contact de son corps avec le sol, la chaise, la baignoire, etc.

Par exemple, s'il est assis sur le canapé, il peut vous dire : « ma nuque, mon dos, mes fesses, l'arrière de mes cuisses, de mes genoux et mes mollets ».

Cet exercice vous paraît dénué d'intérêt et sans effet ?

Pourtant, c'est une façon simple de revenir aux fondamentaux : « Je suis, je ressens mon corps ». Une façon de porter son attention sur des sensations basiques et de penser à soi.

C'est un exercice simple, mais qui permet d'être attentif à ses sensations et de grandir plus facilement en harmonie avec soi-même et les autres.

5

AIDEZ-LE à visualiser

Voici maintenant des textes de visualisations pour fortifier la maison des émotions de votre enfant afin de faire déguerpir le monstre du Loch-ventre ou les colères de passage.

Ces balades imaginaires vont permettre à votre enfant de trouver les ressources nécessaires en lui pour s'apaiser, enrichir son monde intérieur et attirer de jolies émotions dans sa maison.

Avant de commencer, prenez soin d'atténuer la luminosité de la pièce et assurez-vous que vous ne serez pas dérangés.

Une fois au calme et bien installés, invitez votre enfant à fermer ses yeux et à faire deux ou trois respirations profondes (voir p. 40). Il sera ainsi dans les conditions optimales pour accueillir les visualisations proposées.

Lisez-lui le texte que vous aurez choisi ensemble d'une voix douce et calme, en marquant un temps de pause à chaque pointillé.

Si votre enfant ouvre les yeux, remue ou vous parle pendant la balade imaginaire, posez votre main sur son ventre et invitez-le à porter de nouveau son attention sur le texte.

La maison des émotions

Ferme les yeux…

Tu vas prendre trois grandes respirations : l'air entre par ton nez… tu retiens ta respiration deux secondes… puis tu souffles un filet d'air par la bouche… le plus longtemps possible…

Une deuxième fois… et une troisième fois…

Imagine ce que je vais te raconter…

À l'intérieur de notre corps, se trouve une petite maison… elle se cache dans le ventre, un peu en hauteur… c'est la maison des émotions…

Toutes les émotions passent par cette maison…

Lorsque ce sont des joies ou de l'amour, tu te sens merveilleusement bien…

Mais lorsque ce sont des peurs, des colères ou des tristesses, ça ne va pas trop…

Parfois, les colères s'y cachent et ne veulent plus partir… Lorsqu'elles sont plusieurs dans la maison des émotions… elles font la fête… et toi, tu sens une grosse colère en toi… sans toujours savoir pourquoi…

Je vais t'apprendre à les chasser !

Tu vas entrer dans ta maison des émotions et tu vas chercher les colères…

Tu regardes partout… sous le tapis… derrière le rideau…

Soudain, tu en découvres une sous l'escalier ! Alors tu vas souffler dessus…

Prends de l'air par ton nez et souffle longtemps sur cette colère… une deuxième fois… et la colère disparaît !

Tu poursuis ta recherche... À toi de me dire où tu trouves la deuxième colère... Où est-elle ?...

Prends de l'air par le nez, et souffle longtemps dessus... tu la fais alors disparaître...

Tu aimes beaucoup cette chasse aux colères... c'est très rigolo...

Tu fais un dernier tour dans la maison en cherchant dans les moindres recoins... dans les placards... sous la couette... et même dans le pot de confiture !...

Tu en trouves une dernière... où était-elle ?...

Souffle une dernière fois pour la faire disparaître...

Ta maison des émotions est maintenant tout à fait propre... les colères ont disparu... Elle peut accueillir toutes les joies et l'amour que tu veux...

Tu sens ton corps beaucoup plus léger... et tu te sens heureux...

Maintenant, dans les moments où tu te sens en colère... lorsque tu as envie de crier... parfois même de taper... tu sais que ce sont les colères qui font une petite fête dans ta maison des émotions...

Il te suffira d'y retourner les chasser en soufflant longtemps dessus...

La cabane cachée dans l'arbre

Ferme les yeux et imagine ce que je vais te raconter…

Tu es dans un jardin… près d'un arbre… un très grand arbre… son tronc est très large… il monte très haut dans le ciel… il y a beaucoup de branches…

Tu aperçois une drôle d'échelle à côté de l'arbre… tu y montes… avec curiosité… tu montes encore un peu plus… et te voilà en haut du tronc…

Tu découvres alors une cabane…

Une très jolie cabane en bois… sur la porte est écrit ton prénom…

Il y a même un balcon… où tu as une vue magnifique sur tout le jardin…

Tu es très en hauteur, bien à l'abri dans ta cabane…

Personne ne peut te voir… La cabane est cachée derrière les branches… derrière les feuilles…

Et toi tu as une vue magnifique sur tout le jardin…

À l'intérieur, tu aperçois des petits flacons de plusieurs couleurs sur une étagère…

Tu en choisis un… un petit flacon doré sur lequel est dessiné un cœur…

Tu l'ouvres et tu le renverses par-dessus le balcon… tu laisses couler le liquide doré en bas de l'arbre…

Lorsque le liquide touche le sol… une multitude de petites fleurs poussent dans le jardin… ce sont les fleurs de la gentillesse…

C'était le flacon de la gentillesse… Avec lui, tu as aspergé le jardin de gentillesse et le sol s'est recouvert de petites fleurs…

Tu prends maintenant un autre flacon dans la cabane... celui-ci est argenté...

De la même façon, tu le renverses par-dessus le balcon...

Cette fois, le liquide se transforme en une centaine de papillons multicolores qui virevoltent dans le ciel...

Celui-ci est le flacon du bonheur... en le renversant, tu as envoyé du bonheur partout dans les airs... et des centaines de papillons multicolores volent maintenant dans ce jardin...

Tu vas chercher un dernier flacon... un flacon pailleté... de plusieurs couleurs... Tu le renverses sur le sol et tu découvres alors tous tes amis dans le jardin... peut-être même ta famille aussi...

Tout le monde est en train de jouer... de rire...

C'est le flacon de l'amour...

Tu te rends compte que bien au chaud, à l'abri et en sécurité dans ta cabane... tu as pu transformer ce jardin avec de simples flacons...

Tu entends les enfants rire et chanter... Tu refermes ta cabane, redescends doucement par l'échelle et tu vas rejoindre tes amis ou ta famille...

Tu sais maintenant que lorsque tu souhaiteras apporter un peu plus de bonheur, un peu plus de gentillesse, ou un peu plus d'amour dans ta vie... tu pourras remonter dans ta cabane et choisir d'autres flacons...

Les étoiles filantes

Ferme les yeux et imagine ce que je vais te raconter…

Tu es dans ta chambre… assis sur ton lit…

Dans un coin de ta chambre, tu aperçois un coffre… il est de taille moyenne… tu ne l'avais jamais vu…

Tu te lèves pour voir ce qu'il y a à l'intérieur…

et en l'ouvrant… tu découvres des étoiles qui ne brillent pas… avec des rubans sur un côté…

Ce sont des étoiles filantes… elles semblent endormies…

Tu en prends une dans les mains… Et tu ressens soudain les petites colères à l'intérieur de toi… Visiblement, cette étoile est là pour te prendre tes colères… pour les enlever…

Tu vas alors souffler dans cette étoile en pensant à tout ce qui te met en colère parfois… tu vas souffler dessus encore… et encore… pour lui donner toutes ces colères…

Plus tu souffles sur cette étoile… plus cette étoile grossit… scintille… devient très lumineuse… les rubans deviennent très lumineux aussi…

Tu sens que cette étoile devient de plus en plus légère et a très envie maintenant de partir dans le ciel…

Alors tu ouvres la fenêtre et tu lances l'étoile dans le ciel… Tu la laisses partir en emportant tes colères avec elle…

Tu te sens bien plus léger…

Tu prends ensuite une deuxième étoile… Tu sens que tout ce qui rend ton corps inconfortable est attiré par cette étoile…

Peut-être un rhume... de la fièvre... des tensions ou des maux de ventre... des maux de tête... une grande envie de bouger, de remuer...

Tu serres cette étoile contre toi et tu laisses tout ce qui embête ton corps sortir et entrer dans cette étoile...

Et tout en respirant et en serrant l'étoile contre toi... tu vois l'étoile devenir de plus en plus lumineuse... tu la sens de plus en plus légère...

Lorsque tu comprends qu'elle a envie de s'envoler, tu l'accompagnes à la fenêtre et tu la lances dans le ciel... Tu vois partir cette étoile filante dans le ciel loin de toi... emportant tout ce qui embêtait ton corps...

Tu te sens bien plus léger... mieux dans ton corps...

Tu retournes au coffre... tu prends une troisième étoile... Cette fois, c'est toi qui va choisir ce que tu veux qu'elle emporte loin de toi...

Lorsque tu as trouvé... tu souffles dans cette étoile ce que tu ne veux plus en toi...

Elle devient ainsi de plus en plus lumineuse... de plus en plus légère...

Lorsque l'étoile a envie de s'envoler... tu t'approches de la fenêtre... et la lances dans le ciel...

Tu vois partir cette troisième étoile filante dans le ciel... elle brille... scintille... et laisse un léger rayon lumineux derrière elle...

Tu te sens bien plus léger... Bien mieux dans ton cœur... dans ton corps... et dans ta tête...

Tu peux refermer ta fenêtre... Refermer ton coffre magique...

Il apparaîtra dès que tu en auras besoin... pour aller chercher les étoiles et les rendre filantes dans le ciel... en emportant tout ce qui te dérange...

Tu vas pouvoir t'allonger dans ton lit... tout léger... tranquille à l'intérieur...

Et tranquillement... te laisser emporter par le sommeil si c'est le soir... ou réouvrir les yeux si c'est la journée...

Le bonheur en soi

Ferme les yeux et imagine ce que je vais te raconter...

Tu es dans un jardin...

Un jardin magnifique... avec de jolies couleurs...

Les fleurs y sont grandes et belles... les arbres majestueux... l'herbe bien verte... tu aperçois des papillons... des coccinelles... des lapins qui gambadent...

C'est un jardin merveilleux...

Tu marches dans ce jardin... pieds nus peut-être... tu te sens bien... Toutes ces couleurs autour de toi t'apaisent... te rendent joyeux... et font disparaître tes petites peurs secrètes...

Les oiseaux virevoltent... les papillons aussi...

Puis, tu aperçois un petit oiseau brillant... très joli... qui danse en s'approchant de toi...

C'est le petit oiseau du Bonheur...

Il fait tomber une jolie poudre dorée...

Une poudre qui fait briller tes vêtements... tes cheveux... et ta peau...

Plus l'oiseau tourne en chantant... Plus, tu te mets à briller à ton tour... à te sentir léger à l'intérieur... dans ton cœur, dans ton corps et dans ta tête...

L'oiseau repart... tu poursuis ta promenade dans ce jardin enchanté... tu te sens soulagé... apaisé... et tout doux...

Tu ressens du bonheur en toi...

Ce bonheur va te protéger... rien ne pourra t'embêter...

Tu te sens fort... brillant et léger comme l'oiseau du Bonheur...

Le lac aux colères

Ferme les yeux…

Tu vas prendre trois grandes respirations : l'air entre par ton nez… tu retiens ta respiration deux secondes… puis tu souffles un filet d'air par la bouche… le plus longtemps possible…

Une deuxième fois… et une troisième fois…

Imagine maintenant ce que je vais te raconter…

Tu es avec un ami à la campagne… Il fait beau… Vous vous promenez et discutez…

À un moment, ton ami et toi n'êtes pas d'accord sur un sujet… vous vous disputez…

Fâchés, vous vous êtes assis chacun sur un rocher… et ne vous parlez plus…

Tu sens la colère monter en toi… Tu n'as plus envie d'être avec ton ami…
Tu envisages même de le laisser et de rentrer chez toi…

Ton ami se lève et dit : « Bon, nous sommes trop fâchés tous les deux, allons jeter des cailloux dans le lac aux colères… »

Tu es intrigué… De quoi parle-t-il ?… Tu ne connais pas ce lac aux colères…

Tu marches derrière ton ami… et en effet, près de là… derrière de nombreux arbres se cache un lac… un grand lac rond… avec une eau noire brillante… et des galets tout autour…

Il te propose de prendre un galet… et de lui révéler en chuchotant les raisons de ta colère…

Le galet se met alors à briller… Il a reçu ton message…

Puis ton ami te montre comment lancer ton galet pour le faire ricocher sur l'eau…

Tu vois alors son galet ricocher une fois… deux fois, trois fois, quatre fois et cinq fois avant de le voir sombrer au milieu du lac…

À la surface du lac, de jolis cercles se forment…

Ton ami t'explique que sa colère est allée rejoindre les colères de tout le monde…

Celles dont chacun a voulu se débarrasser pour toujours…

Alors à ton tour, tu lances le galet sur la surface de l'eau… et tu le vois rebondir six fois avant de disparaître dans l'eau !…

Aussitôt, tu t'aperçois que tu n'as plus envie d'être en colère… Ta colère est partie loin de toi au fond de l'eau…

Tu ressens même à nouveau la joie de passer un bon moment avec ton ami…

Il t'explique que les galets sont là pour emporter les colères qui nous débordent…

À chaque fois qu'il se sent submergé par elles, il vient ici… choisit un galet… lui confie ce qui le contrarie… Il fait ensuite ricocher ce galet sur l'eau du lac… puis le galet sombre tout au fond, emportant avec lui la colère…

Il te propose alors de prendre un deuxième galet… et de lui chuchoter une autre petite colère qui est venue t'embêter récemment… Il fait la même chose de son côté…

Puis vous lancez chacun votre galet en criant de tout cœur ! …

Les galets rebondissent plusieurs fois avant de disparaître dans l'eau noire brillante…

Ton ami et toi riez… vous vous sentez détendus et heureux d'être ensemble…

Vous quittez alors ce lac aux colères… et repartez vous promener… en partageant encore de bons moments de jeu tous les deux…

Tu sais maintenant que lorsque tu sentiras une colère monter très fort en toi… tu pourras revenir jeter un ou plusieurs galets dans ce lac aux colères… et te libérer de ce poids…

5

LES FLEURS DE BACH

J'ai rencontré les fleurs de Bach il y a quelques années. Absolument bluffée par les effets rapides et positifs de ces élixirs floraux, j'ai décidé de m'y former. En plus de mes fonctions de psychomotricienne, graphomotricienne et sophrologue, je suis aujourd'hui également conseillère agréée en fleurs de Bach, ce qui me permet de composer des mélanges personnalisés pour mes patients.

Les fleurs de Bach ont été mises au point par un bactériologue et homéopathe anglais, le docteur Edward Bach (1886-1936), très réputé en son temps car il avait mis au point des vaccins, toujours utilisés en Angleterre. Il a ensuite eu à cœur de chercher des traitements naturels qui rééquilibreraient la sphère émotionnelle. En effet, ses recherches révélaient qu'un déséquilibre émotionnel était toujours à l'origine des pathologies dont souffraient les patients qu'il accueillait dans son cabinet. Il est ainsi parti à la campagne finir sa vie en se consacrant à sa passion : la recherche d'un remède naturel. Il trouva 38 fleurs agissant chacune sur des émotions particulières. Il obtint pour chacune d'elles un élixir par solarisation ou ébullition. Ces élixirs sont toujours fabriqués aujourd'hui par la fondation du Dr Bach en Angleterre et sont connus dans le monde entier. Ce traitement naturel rétablit l'équilibre émotionnel en transformant les émotions négatives en pôle positif.

Voici ma sélection pour faire partir les colères de la maison des émotions de votre enfant. Ca oui, certaines fleurs sont une aide précieuse pour chasser les troubleurs de fête !

N.B. : Les fleurs de Bach sont simples à utiliser, ne présentent aucun risque d'accoutumance, et ne sont accompagnées d'aucune contre-indication. Enfants, adultes et même animaux ou plantes (par exemple, je n'utilise plus d'insecticides pour me débarrasser des cochenilles !), chacun peut profiter des bienfaits de ce remède naturel. N'hésitez pas à demander conseil à votre pharmacien, il saura vous guider. De même, si la situation vous échappe et que vous ne parvenez pas à choisir les fleurs adaptées, vous pouvez consulter un conseiller agréé par le centre Bach. Il vous proposera un mélange adapté à votre enfant.

La vigne
Vine

- **On l'utilise** pour les enfants qui ont un fort caractère et veulent à tout prix avoir raison.
- **Les signes :** si votre enfant a tendance à « diriger » les autres, à faire la pluie et le beau temps dans ses amitiés.
- **Qu'apporte la plante ?**

La vigne permet aux enfants d'utiliser leur fort potentiel de la meilleure façon qu'il soit : avec empathie et bienveillance. Ils peuvent ainsi devenir des leaders au grand cœur.

L'impatience
Impatiens

- **On l'utilise** pour les enfants très rapides dans leurs réflexions et analyses et qui font preuve d'impatience face au rythme des autres.
- **Les signes :** agitation, travail bâclé, peu de patience..
- **Qu'apporte la plante ?**

L'impatience permet aux enfants d'aborder les situations avec plus de calme et leur apprend à prendre le temps de faire les choses correctement. Elle apaise l'agitation.

Le houx
Holly

- **On l'utilise** pour pour les enfants jaloux, qui supportent mal l'arrivée d'un petit frère ou d'une petite sœur, ou qui sont envieux de leurs amis.
- **Les signes :** enfant submergé par les colères, la haine, l'envie et la jalousie.
- **Qu'apporte la plante ?**

Le houx permet de retrouver une harmonie intérieure, de devenir bienveillant et de regarder l'autre avec justesse, sans se sentir lésé ou jaloux.

La verveine
Vervain

- **On l'utilise** pour les enfants qui ont de fortes valeurs ou idées, mais se sentent lésés et en proie à une grande situation d'injustice.
- **Les signes :** colères dues à une injustice, sentiment de ne pas être compris.
- **Qu'apporte la plante ?**

La verveine est la fleur de la modération. Il permet d'apaiser les réactions, de calmer les tensions intérieures et d'utiliser son énergie correctement.

Fleur de l'olivier
Olive

- **On l'utilise** pour les périodes d'épuisement physique ou moral, pour les enfants qui sont ou ont été hospitalisés, à la santé fragile, ou lors des périodes d'évaluations ou de fatigue générale.
- **Les signes** : fatigue, perte d'énergie.
- **Qu'apporte la plante ?**

La fleur de l'olivier permet de retrouver le sommeil, et redonne l'énergie et la vitalité nécessaires. Elle permet d'utiliser son énergie de façon appropriée.

Le prunier myrobolan en fleur
Cherry plum

- **On l'utilise** pour des enfants qui ne parviennent plus à se maîtriser, qui passent à l'acte en devenant violents ou qui ont peur de ce qu'ils pourraient faire.
- **Les signes :** crises de nerfs, grande colère avec tension intérieure, grande impulsivité.
- **Qu'apporte la plante ?**

Le prunier myrobolan permet à l'enfant de se contrôler, de ne plus se laisser submerger par la colère, de trouver une autre façon de s'exprimer sans passer par une colère volcanique ou destructive.

Le hêtre
Beech

- **On l'utilise** pour les enfants sarcastiques, qui critiquent leurs camarades ou leurs frères et sœurs.
- **Les signes** : intolérance par rapport aux erreurs des autres, grandes susceptibilités et moqueries, rébellion face à l'autorité.
- **Qu'apporte la plante ?**

Le hêtre permet de retrouver son sens de l'humour et d'accueillir l'autre dans sa différence, de comprendre les faiblesses de chacun et d'apprécier les qualités des autres. Cette fleur permet d'être plus tolérant.

Comment préparer un flacon personnalisé ?

- Achetez en pharmacie le ou les flacons des fleurs choisies en fonction des émotions perturbées de votre enfant, ainsi qu'un flacon teinté de 30 ml avec pipette.
- Remplissez le flacon d'eau de source et ajoutez 2 gouttes de chaque fleur choisie. Vous pouvez mélanger jusqu'à 6 ou 7 fleurs différentes.

Pour stabiliser la solution, on conseille d'ajouter un tiers d'alcool. Je ne le fais pas pour ma part, mais je prends soin de protéger mon flacon des sources de chaleur qui pourraient altérer sa composition (soleil, chauffage...).

Comment utiliser votre mélange ?

Donnez 4 gouttes à votre enfant, directement dans la bouche, plusieurs fois par jour (au minimum 4 fois). Je vous conseille de le faire au moins 5 à 6 fois par jour afin d'obtenir des résultats rapides. Je précise qu'il n'y a pas de maximum à ne pas dépasser ni d'intervalles de temps à respecter. Renouvelez les prises jusqu'à sentir une nette amélioration.

Pour des émotions récentes ou passagères, vous pouvez mettre 2 à 3 gouttes des fleurs sélectionnées dans un verre d'eau de source ou dans une petite bouteille d'eau de source que votre enfant boira régulièrement au cours de la journée (avec un minimum de 4 prises). Dans ce cas, mélangez 3 ou 4 fleurs pour bien cibler leur action.

Vous l'aurez compris, les colères sont naturelles et font partie du développement de votre enfant. Une fois la crise passée, essayez de comprendre ce qui se passe en lui, prenez en compte son émotion et adressez-lui, à votre tour, un message : une solution existe, et vous allez la trouver ensemble. C'est en effet à vous de déclencher le cercle vertueux qui libérera la mauvaise énergie et qui rétablira le dialogue.

On l'a dit, la colère est une étape dans la transformation de l'enfant, un peu comme une mue qu'il laissera derrière lui pour construire son identité. C'est donc un dialogue régulier et bienveillant qui lui permettra de passer sereinement cette étape.

Vos armes ou plutôt vos boucliers sont l'écoute, le respect et l'empathie. Toujours. Savoir accueillir les colères permet d'entrer dans une communication constructive et bienveillante. C'est un investissement pour l'être en devenir qu'est votre enfant.

Même si la colère n'est pas agréable pour vous, votre enfant a le droit de s'exprimer. N'en rajoutez pas dans la crise, accompagnez-le, simplement.Prenez ainsi l'habitude de garder le contact avec lui, grâce à des paroles rassurantes qui reformuleront son émotion ou la vôtre : « Je comprends, c'est vrai, tu es en colère... »

Lorsque le calme sera revenu, ne revenez pas sur la colère, sauf pour la nommer et poser par exemple une gommette sur son tableau ou écrire les mots ou faire les dessins qui iront dans le sac à colères. Passez à autre chose et retissez ensuite le lien d'amour par un contact corporel réconfortant ou une respiration koala.

En résumé, il ne s'agit pas de satisfaire forcément votre enfant, mais de lui montrer que vous l'avez entendu. Il pourra ainsi s'apaiser plus facilement car son désir aura été reconnu.

Ne pensez pas non plus que c'est un jeu de pouvoir ou une compétition entre vous. C'est toujours un message qu'il cherche à vous faire passer et souvent une demande de reconnaissance, ni plus ni moins.

La colère est à vivre, à traverser. Qu'elle soit monstre ou jan némar, réagissez avec votre cœur et vos neurones d'adultes, ne vous laissez pas envahir par la fatigue. J'ai trouvé quant à moi une parade qui fonctionne bien et que je vous recommande : dans mes moments d'énervement, je dis souvent à mes enfants ce que j'ai envie de leur faire : le ratatiner comme une crêpe, l'enduire de confiture et le manger en trois bouchées ! (L'exercice permet de travailler sa créativité !) Cela déclenche souvent un fou rire général, et cela défoule !

Rappelez-vous que plus vous accompagnerez votre enfant dans ces tempêtes émotionnelles, moins elles seront fréquentes et intenses. Votre enfant trouvera ensuite plus facilement son propre chemin d'apaisement !

Junie,
tu as compris aujourd'hui
que lorsque tu es en colère, ce
n'est pas de ta faute. Il s'agit du monstre
du Loch-ventre ou de ses copines Méchante,
Jan Némar ou Destructrice, qui font la fête dans
ta maison des émotions. Ton rôle aujourd'hui est de
nettoyer régulièrement ta maison des émotions grâce aux
exercices proposés dans ce cahier. N'oublie pas aussi que
si tu as le droit d'avoir envie de frapper, de mordre ou de
tout casser quand c'est la tempête dans ton ventre, tu
n'as pas le droit de le faire. Je suis certaine que tu
vas réussir à dompter ce monstre du Loch-ventre
pour lui demander de quitter ta maison
des émotions !

Édité par Hachette Livre
(58 rue Jean Bleuzen, 92178 Vanves CEDEX)
Imprimé en Espagne par Macrolibros
pour le compte des éditions Marabout.
Dépôt légal : janvier 2017
72.4981.5/ ISBN : 978-2-501-11815-6